企业可持续社会价值创新
——理论与实践

郑功成　席恒　鲁全◎著

CORPORATE
SUSTAINABLE SOCIAL VALUE
INNOVATION
Theory and Practice

人民出版社

序

　　企业是创造财富的营利部门,追求商业价值是其本质要求,在过往的实践中往往视股东利益最大化和利润至上为圭臬。不过,伴随人类现代化进程和社会发展进步的步伐,企业发展理念与制度文明也在不断发展。西方现代企业成为一种基本的社会生产组织和经济单位是 18 世纪第一次工业革命以来的产物。200 多年来,企业不仅在规模、形式及产权制度上发生了广泛而深刻的变化,而且在企业内部劳资关系、与利益相关者(消费者)关系及与社会的关系上也发生了广泛而深刻的变化。从早期资本主义原始积累时期血腥榨取劳动者的剩余价值(利润),到遵循守法合规条件下追求商业价值兼顾改善劳动者福利,再到关注利益相关者和社会议题履行社会责任,企业的发展进程客观上构成了社会文明发展进步的重要方面,并成为衡量这种进步程度的重要标尺。不过,总体而言,西方现代企业履行社会责任的逻辑与做法,仍然处在基于责任与收益的平衡之道上,并未触及企业追逐商业价值的本质。

　　本书探讨的企业可持续社会价值创新,强调企业既是商业价值的创造者,同时也应当是社会价值的创造者,主张通过两者融合、双轮驱动,以企业的核心能力牵引社会价值创新,再以社会价值牵引商业价值,进而推动惠及全社会的社会价值生态圈的形成,最终实现共享发展、持续发展之社会目标。显然,这是一种超越当代西方企业社会责任范式和话语体系、蕴含中国特色与时代价值的新型企业发展理念。在这种理念的指导下,中国一批先行企业正通过共创共益的可持续社会价值创新实践探索,形塑着中国特色社会主义企业新特质和充满理想主义与集体善意的企业文明新形态。由此可见的是:中国的企业已经不再是简单按照西方企业发展理论亦步亦趋地仿效其社会责任行动方案,而是在尝试走出与中国式现代化相适应并助力全体人民共同富裕的社会价值创新之路。

为研究这种新型企业发展理念及其实践效果,中国社会保障学会于2021年组建专门课题组,在腾讯公司的友好合作与支持下,经过近三年来针对一批典型企业和贵州、重庆、宁夏、四川、浙江等地开展企业可持续社会价值创新实践试点地区的多次深入调研,以及组织召开多次专题研讨会议,形成了本研究成果。课题组高度认同企业可持续社会价值创新是中国语境下的企业理论与实践创新,预料它将成为中国特色社会主义企业的新特质、新范式,且能够开创现代企业制度文明发展的新境界。它同时表明,党的十八大以来,中国企业从过去主要向西方发达国家学习现代企业制度,在履行社会责任方面也对其多有借鉴,开始转向通过自身实践创造新经验、提供新方案了,创造可持续社会价值构成了超越企业履行社会责任的新内涵,是企业制度文明发展的升华。我们需要把这种新特质、新范式变成具有普适性的中国企业成功实践,进而变成中国企业的独特优势,最终目的是要真正打造有力支撑中国式现代化和全体人民共同富裕的中国特色世界一流企业集群,并为人类企业制度文明的创新发展提供中国智慧与中国方案。

本书的价值在于从理论上厘清企业可持续社会价值创新的理论特质

与实践价值,同时为中国企业开展可持续社会价值创新行动提供理性的指导,并助力政府营造有利于企业开展可持续社会价值创新的政策环境与社会氛围。

本书由郑功成拟定提纲与基本思路,课题组集体讨论研究框架。初稿第一章、第八章由中国社会保障学会会长、中国人民大学教授郑功成撰写,第二章、第三章由中国社会保障学会秘书长、中国人民大学教授鲁全撰写,第四章、第五章、第六章、第七章由中国社会保障学会副会长、西北大学教授席恒撰写,西安石油大学教师祝毅协助席恒教授做了一些基础性工作。初稿完成后,由郑功成统稿、定稿。

中国社会保障学会副会长、浙江大学教授何文炯,北京大学原党委副书记、法学院教授叶静漪,中国社会保障学会学术委员会副主任、北京大学教授李玲,中国社会保障学会养老服务分会会长、中共中央党校(国家行政学院)教授青连斌,中国社会保障学会养老服务分会副会长、北京大学教授谢红,中国社会保障学会慈善分会副会长兼秘书长、北京师范大学教授谢琼,中国社会保障学会社会救助分会副会长兼秘书长、四川大学教授张浩淼,中国社会保障学会青年委员会委员、国务院发展研究中心研究员江宇,中国社会保障学会青年委员会副主任、吉林大学教授贾玉娇、西北大学教授翟绍果,中国社会保障学会青年委员会秘书长、华中科技大学副教授陈斌,中国社会保障学会青年委员会委员、贵州大学教授高圆圆、四川大学副教授黄国武、山西医科大学教师王海漪,以及中国社会保障学会办公室主任李畅,中国人民大学博士生冯梦龙、范世明等参与了相关调研活动。在此,一并表示感谢!

感谢腾讯公司的支持与帮助,其作为企业可持续社会价值创新的发轫者,以其多个方面卓有成效的实践探索为我们的理论研究提供了有力支撑。感谢直接支持且参与研讨或陪同实地调查的腾讯集团高级副总裁郭凯天,腾讯集团副总裁、可持续社会价值事业部负责人陈菊红,腾讯集团高级顾问陈发奋,腾讯可持续社会价值副总裁肖黎明、赵国臣,腾讯可持续社会价值理念建设负责人傅剑锋,以及多位驻留在偏远乡村直接推动可持续社会价值创新实践的团队成员,他们以智慧思考、奉献精神直接践行着可持续社会价值创新的理念,探索出了一条技术赋能社会共生的创新发展路径,为课题组提供了许多鲜活的第一手材料。

感谢三年来所到调研地区的省、市、县相关部门领导和乡村干部、居民,以及医疗卫生等相关机构、公益慈善组织和参与调研的数十位专家学者,他们均为本研究成果的完成做出了贡献。

中国式现代化建设在全面提速,全体人民走向共同富裕的步伐在明显加快,在这样的大时代背景下,我们需要企业创造更多的物质财富,也需要企业充分利用自身核心能力创造可持续的社会价值。希望在先行企业实践探索的启示下,中国的企业包括国有企业与民营企业都能够积极、理性地选择自己的可持续社会价值创新之路,在有利的政策环境与社会氛围加持下,实现商业价值与社会价值"双可持续",支撑起人民幸福、共同富裕的福利中国大厦。

郑功成

2025 年 4 月 18 日于北京

目　录

序…………………………………………………………………………… 1

第一章　导论…………………………………………………………… 1

  第一节　可持续社会价值创新的一般解析……………………… 2

  第二节　企业可持续社会价值创新的时代背景 ……………… 10

  第三节　初见成效的企业可持续社会价值创新实践 ………… 16

  第四节　企业可持续社会价值创新的重大意义与国家推动 …… 30

第二章　企业创造社会价值的历史演进 …………………………… 40

  第一节　血腥的资本原始积累（非文明的企业）：西方企业

       早期对社会价值的破坏 ………………………………… 41

  第二节　外部压力下的垄断资本主义（西方企业文明的

       初级阶段）：西方企业对社会价值的被动保护 ………… 46

  第三节　福利资本主义的重要形式（西方企业文明的高级

       阶段）：企业社会责任运动的兴起与发展 …………… 59

  第四节　中国企业创造社会价值的实践探索（社会主义

       企业文明新形态的探索） ……………………………… 71

  第五节　小结：历史进程中企业创造社会价值的基本规律……… 76

第三章　企业可持续社会价值创新的理论意涵 ……………… 81

　　第一节　企业可持续社会价值创新的核心要义与新意 ………… 81

　　第二节　企业可持续社会价值创新的目标 ……………… 93

　　第三节　企业可持续社会价值创新的方法 ………………… 104

　　第四节　企业可持续社会价值创新中的外部关系 ………… 109

　　第五节　企业可持续社会价值创新中的内部关系 ………… 117

　　第六节　小结：企业可持续社会价值创新的"五边形框架" …… 124

第四章　企业可持续社会价值创新的环境 ………………… 127

　　第一节　政策环境是企业可持续社会价值创新的关键 ……… 129

　　第二节　社会环境是企业可持续社会价值创新的重要基础 …… 139

　　第三节　市场环境是企业可持续社会价值创新的条件 ……… 145

　　第四节　国际环境对企业可持续社会价值创新具有重要

　　　　　　影响 …………………………………………… 155

　　第五节　小结：改善环境至关重要 ……………………… 165

第五章　企业可持续社会价值创新的实践路径 …………… 167

　　第一节　企业可持续社会价值创新的传统实践路径 ……… 169

　　第二节　企业可持续社会价值创新的创新实践路径 ……… 173

　　第三节　企业可持续社会价值创新实践的问题与挑战 ……… 184

　　第四节　企业可持续社会价值创新路径的发展 ………… 195

　　第五节　小结：从传统路径到创新路径 ………………… 202

第六章　腾讯可持续社会价值创新的实践探索 …………… 204

　　第一节　助力乡村振兴的实践探索 ……………………… 205

　　第二节　助力民生保障的实践探索 ……………………… 221

　　第三节　助力基础科学研究的实践探索 ………………… 239

第四节　助力应急能力提升的实践探索 ……………………… 245

第五节　减少排放与绿色转型的实践探索 …………………… 251

第六节　公益慈善的实践探索 ………………………………… 262

第七节　简要评析 …………………………………………… 270

第七章　其他企业创造社会价值的实践探索 ………………… 273

第一节　新希望集团的实践探索 ……………………………… 274

第二节　华为公司的实践探索 ………………………………… 285

第三节　比亚迪公司的实践探索 ……………………………… 301

第四节　蚂蚁集团的实践探索 ………………………………… 307

第五节　京东集团的实践探索 ………………………………… 318

第六节　饿了么公司的实践探索 ……………………………… 327

第七节　简要评析 …………………………………………… 335

第八章　面向未来的可持续社会价值创新 …………………… 339

第一节　中国式现代化为可持续社会价值创新提供了广阔

空间 …………………………………………………… 340

第二节　可持续社会价值创新形塑中国企业新特质 ………… 344

第三节　选择值得努力的主攻方向 …………………………… 353

第四节　结语 ………………………………………………… 362

主要参考文献 ………………………………………………… 364

第一章 导 论

　　"可持续社会价值创新"是一个呼应中国式现代化建设和大时代发展需要的新概念、新命题。这一命题不是源自理论学术界首创,也不是由政府相关部门首倡,而是发轫于中国互联网头部企业——腾讯公司在历经四次战略迭代后于2021年提出的新的企业发展战略。其本义是基于科技向善的愿景,以企业顶层设计的战略高度将社会价值与商业价值融合统一,通过以核心能力牵引社会价值创新,再以社会价值牵引商业价值,持续驱动科技、产品和运作模式创新,为利益相关方创造社会价值,进而推动惠及全社会的社会价值生态圈的形成,实现共享发展、持续发展之社会目标。这是一种超越了西方企业社会责任范式和话语体系、蕴含中国特色与时代价值的新企业发展理念,也是一种超越了传统的资本精神、充满理想主义与集体善意的实践行动。

　　近年来,以腾讯公司为代表的一批先行企业积极推动可持续社会价值创新实践,在多个领域取得了丰硕的阶段性成果,产生了帮助解决复杂社会问题、促使公共政策落地、助力多个社会领域发展进步的积极效果。由此可见的是:中国的企业已经不再是简单按照西方企业发展理论亦步亦趋地仿效其社会责任行动方案,而是在尝试走出与中国式现代化相适应并助力共同富裕的社会价值创新之路。

本书从理论与实践两个维度,对企业可持续社会价值创新这一理论命题进行探讨,旨在总结提炼出一般规律,同时反映既有的相关实践概貌,以为各界认识企业可持续社会价值创新这一新的理论命题及其深刻涵义提供一个有价值的蓝本。

第一节 可持续社会价值创新的一般解析

要准确理解可持续社会价值创新的理论命题,需要遵循"价值"→"社会价值"→"可持续社会价值"→"可持续社会价值创新"的逻辑链条加以剖析。本书在这一理论命题前冠以"企业"定语,则是基于以政府为代表的公共部门(在中国还应当包括事业单位和人民团体)和社会力量主导的慈善公益机构本身即是以创造并践行社会价值为己任的部门,唯有企业以追求商业价值、利润增长、资本增值为本源职责,但也需要重视社会价值创造。在中国的企业中,国有企业因其产权公有,在追求商业价值即实现国有资产保值、增值的同时,天然地要考虑创造社会价值并将之融入企业经营中,而实践中的国有企业事实上也在承担着超越一般企业的社会责任,这种责任往往是不符合一般资本逻辑与商业逻辑的国家责任与社会责任。[①] 因此,唯有民营企业(或私人企业)对社会价值的创造

---

① 事实上,直接借鉴海外企业社会责任评价体系或者"环境、社会和公司治理"(ESG)评价体系来评估中国的国有企业都是缺乏客观性与公允性的,因为中国的国有企业在服务国家战略、服务社会民生等方面的贡献很难得到全面反映。以高铁为例,其多条线路一直处于亏损状态,有的甚至永远不可能赢利,但让欠发达地区或地理环境复杂地区的人民群众也享受到了高铁畅通的"交通福利",这种现象既不符合资本主义企业的资本逻辑与商业逻辑,也不是西方国家企业社会责任能够解释的,它只能是中国国有企业特有的现象。当然,国有企业如何适应时代发展变化更好地履行社会责任、创造可持续的社会价值,也还需要通过自身的创新性实践和向民营企业借鉴有益经验不断提升,因为现行做法依然是政府指令主导,企业的自主性、创新性还不足,导致部分国有企业的商业价值与社会价值关系并未达到理想境界。

与追求,才更加充分地彰显出它的中国性、时代性与价值理性,进而与持续创造社会价值的国有企业一道,转化成为中国特色现代企业的新特质、新范式。我们需要把这种新特质、新范式变成中国企业的成功实践,进而变成中国企业的独特优势。

一、价值、社会价值与商业价值

在人们的认知中,价值是一个广泛而复杂的概念,不同的领域会赋予其不同的含义。哲学层面的价值具有最高的普遍性和概括性,它指的是客体对于主体的效用或意义,通常被理解为一事物所具有的能够满足主体需要、促进主体生存与发展的属性和积极功能。经济学上的价值则是指凝结在商品中的无差别的人类劳动,所关注的主要是商品和服务在市场中的交换关系,并通过货币(价格)来衡量其价值的大小。亚当·斯密在其被誉为"西方经济学的'圣经'"的《国富论》中指出,价格是价值的货币表现,价值是不同生产要素效用函数的表达。还指出,价值一词有两个不同的意义,它有时表示特定物品的效用,有时又表示由于占有某物而取得的对他种货物的购买力。前者可以叫做使用价值,后者可以叫做交换价值,而劳动是衡量一切商品交换价值的真实尺度。明确区分商品的使用价值与交换价值,无疑是斯密的一个重要贡献。① 然而,价格理论又难以解释为何一些劳动生产要素不能完全获取其相对应的价值,即生产活动的主要参与者往往难以获得其所生产商品的全部价值。

社会价值是与经济价值、商业价值相对应的理论范畴。熊彼特(1902)较早提出社会价值概念,认为社会价值在工业社会中可理解为人

① (英)斯密:《国富论》,唐日松等译,华夏出版社2004年版。

类社会通过社会分工、合作或竞争等形式所产生的间接社会边际效用,与核心生产要素如劳动力、土地、技术等所产生的边际效用共同构成价值①。一般而言,社会价值通常指个体通过自我实践活动满足社会或他人物质的、精神的需要所做出的贡献和承担的责任,它强调对社会的积极影响和社会公共利益,并通过解决复杂社会问题、提供具有普惠性的公共产品和服务、促进社会发展与公平正义等方式体现。在经济和政策讨论中,社会价值越来越重要,因为它鼓励组织展现出人类集体的善意,追求与社会整体福祉相一致的目标,而不仅仅是追求利润。经济价值与商业价值的基本涵义相近,都是指事物在生产、消费、交易中的经济收益,但经济价值是一个更宽泛的概念,适用于所有涉及经济活动的领域,无论是商业还是非商业活动。商业价值则专指商业活动中体现的价值,关注的是盈利能力和市场竞争力,核心是通过产品开发、扩大市场份额、降低成本等途径为企业或投资者赚取利润,实现资产增值。本书讨论的是企业可持续社会价值,与之对应的是企业的商业价值。

作为不同的价值取向与价值判断,社会价值和商业价值在实践中存在一定程度的冲突。在资本主义早期,资本家更是将两者视为无法调和的对立物,基于商业价值追求而损害社会价值是早期资本主义企业的普遍特征,如掠夺资源、不顾劳工死活、肆意污染环境、损害社区发展等。即使到了 1970 年,以信奉自由主义而闻名的美国著名经济学家米尔顿·弗里德曼还在《纽约时报》发表其著名文章《企业的社会责任是增加利润》,主张只要企业遵守法律和游戏规则,其唯一的社会责任就是通过业务活动来增加利润,强调企业管理者的目标任务是确保股东利益至上,追求利

---

① Schumpeter, J. (1909). "On the concept of social value." *The quarterly journal of economics*, 23(2), 213-232.

润最大化。弗里德曼的主张是自由主义经济学人信奉的经典理论，好在这种完全偏向资本的主张并未能够阻碍社会进步的步伐，即使在奉行极致资本主义的美国也没有市场。伴随现代化进程和社会文明进步，以及法制健全和社会责任运动的兴起，以商业价值损害社会价值的现象持续减少，重视社会责任的企业越来越多。特别是一些有影响力的科技企业，在追求可持续商业价值的同时，也在不断扩展着社会责任的范围，因而成为广受欢迎的现代企业样板，这使得履行社会责任逐步成为现代企业的重要特征。不过，虽然资本界越来越注重有社会责任的企业，也有越来越多的企业积极投身社会价值创造，但对企业而言，创造社会价值仍然只具有工具性价值而不是目的性价值，要真正达到将社会价值和商业价值融为一体的境界并不容易。

二、从履行社会责任到创造社会价值的三重境界

与西方流行的企业履行社会责任相比，创造社会价值显然是企业价值理性的升华。回顾历史，可以发现，企业履行社会责任的发展进程，往往伴随大时代的发展进步而发展进步。从早期资本主义企业为资本家积累财富而不顾劳动者死活、肆意损害环境等恶行充斥，到 19 世纪以后开始关注劳动者权益并接受相应的法制底线约束，到 20 世纪下半叶开始关注消费者权益和环境与社会责任（注入一些道德元素），再到本世纪后响应联合国可持续发展目标框架开始考虑社会价值创造，走过的是一条从血腥谋利到守法合规、再到文明发展之路，经历的是一个从关注、改善企业内部劳资关系到关注、改善企业与相关利益方（如消费者等）关系，再到关注、改善企业与社会关系的历史进程。时至今日，可以将守法合规作为企业必须守住的底线，在守住底线的条件下，为社会做出更多贡献才是

更好地履行企业的社会责任,而更为理想的境界无疑是基于社会目标而积极创造可持续的社会价值。

根据企业履行社会责任的出发点和创造社会价值的不同程度,可以分为三重境界:

第一重境界是为实现商业价值而兼及社会价值。其价值主旨是服从和服务于企业的商业价值和利润追求,实践方式是守住底线(守法合规),同时避免对环境、社会、社区造成负面影响而影响商业价值,并在商业模式中融入基础的社会责任如通过捐赠公益慈善事业等彰显组织善意。在这一层次,企业关注的根本问题是守法合规,同时避免在创造商业价值的条件下产生负外部性。因此,这一境界的企业在履行社会责任或创造社会价值时,其行为往往较为被动而不是积极主动作为。

第二重境界是增添社会视角来考虑社会责任,其视野会在一定程度上超越企业自身利益的局限。行为方式通常是在捐赠公益慈善事业的同时亦参与社区发展,重视生态环境、社会治理与可持续发展,进而延展到助力解决社会领域中的某些问题。在这一层次,企业关注的不仅是不产生负外部效应,而且会尽可能争取正外部效应(即改善企业与社会的关系),以进一步利于商业价值创造,但将社会价值创造视为服务企业发展的工具、追求商业价值的目标并未改变。因此,这可以视为第一重境界的积极伸展或升级。

上述两种境界的底层逻辑都是在明确区分企业目的性价值与工具性价值的条件下,伴随社会发展进步的步伐求取企业经济效益与社会责任的平衡。因此,企业通常是通过公益慈善捐赠等方式"外挂"社会责任于主营业务之外,社会价值与商业价值处于"两张皮"式的分离状态,这使得社会价值创造始终从属于商业价值追求,从而具有不确定性,可持续性也会受到质疑。

第三重境界是基于促进社会公平正义和可持续发展的视角来创造社会价值。它将社会价值与商业价值融合统一且内化于企业发展全过程，通过运用企业核心能力持续不断地创造社会价值，进而以社会价值引领商业价值，成为社会系统变革和社会文明进步的重要推动力量。可见，创造可持续社会价值显然超出了目前流行的企业社会责任范畴，其行为表现具有全局观和长远目标。全局观是指能够积极呼应国家和社会发展需要，在主动创造社会价值时带动多元主体广泛参与，以共创共益的方式促进社会公平正义和整个社会福祉的提升；长远目标是追求创造社会价值可持续，并与追求可持续的商业价值相统一，以可持续社会价值引领可持续商业价值，又以可持续商业价值确保可持续社会价值创造，为国家现代化和共同富裕提供有力支撑。因此，第三重境界中的社会价值创造已经从工具性价值升华为目的性价值，即创造社会价值不再是企业追求商业价值的工具与手段，也不再是从属于企业的商业价值，而是成为与可持续商业价值不可分割的一体两面，追求的应当是可持续商业价值与可持续社会价值相得益彰的效果。显然，这已经不是企业履行社会责任沿着传统路径升级的量的变化，而是产生了质的飞跃，是企业可持续发展的理想状态，它应当代表着现代企业走向更高文明形态的方向。

我们关注的企业履行社会责任的境界，应当是不断迭代升级的状态，即在原有基础上升级，而不可能跨越基础台阶而升华。例如，有的企业为获取社会声誉以创造更大商业价值，对公益慈善事业大额捐献，却不遵守国家法律制度，肆意损害社会公共利益，不为员工依法参加社会保险，等等，这并非真正履行社会责任，也未达到第一重境界。要达到第一重境界必须守住守法合规的底线。依此类推,达不到第二重境界者(缺乏社会视角履行社会责任),也不可能升华到第三重境界。

就目前情形而言,企业发展阶段不同,履行社会责任和创造社会价值的程度也不同,能达到前述第一重境界者可称为合格,达到第二重境界者能称为良好,达到第三重境界者堪称卓越。

三、可持续社会价值创新的四要素

基于上述分析,企业要创造"可持续社会价值",必须守正创新,这种创新至少需要具备以下基本要素:

一是理念重塑。不是只考虑企业收益与社会责任的平衡,而是能够呼应国家与时代的发展需要,将社会价值从工具性价值升华为目的性价值并内化于企业战略与企业发展全过程,将企业行为由商业价值单轮驱动转变为商业价值与社会价值双轮驱动,同时确保企业社会价值创造的持续性,以可持续社会价值牵引可持续商业价值,实现企业发展战略目标升华和社会价值总和最大化。理念创新的实质是彰显组织的集体善意与理想主义。

二是要素重组。根据社会发展需要,改变原来相关要素相互分割状态,将人的要素、技术要素、产品要素、信息要素以及能够调动的其他相关要素重新组合,以更优良的技术方案服务社会并助力解决复杂的社会问题,促进社会文明进步。要素重组展现的是以科技创新为牵引的新质生产力,特别是数字工具的广泛使用更使新质生产力呈现出爆炸式效应。

三是关系重建。改变以往企业单向对外行动或内外弱相关关系的格局,创新外部关系联结方式,以共创共益方式重建与利益相关方和不断发展中的社会的关系,并实现良性互动、相得益彰,真正形成企业与社会共生共荣的局面,进而充分发挥出推动共享发展、促进社会公平正义的功能。

四是机制重构。改变企业履行社会责任外挂于主营业务之外的传统,通过创新企业运行机制,激发企业整体创造社会价值的内生动力,通过在产品与服务全链条中注入社会价值元素,形成总和大于部分之和的合力,推动企业社会价值创新持续发展,并充分体现在服务社会和解决社会问题的能力提升以及普惠效果上。

上述创新超出了企业履行社会责任的传统理念与行为方式。通过创新,促使企业使命升华,创造可持续的社会价值,同时有利于企业实现商业价值可持续。因此,讨论企业可持续社会价值创新,隐含的条件是企业能够同时创造可持续商业价值,是在以往追求可持续商业价值的基础上加上一个并行不悖的可持续社会价值。正因为如此,要做到本书讨论的可持续社会价值创新并不容易,在资本主义制度下几乎是不可能的,而社会主义制度则创造了相应的外部环境条件,从而有可能从新事物变为成功的企业实践。

总之,"可持续社会价值创新"是具有中国式现代化和新时代意涵的新概念,这一新概念正在变为一些企业的自觉行动,并在先行企业的实践探索中不断发展。其产生的积极效应表明,中国企业特别是现代科技企业正在自觉融入中国式现代化建设和走向共同富裕之中实现自身追求目标的升华,彰显的是社会价值与商业价值融合统一,并与不断发展的社会共生共荣、共创共益的企业新特质。这种有价值的实践探索,完全可能形塑出中国特色现代企业制度文明新形态,进而成为中国式现代化创造的人类文明新形态的有机组成部分。

第二节　企业可持续社会价值 创新的时代背景

任何新生事物的出现，都离不开特定的时代背景与环境条件。"可持续社会价值创新"即企业如何更好、更多地创造社会价值的议题能够引起广泛关注，既是先进企业自觉主动的作为，更是新时代孕育的具有进步意义的企业文明发展新事物，尽管其还在实验探索中，达到成熟、定型状态还需要进一步凝聚共识、付出更大努力，但近几年间一些企业的实践探索及其产生的良好效果（详见本书第六章、第七章），已经显示出它的时代性与进步性，从而是值得肯定的企业文明发展进步方向。

第一，中国式现代化建设和对共同富裕目标追求的确定性，为中国企业发展提供了根本遵循。党的十八大以来，中国特色社会主义进入了新时代。2017 年 10 月，党的十九大报告中明确提出了到 2035 年基本实现社会主义现代化、到 21 世纪中叶全面建成社会主义现代化强国的现代化进程时间表。2021 年 8 月 17 日，在中央财经委员会第十次会议上，习近平总书记明确指出现在已经到了扎实推动共同富裕的历史阶段，再次强调共同富裕是社会主义的本质要求，要求必须把促进全体人民共同富裕作为为人民谋幸福的着力点，并系统阐述了促进共同富裕的原则，明确了分阶段促进共同富裕的目标任务。[1] 2022 年 10 月，党的二十大报告中明确指出，中国式现代化是中国共产党领导的社会主义现代化，既有各国现代化的共同特征，更有基于自己国情的中国特色，同时系统阐述了中

---

① 习近平：《扎实推动共同富裕》，《求是》2021 年第 20 期。

国式现代化的五大基本特征。① 党的二十届三中全会通过的《中共中央
关于进一步全面深化改革、推进中国式现代化的决定》,进一步强调要以
经济体制改革为牵引,以促进社会公平正义、增进人民福祉为出发点和落
脚点,明确要求完善中国特色现代企业制度。② 从党的十九大、十九届五
中全会、二十大、二十届三中全会等通过的一系列异常重要的纲领性文
献,可以发现,中国特色社会主义制度走向更加成熟,中国式现代化建设
和走向共同富裕的目标与路线已经十分明确,行动方案也日益清晰具体,
这种确定性为中国企业的发展提供了根本遵循。同时,中国的企业植根
于中国大地,无时无刻不受国家宏观政策和社会主义核心价值观的影响,
其自然会融入中国式现代化建设和走向共同富裕之中,并成为至关重要
的支撑力量。"企业可持续社会价值创新"的提出与实践探索,无疑是将
企业发展战略与国家发展战略相衔接、将企业的经营目标与社会目标融
合统一,这正是对中国式现代化建设和全体人民共同富裕要求的直接呼
应,也是能够得到广泛认同和支持的中国特色现代企业新特质,可以视为
创新人类更加优良的企业制度的中国方案。

第二,共享发展、可持续发展理念的确立和共享经济的兴起,为企业
可持续社会价值创新提供了有益的借鉴。首先,针对改革开放后城乡之
间、区域之间、不同群体之间存在差距偏大的事实,党的十八届五中全会
确立了共享发展新理念,这可以视为后来明确提出扎实推进共同富裕的
前奏。自此以后,鼓励部分人先富起来的倾斜式政策被送进了历史,让广

---

① 习近平:《高举中国特色社会主义伟大旗帜 为全面建设社会主义现代化国家而团结
奋斗——在中国共产党第二十次全国代表大会上的报告(2022 年 10 月 16 日)》,《人民日报》
2022 年 10 月 26 日。

② 《中共中央关于进一步全面深化改革、推进中国式现代化的决定》,新华社发布,2024 年
7 月 21 日,news.china.com.cn。

大人民群众更多更公平地共享改革发展成果成为基本政策取向,而共享又以共建为条件,公平正义、共建共享的价值理念不仅构成了全体人民走向共同富裕的理论基础,也构成了企业可持续社会价值创新所追求的共生共荣、共创共益的理论基础。其次,进入本世纪后,联合国推动的可持续发展理念逐步流行并对企业产生深远影响。这一理念源自 1987 年联合国世界环境与发展委员会发表的《我们共同的未来》报告,该报告将可持续发展定义为"既满足当代人的需要又不损害后代满足其自身需要能力",明确提出四大核心原则即"代际公平、环境保护、经济发展、社会公正"。2015 年 9 月召开的联合国可持续发展峰会在此前确定的"千年目标"基础上,通过了 17 个可持续发展目标,旨在从 2015 年到 2030 年间以综合方式彻底解决社会、经济和环境三个维度的发展问题,转向可持续发展道路。17 个可持续发展目标包括:消除贫困、零饥饿、良好健康与福祉、优质教育、性别平等、清洁水与卫生、经济适用清洁能源、体面工作和经济增长、工业、创新和基础设施、减少不平等、可持续城市和社区、负责任消费和生产、气候行动、海洋环境、陆地生态、和平正义与强大机构以及促进目标实现的伙伴关系。联合国同时发出呼吁,呼吁所有国家(不论该国是贫穷、富裕还是中等收入)行动起来,在促进经济繁荣的同时保护地球。联合国的可持续发展目标事实上为企业社会责任的发展指明了优先方向。中国政府响应联合国的呼吁,在环境保护与可持续发展方面付出了巨大努力,取得了举世瞩目的历史性成就,这也为中国企业关注可持续发展提供了时代背景与环境及政策条件。再次,共享经济与价值共创的兴起,则为企业可持续社会价值创新提供了有益借鉴。从文献回顾可知,共享经济概念是 1978 年由美国社会学教授 Marcus Felson 和 JoeL Spaeth 最先提出的,其要义是通过第三方提供以信息技术为基础的交易平台,将闲置资源(如住房、汽车等)以出借或出租的方式提供给使用者,从而优化资源配置并获得相应回报的经济模式。价值共创思想则是基于多个利益相关者之间的合作、互动,进而实现自身或其他实体的利益。上述两种理论催生了共享经济的实践形态,中国也呈现出共享经济发展新局面。如共享单车就是一个共享经济和价值共创案例,骑行者在参与中享受了更多的选择、更高的消费质量和更加低廉的价格,单车提供者能够将车辆进行更加有效的利用并获得额外收益,提供服务的中间平台则从中获得交易费用并使得交易范围扩大、交易成本降低,上述三方参与了价值共创,也实现了各自的收益。在腾讯首倡的企业可持续社会价值创新行动中,不难看出其蕴含着共享发展、可持续发展与价值共创的理念,以及对多方参与互动的共享经济的借鉴。

第三,互联网和数字技术为企业可持续社会价值创新提供了有力的技术支撑。人类已经不可逆转地进入了数字化时代,这个时代最显著的特征就是以人工智能为代表的数字技术加速驱动生产力深刻变革,对生产方式、生活方式与治理方式产生全面而深刻的影响,并不断拓展演进新的生产关系,赋能经济社会全面发展,人们越来越依赖数字技术及其转化工具。截至 2024 年底,全国 5G 基站数量达 425 万个,千兆宽带用户超过 2 亿户,实现了市市通千兆、乡乡通 5G、村村通宽带,[①]我国的数字基础设施建设实现了全面跨越,进而促使互联网广泛应用和数字技术的飞速发展,并通过创新性地实现资源要素的高效配置,极大地提升了生产效率、管理效率与生活便捷度,为社会带来了诸多进步与变革,也为企业可持续社会价值创新提供了有效工具。例如,新生儿先天性心脏病筛查和女性

---

① 国家数据局提供,2025 年 2 月 27 日。

"两癌"筛查均是国家明确负责的公共卫生项目,但这一公共政策落实效果并不理想,腾讯公司的健康普惠实验室则为解决这一难题起到了不可替代的作用。在实验中,腾讯除为筛查、设备采购等提供一定的经费补充外,更重要的是通过数字化工具取代了过去只能靠一张张纸质个案表来记录信息的落后做法,同时解决了医患之间难以联通、无法追踪的难题,直接提升了新生儿先天性心脏病、女性"两癌"筛查的效率和质量,降低了医务工作者的劳动强度,提升了基层医生的能力,这些成效无疑是腾讯可持续社会价值创新实验获得的直接的、积极的成果。中国要应对超常规的老龄化,需要数字技术支撑的智慧养老、智能养老服务;解决育儿难题需要发展智慧育儿、智能育儿事业,疾病后顾之忧的解除需要智慧医疗、智能医疗,慈善公益事业更是需要依托互联网平台实现模式创新与价值创新,等等。可见,新时代的全面快速发展需要企业介入社会领域提供更多解决社会问题的技术工具与方案,而互联网的广泛应用和数字技术的飞速发展为此提供了有效工具和快捷路径。

第四,中国先进企业服务社会的自觉性在不断提升。在计划经济时期,国有经济一统天下,企业作为社会运行的基本单位之一,集生产、生活与社会责任于一体,在行为与目标上完全服从国家战略与指令性计划,其经济职责与社会职责高度重合,即使企业亏损也不能损害员工福利及减少相应的社会责任,政府财政负责为此兜底。实践证明,计划经济时期的国有企业给予了劳动者高福利和稳定预期,但由于处于缺乏自主性的执行者角色,在创新服务社会、优化社会价值创造格局方面存在不足。同时,当时的国有企业因过度突出社会性功能和执行者角色,也损害了其商业能力与竞争力。改革开放后,社会主义市场经济体制取代了传统的计划经济体制,多种所有制经济兴起,国有企业的商业能力与竞争力获得快速提升,但社会性功能同步快速弱化,一些企业在企业制度变革进程中甚至曾出现过损害劳动者权益、损害环境等现象。民营企业更多经历了一段资本原始积累的过程。进入本世纪后,社会主义市场经济体制日益走向成熟,相关法制与社会保障制度不断健全,国家强力推进环境治理,各类企业也开始持续不断地探索符合社会主义市场经济原则的经济运行机制与社会责任模式,尽管迄今仍未成熟、定型,但已经形成了不可逆转之势。近几年来,科技向善、商业向善成了越来越多企业的自觉追求和发展方向,一批先行企业更是在创造社会价值的进程中,通过自己的探索为全国乃至全球推动可持续社会价值创新提供了新的范式和新的实践方案。如腾讯公司作为可持续社会价值创新的首倡者与践行者,坚持用核心能力创造社会价值,其在 2021 年设立可持续社会价值事业部,通过乡村振兴、应急救助、健康普惠、碳寻计划、慈善公益等一系列项目,将企业核心战略、技术能力、产品创造、平台搭建和国家战略、民生诉求与社会需求有效连接,推动社会价值创新。对与核心产品无直接关联但事关重要社会议题的领域,腾讯也运用自身可持续发展能力开展创新资助,助力社会可持续发展。如其出资 100 亿元设立的"新基石科学基金",定位于发现最优秀的人、鼓励自由探索、聚焦原始创新,已经成为传统科研资助体系的有益补充。新希望集团、蚂蚁公司、京东公司等一批企业均在履行企业社会责任、开展社会价值创新方面做出了有益的探索(见本书第七章)。总体而言,技术进步和经济社会环境变化推动了社会关系重构,也使企业社会责任更受关注,在中国式现代化视野下,超越传统企业社会责任的可持续社会价值创新更具有中国特色和时代特点,成为越来越多企业的新追求。

综上,中国式现代化与共同富裕目标的确定性,决定了经济价值和社会价值是国家发展的一体两翼,可以实现相互转换和相互促进,这为中国企业的发展提供了价值导向和目标导向;而共享发展、可持续发展等先进理念指明了企业社会责任的大方向,中国的企业应当积极进行可持续社会价值创新,并使之成为中国特色社会主义企业的鲜明特征。国家则需要在坚持"两个毫不动摇"、创造公平竞争环境的前提下,明确商业价值与社会价值双轮驱动为中国特色社会主义企业发展的正确方向,并为企业开展可持续社会价值创新提供正确的政策指引和正向的制度保障。

第三节　初见成效的企业可持续
社会价值创新实践

近年来,国内越来越多的企业开始将创造社会价值作为履行社会责任的重要目标追求,有的企业将之作为企业的核心战略,有的将之视为企业发展基本理念,有的则在具体实践中开展相关行动。这些企业不仅在技术创新、产品升级、就业促进、缴纳利税等方面做了重要贡献,还以解决具体的社会问题为导向,运用自身在技术和产品上的优势,在兼具产业性和事业性的行业和领域尝试将商业化与公益性相结合,积极投身脱贫攻坚、乡村振兴、养老助残、医疗卫生、环境保护及科技、文化、教育等多种公益事业,赋予了新时代企业社会责任新内涵,开创了企业创造社会价值的新格局,正在率先形塑着中国现代企业发展的新模式和新生态。①

---

① 《全国人大代表郑功成:激发企业积极投身可持续社会价值创新》,《新京报》2023年3月10日。

一、腾讯公司的实践历程

作为率先将可持续社会价值创新融入企业发展战略的互联网头部企业,腾讯公司是 1998 年在深圳成立的一家世界领先的互联网科技公司,2004 年于香港联合交易所上市。其愿景与使命是"用户为本、科技向善",强调一切以用户价值为依归,将社会责任融入产品及服务之中,同时通过推动科技创新与文化传承,助力各行各业升级,促进社会的可持续发展。该公司成立以来,秉承科技向善的宗旨,用创新的产品和服务提升着人们的生活品质。其通信和社交服务连接全球 10 多亿人,帮助他们连接亲情、信息,畅享便捷的出行、支付和娱乐生活。其发行的电子游戏及其他优质数字内容为全球用户带来丰富的互动娱乐体验,还提供云计算、广告、金融科技等一系列企业服务,支持合作伙伴实现数字化转型,促进业务发展。

在履行社会责任方面,腾讯从遵循企业社会责任一般规律出发,迅速主动融入中国式现代化与共同富裕的历史进程,将共享发展、可持续发展以及自身科技优势转化成为可持续社会价值创新行动,走过了不断探索与不断升级的历程,正在探索着更高境界的企业制度文明。

2005 年元旦,腾讯 CEO 马化腾给全员发出邮件,发动大家去思考腾讯到底要成为一个什么样的企业。经过这场大讨论,腾讯将企业文化从"快乐工作、快乐生活"升级到"做最受尊敬的互联网企业",这标志着腾讯的企业文化从关注内部员工发展到关注外部认可,将社会责任提升到了重要地位。

2007 年 6 月,腾讯在民政部注册成立中国第一家由互联网企业发起的全国性非公募基金会——腾讯公益慈善基金会(简称为"腾讯基金会")。腾讯基金会成立后,以"做美好社会的创连者"为愿景,积极推动互联网与公益慈善事业的深度融合,推动公益行业数字化发展,推动人人可公益的互联网公益生态建设。在实践中,其持续关注并助力社区发展及创新资助两大方向:一方面通过温暖家园计划、家园助力站项目助力构建社区公益行业生态,助推基层治理创新;另一方面通过技术公益创投计划、千百计划、知识生产资助计划等创新资助方向助力公益行业数字化、公益人才发展、公益知识体系共享等行业可持续发展生态。这些行动无疑超越了传统的企业捐赠公益慈善范畴。从 2007 年至 2021 年,腾讯基金会接受腾讯集团和员工捐赠超过 70 亿元。2015 年,腾讯公司成立企业社会责任部,由此持续探索如何发挥互联网和技术优势促进社会发展的企业经营之道。2016 年《中华人民共和国慈善法》颁行后,腾讯公司与腾讯基金会又在 2017 年联合发起设立腾讯公益平台,它作为民政部首批指定的互联网募捐信息平台,通过全面数字化助力公益机构升级、提升全民公益服务,构建可持续公益生态,迅速成为用户首选的、可信赖的数字化公益服务平台。截至 2024 年底,腾讯公益平台累计筹款超过 340 亿元,2.1 亿人做出了 14 亿次捐款,帮助逾 13 万个公益项目筹集资金,还支持各省主办机构举办了 33 场乡村振兴等主题捐赠活动,覆盖全国近 70%区县,带动超亿人次参与地方公益节。①

多年来,腾讯公益平台利用腾讯的核心资源和能力,在互联网公益慈善的探索路上,开创了全新的公益资助模式,让"随手公益""指尖公益"逐渐成为大众的生活习惯和生活方式,在中国乃至当今世界扮演着当之无愧的"互联网+"公益启蒙者的角色,而腾讯公益平台则成了中国最具

---

① 腾讯公益平台提供。

影响力的互联网公益平台。

　　观察腾讯基金会、腾讯公司社会责任部和腾讯公益平台的发展实践，可以发现，其虽然与腾讯主营业务分割，依循的是传统的承担社会责任形态，但始终坚持依托自身核心能力，发挥数字技术优势，以创新公益慈善服务为己任，引领着整个公益慈善领域的社会价值创新。这种创新不仅体现在数以十亿、百亿元计的善款和数以百计、千计的公益项目上，更体现在对新时代公益慈善理念革新、技术及运行模式变革的引领上。它实质性地促进了数字技术、互联网与公益慈善实践的深度融合，营造出了中国特色的新时代公益慈善生态，也为推动可持续社会价值创新提供了灵感与源头。如2009年腾讯基金会启动"筑梦新乡村"精准扶贫公益项目，定点云南、贵州的两县一州进行帮扶，是成立"为村发展实验室"并专门致力于探索如何用科技和创新助力乡村振兴的源头。腾讯基金会2018年启动的"科学探索奖"项目则为SSV"科技生态实验室"建立奠定了基础。可见，腾讯基金会为腾讯集团推进可持续社会价值创新做出了有益的探索，也奠定了相应的基础。

　　2020年新冠疫情大暴发催生了腾讯可持续社会价值创新的新发展战略。疫情期间，腾讯1.2万多名员工直接参与从全球抗疫物资采购到疫情信息服务"战疫行动"，企业内部的"部门墙"神奇消失，所有人都奔着同抗疫的目标，一种超越了企业与个人利益的公益热情在流传，致使腾讯在公共应急产品上的投入和社会效应极大地超出了预期。这一现象使腾讯集团的决策者认识到作为一家服务10多亿人的科技公司，不是把一定的利润投在公益慈善领域就足够了，还可以通过更多地发挥自身的科技能力为社会发展进步做得更多、做得更好，这被认为是腾讯推动可持续社会价值创新的初衷。2021年4月，腾讯集团第四次战略升级，首次在公司战略中明确提出"推动可持续社会价值创新"并作为核心战略,它以公司顶层设计的高度推动社会价值创造,通过驱动科技、产品和运作模式的创新,为利益相关方和整个社会创造社会价值。同时成立可持续社会价值事业部(SSV),作为新发展战略的落地支撑,并宣布首期投入 500 亿元,用于对包括基础科学、教育创新、乡村振兴、碳中和、FEW(食物、能源与水)、公众应急、学有专长科技和公益数字化等领域展开系统探索;同年 8 月,腾讯又响应中央关于推动共同富裕的号召,再次宣布投入 500 亿元,启动"共同富裕专项计划",聚焦低收入人群增收、帮助医疗救助完善、促进乡村经济增长、资助普惠教育共享等民生领域。2022 年 1 月,腾讯集团又成立跨部门 ESG 工作组,主要负责公司整体的 ESG 表现并促进内部协作,腾讯集团的实质性议题分析也纳入了 ESG 框架体系,在原四大板块调整为环境、社会和管治三大板块的基础上,新增了科技共融、未成年人保护、内容责任以及产品与服务的环境责任等社会和环境议题,旨在全面提升社会和环境的价值创造。

腾讯将可持续社会价值创新融入企业战略并内化于企业发展全过程,受外部环境发展变化的深刻影响,更取决于企业决策者的先进理念与智慧。腾讯集团董事会主席兼首席执行官马化腾将社会价值视为不仅是企业社会责任的体现,更是推动企业持续发展的动力源泉。他在 SSV 成立后接受《南方周末》采访时指出:社会价值就像是一片土壤,它是企业发展的根基,根扎得越深,长在上面的用户价值和产业价值,才能更加枝繁叶茂。一家企业越往上生长,越需要厚植健康正确的社会价值,让企业的根扎得更深更稳。① 正是在这种新发展理念的引领下,腾讯对可持续

---

① 杨敏、李岩:《腾讯 SSV:从科技向善使命愿景到社会价值创新的探索》,搜狐网,2023 年 8 月 22 日,https://business.sohu.com/a/713953578_121124370。

社会价值创新的承诺"上不封顶",2021 年宣布投入 1000 亿元,聚焦社会价值创新探索和共同富裕。正是在这种大手笔支持下,腾讯才能在短短几年内全面推进可持续社会价值创新实验并在多个方面取得重要进展。

腾讯副总裁兼可持续社会价值事业部负责人陈菊红在谈到腾讯采取这一重大战略举措时指出,组织发展的首要目标即是通过科技创新、产品创新、模式创新,探索高质量、可持续的实现路径,共享社会价值、增进社会福祉。作为腾讯可持续社会价值创新的核心发动机,SSV 的使命就是将科技向善的使命、共享发展的取向落实到创造可持续的社会价值上。它对内联动公司各产品和业务线,形成相互支撑的社会价值创新格局;对外发挥产品、技术、平台等多重资源优势,将传统的捐赠公益升级为多维度的创新公益模式。

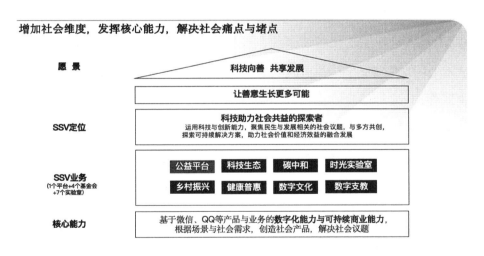

图 1-1　腾讯 SSV 结构图

在具体运作中,SSV 分为向善实验室群和公益平台部,分别专注于对社会需求的创新解决方案和具体的公益运营活动。SSV 设立项目的原则是国家认可、民众受益、腾讯擅长,其基本思路是立足解决社会问题、创造社会价值。经过近四年来的实践探索,腾讯 SSV 形成了 1 个公益平台、4 个基金会、7 个实验室的组织布局,进行了涵盖产品驱动、创新资助和在地实践三大类型的业务,逐步形成了基础研究、乡村发展、公益数字化等主线,围绕公益数字化、乡村振兴、绿色低碳、社会应急、养老科技、教育创新、公共卫生、数字文化等业务展开,全面推进可持续社会价值创新的格局,取得了相应的成果。

二、腾讯可持续社会价值创新实践的效果

作为首倡企业可持续社会价值创新发展战略的科技企业,腾讯近年来的实验至少产生了如下效果:

第一,探索了企业发展战略全面升华之路径,对中国企业起到了引领作用。腾讯将可持续社会价值创新作为企业核心战略融入企业发展全过程,通过多种实验的创新性实践,不仅在解决具体社会问题上取得了显著成效,还在推动整个社会可持续发展、促进社会公平正义共享方面发挥了重要作用,为其他企业履行社会责任、创造可持续社会价值树立了榜样。目前,越来越多的企业已经认识到,企业创造的价值不仅仅是商业价值,还包括社会价值,如果过度关注商业价值增长而忽视社会价值创造,并不是真正的可持续和长远发展之路。如果企业将可持续发展的视野更多扩展到社会价值层面,整个商业环境也会发生很大的变化,这将更有利于企业的长远发展。这种共识正在促使企业尤其是科技企业、平台企业采取相应的行动,进而真正构建出价值共创、收益共享的良好圈层和社会生态。

第二,运用核心能力助力解决社会问题取得了成效,为企业创造可持续社会价值指明了方向。在企业的社会责任实践中,传统方式下商业价

值与社会价值"两张皮"分割状态,主要是履行社会责任与企业主营业务脱节,或者利用传统履责方式来促进商业价值创造,致使企业的核心能力不能用来创造社会价值,其社会价值创造要么是单纯的公益慈善捐献,要么是企业在并不擅长的领域采取行动,其效果就不会太理想。腾讯在推进可持续社会价值创新实践中,无论是"共富乡村项目""社会应急项目""女性'两癌'筛查项目",还是"公益小红花项目"等,无一不是将自己擅长的技术能力如微信、数字技术及应用工具等加以充分运用,收到的是事半功倍的效果。由此带来的启示是,企业开展可持续社会价值创新应当首先明白自身的核心能力,利用自己擅长的专业优势。例如,酒店做好饮食安全与健康宣传,旅行社将文化传播融入日常业务,烟酒企业做好健康警醒提示,等等,都应当是在创造社会价值,而做这些较之企业在陌生或不擅长领域开展社会价值创新显然要容易得多。

第三,探索了新的运行机制,为企业推进可持续社会价值创新提供了新方案。与过去企业设立公益慈善机构或者社会责任部门相比,腾讯成立的 SSV 及其运行方式无疑是一个机制创新。其独特之处在于:它采取的不是行政领域的科层制,也不是现在流行的企业管理制,而是建立具有实验探索性的实验室来运行项目。如果有了一个创新公益设计项目,就在内部先建立一个实验产品中心;如果在某一领域有一到两个成熟项目且具备一定的项目延展性,就会升格为一个孵化项目的实验室。若实验室成功孵化了项目,且开始对行业形成影响,那就可以成立相应的工作室。这种运行机制是实验中心、实验室、工作室构成了逐步升级的三个阶段,形成了一个灵活的、可进可退的机制。当实验之路走不通时,可以随时撤出,人才转到其他实验室去,继续推动其他有落地可行性的社会价值项目。因此,SSV 旗下的每个实验室都专注于解决某一个方面的社会问题,实验室的任务就是探索出一套可复制、可持续的模式,最大可能地将各方社会力量连接起来,为社会价值创造和公共服务发展提供更好的补充。例如,"为村发展实验室"呼应国家乡村全面振兴战略,通过"耕耘者振兴计划""共富乡村建设"和"乡村 CEO 培养计划"等一系列项目为乡村提供数字化、智能化的发展策略和骨干人才。其中,由农业农村部办公厅于 2022 年 4 月启动的"耕耘者"振兴计划,由腾讯出资,通过线上线下相结合的方式,实现线上培训 100 万人、线下培训 10 万人的目标。第一年即实现线下培训乡村治理骨干和新型农业经营主体带头人 3 万人的目标,且开发"为村耕耘者"微信小程序和培训管理系统,实现学员线上学习交流互动、线下培训对象遴选、教学管理、效果评价等全流程数字化运行。"健康普惠实验室"呼应健康中国建设战略,致力于解决低资源地区医疗卫生的难点痛点,它的工作主要围绕筛查、中西部地区、妇幼三个关键词展开,推进的新生儿先天性心脏病筛诊治项目、女性"两癌"筛诊治均是促使国家公共卫生政策落地的实验。"科技生态实验室"立足于促进基础科研的发展,其设立的新基石研究员项目与"科学探索奖",助力中国前沿科学研究的项目,鼓励科学家们心无旁骛地探索科学"无人区"。"碳中和实验室"立足于全球气候变暖将会导致人类面临更加严峻的自然灾害,将工作重点定为三大方向:"碳寻计划"聚焦在新技术研发、商业模式孵化,以及市场环境营造方面,帮助研究机构走向产业界,且有成功的可持续的商业模式;"碳 LIVE"平台是合作伙伴们的平台,涵盖加速器、孵化器、初创企业、需要低碳解决方案的大型企业、希望促进低碳转型的政府相关部门和机构、行业协会等,目的是减少行业中的信息壁垒,增加透明度;"碳 Base"则面向消费者领域,是一个碳排放和碳减排计算的引擎,引导一种低碳生活方式。尽管腾讯的上述机制创新还在探索中,但已经为其他企业提供了可资借鉴的新鲜方案。

第四，形塑了共创共益的新格局，科技向善转化成了普惠共享效应。调研发现，腾讯推进的社会价值共创项目，都不同程度地产生了积极效应。例如，"为村发展实验室"主导的"耕耘者项目""乡村CEO培养计划"为乡村培训现代化骨干100万人，进而带动乡村发展真正进入数字时代。"健康普惠实验室"主导的"红雨伞计划"正在通过"筛诊治一张网"创新模式建设与实施，系统提高医疗机构对于女性和婴幼儿重大疾病的筛查、诊断、救治能力，实现从筛查、诊断、救治到康复全链条管理，推动早筛早诊早治全面普及，目前已经在宁夏、四川等省区全面推开。在应对人口老龄化方面，根据我国90%以上的老年人都居家或依托社区养老的现实，按照国家建设"15分钟养老服务圈"的倡议，腾讯正与各方共创合作，为老人打造"15分钟听力服务圈"，还发起"天籁行动"，面向听障人群社会责任领域的开发者、厂商及合作伙伴，免费开放天籁音频AI技术，以提升人工耳蜗降噪效果、改善人工耳蜗佩戴者的使用体验，帮助听障人士解决听不清的难题。在资助基础科研方面，2023年1月腾讯发布首批新基石研究员项目的入选名单，58位科学家将连续五年获得腾讯公司每年300万—500万元的经费资助，自由用于科学探索。2023年10月第二批入选名单，46位科学家获得资助，资助总额度超10亿元，资助项目涵盖数学与物质科学、生物与医学科学两大领域，并鼓励学科交叉研究。

以上只是对腾讯推进可持续社会价值创新进程的简要介绍。它以国家宏观发展战略和当前核心的公共问题为背景，以呼应国家战略、民生诉求与社会需要为导向，以企业的核心业务领域和业务专长为依托，在兼具产业性和事业性的行业和领域将商业化与公益性相结合，为解决社会问题提供了新的途径。① 其具体项目的实践探索,都与现实紧密结合,聚焦社会痛点,运用自身数字技术等优势配合政府和行业,实现服务社会的目标,其完全突破了传统的以捐赠公益慈善事业为主要方式的企业社会责任实现形态,正在迈向第三重境界。腾讯的可持续社会价值创新实践获得了政府相关部门的支持,受到了人民群众的欢迎,也在国际上赢得了声誉。2025 年 1 月 21 日在瑞士达沃斯举行的世界经济论坛年会上,表彰了来自 13 个国家的 15 个组织的 18 位社会企业家和创新者,这些获奖者均是具有明确价值观的企业家,他们开创变革性的商业、社会发展和环境保护模式,助力打造更加公平、可持续发展的世界。腾讯公司副总裁、腾讯可持续社会价值事业部负责人陈菊红名列其中,获奖理由即是主导可持续社会价值项目,利用数字技术应对环境与健康挑战。② 此即可被视为对腾讯积极开展可持续社会价值创新实践的高度认可。

正如腾讯董事会主席兼首席执行官马化腾所言,"腾讯的连接能力与数字科技专长,是依托于分布式的技术架构,通过去中心化的理念来实现的。这是一种普惠的、共享发展的技术底层。它也是可持续社会价值创新的基础,我们依托于核心产品,根据不同场景创造社会产品、提供数字工具。最终,让做好事变得简单,让助人者更有力,让善意生长更多可能。"③

三、需要进一步形塑共创共益新格局

进入新时代后,伴随国家从鼓励部分人先富起来转向让国家发展成

---

① 《全国人大代表郑功成:倡导企业进行可持续社会价值创新》,https://news.cctv.com/2022/03/11/ARTIH07jjMw04DBdxAv6ij19220311. shtml。

② 《世界经济论坛:施瓦布基金会 2025 年度社会企业家和创新者揭晓》,2025 年 1 月 21 日,https://cn.weforum.org/press/2025/01/schwab-foundation-awards-2025-cn/。

③ 《腾讯发布 2023 年可持续社会价值报告》,中国科技网,2024 年 6 月 26 日,https://www.stdaily.com/web/gdxw/2024-06-26/content_1965367. html。

果更多更公平地惠及全体人民,并明确中国式现代化建设的重要目标是扎实推动全体人民走向共同富裕,以及不断推进社会保障改革与制度建设、掀起大规模的脱贫攻坚战、持续推进严格的环境治理等,中国企业的社会责任意识也在持续上升,大多数成规模企业采取多样化方式、通过不同途径不同程度地履行着自己的社会责任。以腾讯为代表的一些先行企业更在前期承担社会责任的基础上,将可持续社会价值创新引入企业发展战略并采取相应的行动,目前已经呈现出反应热烈的社会效应。

据腾讯可持续社会价值副总裁肖黎明介绍,腾讯以科技向善为使命愿景,在推进可持续社会价值创新、实现共享发展方面,三年多来已经探索出了一条"试点示范——规模化推进——催化实现持续的深入的推动"路径。目前正在从产品驱动、创新资助、在地实践三个方面深入探索对企业履行社会责任的认知提升、价值导向变化、商业决策转变、议题拓展和方法进化,推动更多社会价值创新议题从试点示范步入规模化推广,再到形成催化裂变效应,带动更多人、更多主体一起创造更多社会价值,形成社会价值创新生态圈。

蚂蚁集团也高度认同商业价值和社会价值一体创造是企业可持续发展的核心路径,并于 2022 年正式启动包含上述理念的 ESG 可持续发展战略。2022 年 6 月,蚂蚁集团升级"数字普惠、绿色低碳、科技创新、开放生态"四位一体的可持续发展战略,将公司发展和社会价值创造,与国家和社会的发展大局更紧密地结合起来。2023 年 6 月,蚂蚁集团发布启动 ESG 可持续发展战略以来的首份年度报告,显示该公司一年来用科技创新求解社会问题、推动可持续发展取得的成效,突出强调其科技普惠的理念。①

---

① 《绿色低碳是未来 蚂蚁集团发布 2022 年可持续发展报告》,中国环境网,2023 年 6 月 1 日,https://www.cenews.com.cn/news.html?aid=1058230。

2023 年新创的中国大模型企业——深度求索公司（DeepSeek）在 2025 年春节期间以开源研究与开源代码在世界 AI 界掀起巨澜，它以低成本、高性能、开放性、普惠性而使其智能化搜索服务天然蕴含社会价值，而其背后的幻方量化公司在公益慈善方面也表现卓越，2022 年共向慈善机构捐赠 2.2138 亿元，其创始人梁文锋个人则以"一只平凡的小猪"名义匿名向公益慈善机构捐赠 1.38 亿元，[①] 这种兼具技术超越性突破、热衷公益慈善的企业及企业家在中国大地上不断生长，也从一个侧面显示出中国企业开展可持续社会价值创新潜力无限、前景光明。

需要指出的是，企业的主营业务领域不同、发展阶段不同、核心能力不同，其参与推动共同富裕、实现可持续社会价值创新的方式和程度也有所不同。例如，互联网企业可以通过创新信息平台和数字技术工具为经济社会发展提供公益普惠支持，汽车制造商也可以通过拓展车辆的无障碍改造业务为残疾人的社会融入消除障碍，餐饮业则可以传播节约粮食、食品安全与健康饮食的理念，等等。因此，科技企业特别是互联网企业在推进可持续社会价值创新中显示出了数字技术所具有的优势，并不意味着其他行业、其他企业不能将可持续社会价值创新融入自己的发展战略中。对于企业来说，可持续社会价值创造可以帮助企业摆脱囿于传统的承担社会责任惯性思维，即不再单纯以短期商业利益为目标，而是基于全局与长远，通过服务于尚未得到满足的社会需求、解决社会问题来共创共益，其成果不会像一般商品因使用而耗竭，而是在适宜的环境下能够不断生长，这将使整个社会的面貌、社会的动力系统变得更加美好、更可持续。

---

① 《DeepSeek 背后的公司曾一年捐赠 3.59 亿》，中国慈善家杂志微信公众号，2025 年 2 月 5 日。

　　当然,可持续社会价值创新是企业通过自己的行动介入社会建设、社会发展与公共政策实施,其行动领域明显超出了企业可以掌控的范围,如果只有企业单方面的努力和付出,是很难取得实质性成效的,必须是多方都具有积极性,这需要凝聚共同推进可持续社会价值创新的社会共识,形成有利的社会氛围,而政府及相关部门尽职尽责的主导至关重要。因为这一新事物虽然是企业主动作为,但它立足于解决社会问题,通过增强技术普惠与服务普惠来促进社会公平正义、增进民生福祉,这应当是政府职责所系,是政府有为和有为政府的具体体现。近年来的调研发现:凡政府相关部门重视并积极主动介入的,企业社会价值创新项目就容易取得成效。如腾讯耕耘者振兴计划,因为农业农村部、原国务院扶贫办以及实验地区党委、政府重视并积极参与其中甚至发挥主导作用,取得的效果就很明显,已经形成了可以复制、推广的农村人才培养模式等。腾讯在一些地区开展的健康普惠实验如新生儿先天性心脏病、女性"两癌"的筛诊治一张网,也得到了国家卫生健康委员会及地方政府相关部门的支持与积极参与,使项目能够顺利推进。反之,如果政府及其相关部门不重视,或者只考虑从企业获取资源(如捐赠)来解决当地的社会问题,事情就很难办好,社会价值创造也不可持续。因此,在多方共创社会价值中,企业主体性不能弱化,但政府也处在关键地位。换言之,可持续社会价值创新是企业响应国家战略、民生诉求与社会需要,主动融入新发展格局的行动,应当得到政府更明确、更有力的支持,不仅经济主管部门在指导企业履行社会责任、创造社会价值时需要有新理念和新举措,更需要综合管理部门如发展改革、财政、税收等和社会领域主管部门如民政、医卫、人社、教育、科技、政法等系统或部门积极倡导、引导并采取实质性的支持行动,实现公共资源、企业资源与社会资源通过机制创新获得更优配置,促使社会公平正义和全民福祉全面稳步提升。如果政府部门以积极的姿态出现,企业响应国家战略、主动参与解决社会问题的积极性就会持续高涨,实践效果也将事半功倍;否则,只能事倍功半,企业也将丧失持续推动的积极性、主动性。有鉴于此,应当将可持续社会价值创新确定为需要多方真正基于共创共益、共享发展之愿景而共同付出努力的新事物,企业或政府一方提出动议并主动行动,同时能够得到相关各方积极响应并参与,形成相互呼应、良性互动的有效协同机制,这样才能形成共创共益的新格局、打开社会价值创新新局面,这正是新时代建构新发展格局的具体且生动的体现。

第四节　企业可持续社会价值创新的重大意义与国家推动

尽管企业履行社会责任的意识在提升,一批先行企业已经在可持续社会价值创新实践探索中取得了可喜的成效,但总体而言,大多数企业参与可持续社会价值创新的积极性还不高、投入总量还不大、内生机制还不健全,甚至还有少数企业将经济价值与社会价值相对立、以损害社会利益来谋求经济利益的现象仍不罕见。比如,对自然资源进行过度开发或违规排放有害物质,以损害生态环境为代价来赚取利润;以垄断地位破坏市场公平竞争环境,攫取超额利润;不善待员工,以差别化的用工方式损害劳动者法定权益等。这些行为都突破了企业守法合规的底线,更有损社会价值,也不利于企业商业价值的可持续。因此,有必要全面评估企业可持续社会价值创新实践探索的积极意义,并运用明确的政策指引来促进其健康发展。

一、企业可持续社会价值创新的重要意义

推动企业可持续社会价值创新是新时代的新课题,也是中国式现代化赋予企业的新使命,还是扎实推动全体人民共同富裕的新途径与有效手段。

对国家而言,推动企业可持续社会价值创新,不仅会直接促进经济社会协调发展,而且能够直接推动社会进步和共同富裕。一方面,可持续社会价值理念强调企业在追求经济效益的同时,也要关注社会问题和环境的可持续发展,并利用自身优势来帮助解决社会问题,这有助于促进社会公平、正义和可持续发展,实现人与社会、人与自然和谐共生。另一方面,可持续社会价值理念不仅强调企业为社会创造更多的财富和就业机会,而且强调企业提升服务社会的能力并增强普惠性,这有助于缩小贫富差距,促进社会平等,进而助力共同富裕与和谐发展。总之,企业可持续社会价值创新追求社会价值总和最大化,这是中国式现代化的应有之义。因此,国家应当大力支持企业开展可持续社会价值创新,积极引导、支持企业在追求商业价值和利润增长的同时,发挥自身优势,自觉肩负起更多创造社会价值的责任,使之成为中国式现代化建设和全体人民共同富裕的重要力量。

对企业而言,努力实现可持续社会价值创新是提升企业竞争力、实现商业价值与社会价值相得益彰的理想方式。一是通过实践可持续社会价值理念,企业可以在社会上树立良好的形象和声誉,增强消费者的信任和忠诚度,也有助于企业吸引和留住优秀的人才,提升企业的核心竞争力和可持续发展能力。特别是数字平台与科技企业,更应当将经济性与社会性相融合,追求社会价值与商业价值的融合统一,因为以亿计、10 亿计量

级的用户本身就需要其服务具有普惠性,如果只考虑商业价值而不追求社会价值,将陷入义利冲突甚至"不义"的困境。二是可持续社会价值创新为企业等主体参与国家现代化建设开辟了新路径。国家发展阶段不同,重点任务和各个主体参与国家建设的方式和路径也会有所不同。中国已经迎来了从"站起来""富起来"到"强起来"的伟大飞跃,在实现温饱的进程中,瞄准的是个体的基本生活水平,企业是提供就业岗位并进而提高劳动者收入的主体;小康社会关注的是社会整体的发展水平,企业不仅要为社会总财富的增长贡献力量,也要为社会的整体和谐与均衡发展做出自身的贡献。进入新的发展阶段,开启全面建设社会主义现代化国家的新征程,评价的对象不再是个体和社会,而是整个国家发展的升华,是全球范围内国家制度与治理体系的总体竞争,是国家经济发展、社会文明、政治民主、文化繁荣、生态可持续以及人民生活品质提升的总体评价,是中国式现代化创造人类文明新形态的伟大实践。在这种国家发展新目标下,包括企业在内的各个主体都需要有重新的定位,并找到参与社会主义现代化强国建设的新路径。而开展可持续社会价值创新可以且应当成为企业等主体参与国家现代化建设的新途径,因为它不仅关注经济收益,更关注社会问题解决所带来的整体社会收益及其对环境可持续的影响;它不仅关注具体问题的解决,更关注建立各方共同参与和共建共享的新型治理机制;它不仅要求企业基于自身优势的业务创新和产品开发,还要求与其他社会主体的开放性合作与共创共建,从而是对企业发展目标、治理体系和运行机制的全面升级。因此,这是中国特色社会主义进入新时代和新发展阶段后,企业主动将自身发展战略与国家发展命运紧密结合在一起的积极探索。三是可以视为企业高质量发展的新标志。党的二十大报告指出,推动实现高质量发展是全面建设社会主义现代化国家的首要任务。经济社会要实现高质量发展,在很大程度上依赖企业高质量发展,而对企业发展质量的评估体系也有一个不断完善的过程。从最初主要评价企业产品的质量和利润水平,到关注企业生产全过程的劳动保护、资源保护、知识产权尊重与保护等,从对产品使用价值的结果性评估拓展为全过程的产品"文明程度"评估,表明的是企业文明形态也会伴随时代的发展进步而发展变化。在新时代,以可持续社会价值创新的方式为推动解决国家社会发展中的重大问题提供解决方案,就应当成为企业高质量发展的全新评价维度。这种评价方式不仅适用于国有企业,也适用于民营企业;不仅适用于传统企业,更适用于创新企业,从而应当具有广泛的行业适应性。2022 年 2 月,中央全面深化改革委员会第二十四次会议通过了《关于加快建设世界一流企业的指导意见》,提出要坚持党的全面领导,发展更高水平的社会主义市场经济,毫不动摇巩固和发展公有制经济,毫不动摇鼓励、支持和引导非公有制经济发展,加快建设一批产品卓越、品牌卓著、创新领先、治理现代的世界一流企业,在全面建设社会主义现代化国家、实现第二个百年奋斗目标进程中实现更大发展、发挥更大作用。[①] 是否有效地开展了可持续社会价值创新,在提高自身产品和技术竞争力的同时,做到了商业价值和社会价值双轮驱动,也应当成为中国特色世界一流企业评价的重要方面。当然,这并非是对所有企业发展的必然要求,而主要是对行业领军企业特别是现代科技企业高质量发展的新评价维度。在互联网时代,以科技创新为基础、以服务实体经济和改善民生为使命的互联网龙头企业则具有这方面的相对优势,这也是腾讯倡导并积极实践可持续社会价值创新的原因所在。可见,"可持续社会价值

---

① 《习近平主持召开中央全面深化改革委员会第二十四次会议强调:加快建设世界一流企业 加强基础学科人才培养》,《人民日报》2022 年 3 月 1 日。

创新,不仅会为企业发展、基业长青奠定更加稳固的基石,而且能够在努力创造财富的同时更好地承担社会责任,最终与国家发展、人民幸福融为一体"①。

对社会而言,企业可持续社会价值创新创造了联结多元社会主体共建共享的新机制,形成了值得倡导的社会新风尚。一方面,在不同的社会生产方式和社会关系结构下,不同社会主体的联结方式是不同的。在中国的发展历程中,从传统社会中的家庭到后来的单位和集体,再到网络信息社会的社群等新型组织形态,联结社会主体的方式和载体正在发生重大变化。尤其是在互联网技术快速发展和普及应用的信息社会,在共建共享的新发展理念下,在面对国家与社会发展重大议题的情况下,如何有效联结不同的社会主体,突破传统的组织边界而形成新的联结方式和合作机制,是当代社会发展面临的重大议题。可持续社会价值创新强调以重大社会问题为导向,强调在凝聚共识基础上跨部门、跨主体的创新合作机制构建,强调场景化的系统解决方案,强调总体社会价值实现基础上的各方利益增进。在发现问题的过程中,需要需求方的出场和对问题的全面呈现;在形成解决方案的过程中,需要专家的宏观思路、各技术环节的创新突破、公共部门的政策支持以及多元化的筹资渠道等;在运行和推广的过程中,则需要需求方的效应反馈、第三方的监督评估以及媒体的宣传和推广等。以老龄化社会的养老服务为例,既需要有不同学科背景专家基于宏观数据和微观调研的老年人需求分析,也需要有老年人行动与健康监测、家庭成员数字化联络、老年人居家环境无障碍改造等方面的不同专业团队技术创新作为支持,还需要提供专业养老服务的社会组织对服

---

① 《全国人大代表郑功成:倡导企业进行可持续社会价值创新》,央视网,2022 年 3 月 11 日,https://news.cctv.com/2022/03/11/ARTIH07jjMw04DBdxAv6ij19220311.shtml。

务提供者的系统培训和能力建设,更需要有地方政府的政策与公共财政支持,等等。简言之,可持续社会价值创新主张在社会网络化、个体原子化的时代背景下,在解决问题的过程中形成突破传统组织边界的新型社会联结与合作机制,这正是新时代社会建设迫切需要的新机制。另一方面,可持续社会价值创新虽然是企业提出的,但由于其突破了经济价值和社会价值的分野,倡导多元主体跨组织边界的合作与共创,不仅可以成为衡量中国特色一流企业发展质量的新维度,也应当成为全面建设社会主义现代化国家进程中值得提倡的新风尚。包括企业、社会组织、公共部门等在内的各方社会主体都可以响应"可持续社会价值创新"的主张,开展可持续社会价值创新的实践,关注和总结可持续社会价值创新的理念、经验和模式。因此,可持续社会价值创新概念的提出,本身就是一个凝聚新共识、探索新模式的过程,它开辟了联结多元社会主体参与国家现代化建设的新途径、新方式,也必定能够带来企业的新发展。

二、国家应当支持企业可持续社会价值创新[①]

企业是中国式现代化建设与推动全体人民走向共同富裕的至关重要的力量,这决定了中国的企业既是社会财富的创造者,也应当是社会价值的创造者。实践已经证明,推动可持续社会价值创新不仅会为企业发展、基业长青奠定更加稳固的基石,而且能够让企业通过发挥自身优势解决诸多复杂社会问题,进而推动社会发展进步,促使人民福祉得到提升。在中国式现代化建设和走向共同富裕的进程中,还有许多新问题和大问题亟待解决,其中,有些问题需要公共权力的介入和政府直接承担责任,有

---

① 本节参见《全国人大代表郑功成:激发企业积极投身可持续社会价值创新》,新京报网,2023 年 3 月 10 日,https://www.bjnews.com.cn/detail/1678440276169531.html。

些则需要包括企业在内的社会力量广泛参与。有鉴于此,国家应当支持企业开展可持续社会价值创新探索,对这方面的典型案例及其推广应用条件进行跟踪研究,进而加快成功模式的扩散。

第一,政府应当鼓励企业开展可持续社会价值创新并提供宏观政策指引。如制定国家发展战略需求与重大问题清单,碳中和、乡村振兴、共同富裕、积极应对人口老龄化、健康中国建设、健全社会保障体系、第三次分配与公益慈善事业发展等都可以成为企业开展可持续社会价值创新的重点关注领域。明确鼓励企业以宏观政策为导向,以自身技术优势、产业优势等为依托,探索系统的解决方案;鼓励企业在遵循市场化、社会化、产业化等基本规律的条件下,通过发挥自身优势,调动多方力量参与,形成新的资源配置方式和社会治理机制,将可持续社会价值创新落脚到模式创新及可持续性、可推广性上;鼓励企业通过技术创新为解决重大社会问题提供有力的技术支撑,通过机制创新来推动企业与政府、社会组织合作共创,通过绩效评估创新将企业在社会价值创造方面的贡献作为评比表彰、政策支持的重要因素。国有企业作为社会主义公有制的载体,也是体现社会主义制度优越性的重要主体,应当成为可持续社会价值创新的积极实践者和引领者,在探索社会重大问题的解决方案和实现商业价值与社会价值双轮驱动中形成成熟的机制、起到示范作用。民营企业作为中国特色基本经济制度的重要组成部分,不少行业的头部企业已经在积极开展可持续社会价值创新的实践,并在局部领域、局部地区取得了初步成效,探索出了一些可供借鉴的模式,这证明商业价值与社会价值双轮驱动的取向是中国企业发展的升华。在政府的鼓励与指引下,让可持续社会价值创新成为具有普适价值的中国特色社会主义企业新特质。

第二,国家应当建立支持企业进行可持续社会价值创新的机制并给予相应的政策支持。首先,需要建立信息共享与对话交流机制,加强宣传、引导和研究,将可持续社会价值创新作为新时代中国现代企业制度建设和争创世界一流企业的新目标和流行词。其次,对于具有显著社会价值的领域,应当给予有相关业务收入的企业一定的税收优惠支持政策。调研发现,企业开展可持续社会价值创新的探索,虽不能等于慈善捐献,但具有显著的公共属性。以企业参与乡村振兴为例,需要在硬件设施建设、人员培训、运营管理以及技术开发等方面进行大量前期投入,上述投入主要转化为社会价值而非商业价值,从而具有一定的公益性。2023 年8 月在贵州省黎平县铜关村调研发现,这个侗族山寨因腾讯公司推进乡村振兴,由企业帮助连通了互联网而改变了面貌,该村在外务工的青壮年能够与家中老人、小孩随时电话或视频沟通,山水隔断的亲情重新得以紧密联结;信息沟通也使山外货物进来和本村土特产出去由极其不便变得便捷了。短短一两年间,就收到了村民收入增长、村容村貌变美的奇效,不仅如此,该村外出农民工还能通过视频参与村庄治理,既解了乡愁,更使乡村治理焕然一新。显然,这个项目并未给腾讯创造经济价值,却创造出了可持续社会价值,为乡村振兴提供了新的经验。因此,为了支持更多企业开展可持续社会价值创新,可以参照企业捐赠的额度和有关税收优惠政策,对上述前期投入费用进行税优支持。再次,政府相关部门应当积极参与企业可持续社会价值共创。如发布政策指引,将相应的公共资源与企业资源有效对接,协调解决共创中的难题,借助企业力量在共创中促使国家战略稳步推进、实现公共政策落地。当然,政府还要切实维护企业的自主权,防止将可持续社会价值创新异化成变相的强制捐赠等不合理行为,避免成为企业正常发展的沉重压力或负担。在实践中要循序渐进,以优质企业特别是优质的民营企业自觉先行,再逐步形成有利的社会氛围与政策环境,避免一哄而上,或者异化。

第三,将社会价值创新逐步纳入企业总体绩效考核评价体系。绩效考核是检验企业经营好坏的基本标尺,对企业行为有重要影响,如果仅以利税作为企业考核的唯一标准,则企业必然缺乏创造社会价值的内生动力。例如,对国有企业而言,国资委等相关部门可以将参与社会价值创新及其取得的社会价值绩效作为国有企业及其主要负责人的一项重要考核内容,重新设定国有企业的经营运转规则。对于上市或将上市的公司,证监会等部门可以将企业社会价值创造作为上市审核的必要内容,通过绩效考核机制的完善,使企业产生参与社会价值创造的内生动力。在绩效考核与评价中,应当在借鉴欧美国家企业社会责任评估体系的基础上,重新设定符合国情的企业考核规则与评价指标体系,推动企业走出中国特色的发展之路。

第四,及时总结可推广新模式,营造好的社会氛围。企业可持续社会价值创新的最终目的,是找到可供复制和推广的重大问题解决方案,形成机制化的解决路径,促进社会公平正义和整个社会福祉的提升,助力全民迈向共同富裕的理想境界。因此,有必要支持相关研究机构对典型企业可持续社会价值创新的方式、效果及其推广应用条件进行跟踪研究,形成案例库和完整的宣传推广方案。在国家有关重大问题改革的指导性意见或实施意见中(例如共同富裕行动方案、健康中国建设专项行动、积极应对人口老龄化国家战略之行动方案等),对企业可持续社会价值创新实践的成功案例进行推介,加快成功模式的推广传播。同时,积极营造有利于企业开展可持续社会价值创新的社会氛围。还要加强企业可持续社会价值创新的理论研究,形成中国特色社会主义企业开展可持续社会价值创新的话语体系,通过追踪典型企业开展可持续社会价值创新的实践及其效果,及时总结经验并进行宣传推广,让可持续社会价值创新成为企业发展的新时尚和新追求。

总之,"在中国特色社会主义现代化建设全面提速、扎实推动共同富裕成为国家发展核心议题的背景下,更加需要将公平正义作为国家和社会应然的根本价值理念,全面融入一切制度安排与政策实践中,以促进社会公平正义、增进人民福祉为出发点和落脚点,创造保障人民世代幸福的公平正义的人类文明新形态。"①而企业作为现代社会异常重要的"器官",其对于社会的价值大小不仅决定着企业的成败,也决定着企业对社会发展进步的贡献度,还对中国式现代化建设的进程和全体人民共同富裕的实现程度产生重要影响。因此,如何适应新时代的发展变化和中国式现代化新要求,为国家发展和共同富裕创造可持续社会价值,已经是摆在中国企业面前的一道重要选择题,每个企业都需要理性地做出自己的回应。

---

① 《郑功成:让世界充满公平正义》,《光明日报》2022 年 7 月 15 日。

第二章　企业创造社会价值的历史演进

　　企业是创造社会财富的重要载体,创造商业价值是企业天然的使命。在社会分工中,企业往往被称作"第二部门",以和代表公共利益的"第一部门"政府和"第三部门"非营利组织相区分。企业形态经历了一个变迁和发展的过程,以劳动分工为基础的手工工厂是企业的萌芽阶段;分工和协作相结合,机器的广泛使用,所有权和经营权相分离,以及股份制的出现,都是现代企业演进的重要特征。一般认为,1827 年美国第一家股份制铁路公司的成立是现代企业出现的标志。[①] 在我国,党的十四届三中全会审议通过的《中共中央关于建立社会主义市场经济体制若干问题的决定》,提出要建立现代企业制度,其基本特征可以概括为"产权清晰、责权分明、政企分开、管理科学"[②]。1993 年 12 月,第八届全国人民代表大会常务委员会第五次会议审议通过《中华人民共和国公司法》,确立了有限责任公司和股份有限公司两种基本形态。

　　一般认为,企业追求商业价值,实现股东利益的最大化是其核心使

---

　　①　冯苏京:《企业 1000 年——企业形态的历史演变》,知识产权出版社 2010 年版,第 166 页。

　　②　曹凤岐:《股份制与现代企业制度》,企业管理出版社 1998 年版,第 4 页。

命,而从守法合规到履行社会责任再到创造社会价值,则经历了一个历史演变的过程。本书第一章已经指出,在早期资本原始积累阶段,企业对商业价值的追求往往是以破坏社会价值、损害社会利益为代价;随着外部环境的压力和企业自身的发展,企业逐步关注以内部员工和外部的消费者、供应商等为代表的利益相关群体,以及生态环境等公众普遍关注的公共利益,从而在创造商业价值的同时尽量维护社会价值,这是资本主义企业文明的初级阶段;进一步地,随着联合国可持续发展目标的提出和全球企业社会责任运动的兴起,企业逐渐开始通过慈善捐赠等方式创造社会价值,这是资本主义企业文明的高级阶段。我国的企业伴随着从计划经济向市场经济的转型,也在持续探索商业价值和社会价值之间的平衡之道,并在新时代随着企业可持续社会价值创新概念的提出和积极的实践,正在创造社会主义制度下企业文明的新形态。总之,企业演化的过程也是其承担社会责任的历史演进过程,是一个持续渐进和逐步升华的过程,是企业文明发展的重要标志。

第一节　血腥的资本原始积累(非文明的企业): 西方企业早期对社会价值的破坏

虽然企业的历史源远流长,但古典企业的规模小、人数少,生产效率较低,对经济生活的影响有限,[①]大多处于马克思所描述的简单协作阶段,并以家庭作坊的形式出现,从而既不可能也无法承担社会责任、创造社会价值,因此本章的前三节主要关注资本主义不同发展阶段下,企业对

①　冯苏京:《企业1000年——企业形态的历史演变》,知识产权出版社2010年版,第67—69页。

商业价值和社会价值关系的处理方式。

在资本原始积累阶段,随着工业革命带来的技术进步,地理大发现带来的全球市场扩张,以及私有产权制度在资本主义国家被广泛认可和得到保护,企业的发展开始从手工工厂向建立工厂制度转变。这个时期的企业(工厂)有三个基本特点,其一,是从分工走向协作。古典的企业源自于社会分工,而工厂则是协作的结果。尤尔(Andrew Ure)在 1835 年出版的《工厂哲学》(*The Philosophy of Manufactures*)中认为,工厂就是"以经常的劳动来看管一套由总动力不断发生着生产机器的、不分长幼的各种工人的协作"。而从手工工厂向机器大工业的转变则可以被看成是人与人的协作向机器与机器的协作转变。其二,是雇员规模的逐步扩大。无论是工厂生产的需要,还是以英国"圈地运动"为代表的农民被迫与土地分离,都使得传统以家庭或地缘关系为基础的手工工厂转变为以劳资关系为基础的机器大工厂。1815—1816 年,英国曼彻斯特及其附近的 43 家重要棉纺厂一览表上所列举的平均雇佣数是整整 300 人。① 雇员规模数量的增加,使得劳资关系成为一组基本的社会关系。其三,部分企业成为老牌资本主义国家全球扩张的载体。如英国和荷兰分别于 1600 年和 1602 年成立的东印度公司,它们既是商业企业,也是本国政府殖民政策的执行工具。②

随着技术进步和工厂规模的扩大,企业在国家经济发展中的作用也不断提高。数据显示,1787 年英国原棉消费仅为 2200 英镑,到半个世纪之后,原棉消费就达到 3.66 亿英镑,棉纺业成为英国最重要的工业部门。③

---

① [英]克拉潘:《现代英国经济史》(上卷第一分册),商务印书馆 1997 年版,第 224 页。

② 冯苏京:《企业 1000 年——企业形态的历史演变》,知识产权出版社 2010 年版,第 142 页。

③ 冯苏京:《企业 1000 年——企业形态的历史演变》,知识产权出版社 2010 年版,第 139 页。

与此相伴的是,企业的法人地位也逐步得到了确立,而不再是古典企业时期企业与商人之间的模糊界限。主体的明确、规模的扩大,都使得企业成为工业化进程和资本主义国家发展中最为重要的力量之一。与此同时,资本对利润的追求开始变得疯狂和不受约束,正如马克思在《资本论》中引用托·约·邓宁的话说,"一旦有适当的利润,资本就胆大起来。如果有 10% 的利润,它就保证到处被使用;有 20% 的利润,它就活跃起来;有 50% 的利润,它就铤而走险;为了 100% 的利润,它就敢践踏一切人间法律;有 300% 的利润,它就敢犯任何罪行,甚至冒绞首的危险"。① 因此,与企业的技术进步、规模扩张、利润增长相伴而行的,是对劳动者的残酷压迫和剥削,对自然环境的严重破坏,以及对全球资源的肆意掠夺。

首先,是对劳动者的压迫和剥削。马克思认为,"工业革命创造了一个大工业资本家的阶级,但是也创造了一个人数远远超过前者的产业工人的阶级"。② 在早期资本原始积累阶段,劳动者的工作时间长、工作收入低、工作环境差,这是不争的历史事实。在工作时间方面,19 世纪上半叶,英法德美等国工人的工作时间一般都在每天 12—15 小时左右,多的长达 16—18 小时,资产阶级"侵占人体成长、发育和维持健康所需要的时间。它掠夺工人呼吸新鲜空气和接触阳光所需要的时间。它克扣吃饭时间,尽量把吃饭时间并入生产过程"③。在工资收入方面,统计数据显示,1809—1811 年英国工人的实际工资比 1759—1768 年降低了 35%;在法国工业比较发达的诺尔省,1815—1830 年,工人的工资由原来的 6 法郎降低到了 3 法郎,到了 19 世纪 20 年代,巴黎一个工人的工资仅能购买 2 公

———————

① 《马克思恩格斯全集》第 44 卷,人民出版社 2001 年版,第 871 页。
② 《马克思恩格斯选集》第 3 卷,人民出版社 2012 年版,第 768 页。
③ 《马克思恩格斯全集》第 23 卷,人民出版社 1972 年版,第 295 页。

斤面包。① 美国企业史学家斯坦纳(Steiner)在其著作中以 1808 年德国移民阿斯特创立的美国毛皮公司为例,"它对雇佣的捕猎者进行残酷的剥削,他们在危险的环境与极端天气下无休止地工作,但当阿斯特在一个地区获得垄断地位之后,就将他们的工资从一年 100 美元下降到三年 250 美元,而毛皮公司每 2 美元的初始投资就能得到 97.96 美元的净利润,是初始投资的 4900%。"② 进入到机器大工业之后,更多的劳动者被迫与土地分离而投入到工业生产中,而他们由于大多没有接受正规的就业技能培训而使得健康损害和身体伤害成为一种普遍现象。恩格斯在其《英国工人阶级状况》一书中就描绘了其 1842 年在当时的世界纺织工业中心英国曼彻斯特街头看到的一幕,"除了许多畸形者,还可以看到大批残废者:这个缺一只或半只胳膊,另一个人缺一只脚,第三个人少半条腿;简直就好像是生活在一批从战争中归来的残废者里面一样"。③ 资本家的残酷剥削,使得工人群体的生活异常困苦,1840 年英国利物浦的工人平均寿命只有 15 岁,工人们的孩子有 57% 不到 5 岁就死亡了。④ 因此,劳动创造了价值,而企业资本家早期对劳动的残酷剥削,显然是对社会价值的重大破坏。

其次,是对环境的破坏。18 世纪工业革命之后,机器大生产发展迅速,各种自然资源尤其是矿产资源被大量消耗,大气和水污染日益严重,成为危及人类生存与发展的社会公害。在工业化初期,由煤、烟尘、二氧化硫造成的大气污染和矿冶、制碱造成的水污染最为严重;随着石油、天

① 于文霞主编:《国际工人运动史》,辽宁人民出版社 1987 年版,第 5—6 页。
② [美]约翰·斯坦纳、乔治·斯坦纳著:《企业、政府与社会》(第 12 版),褚大建、许艳芳、吴怡等译,人民邮电出版社 2015 年版,第 44—45 页。
③ 恩格斯:《英国工人阶级状况》,见《马克思恩格斯全集》第 2 卷,人民出版社 2005 年版,第 450 页。
④ 于文霞主编:《国际工人运动史》,辽宁人民出版社 1987 年版,第 7 页。

然气的大量使用和煤炭用于炼焦工业和火力发电等工业企业,工业"三废"的排放量不断上升;到了工业经济的高速发展期,能源消耗急剧上升,石油代替煤炭成为主要能源,工业结构从以轻工业为主向以重工业为主转变,以及农药等有机合成物质和放射性物质带来的新污染源,使得污染的范围越来越广,公害发生的频率越来越快,后果越来越严重,此后一直持续到 20 世纪末,才在国际社会的共同推动下,对环境可持续发展引起高度重视。如 1930 年比利时马斯河谷工业区的烟雾事件、1943 年美国洛杉矶的光化学烟雾事件、1948 年美国匹兹堡的烟雾事件、1952 年英国伦敦的工业烟雾事件、1970 年日本东京的光化学烟雾事件、1972 年日本四市市的硫酸浓雾事件等,都造成了严重的后果。[①] 工业化以来的 200 多年历程表明,工业经济的发展是辉煌的,付出的代价也是巨大的,传统的工业化道路是一条以对资源的高消耗和牺牲环境、牺牲未来发展潜力为代价的道路。[②] 这种对环境的破坏显然也是对社会价值的巨大损害。

最后,是对全球范围内的资源掠夺。19 世纪末到 20 世纪初,随着资本主义发展到了帝国主义阶段,资本主义列强在分割世界的同时,也开始对全球资源进行疯狂的掠夺。1886 年,英国殖民政府就在缅甸垄断了开采油田和经营石油的权力,成立了英国出资的缅甸石油公司,利用缅甸当地的廉价劳动力,勘探和开发油田,年产量达到 100 万吨。1920 年初,英国报刊发表消息称,世界石油资源的 75%在英国的控制之下。[③] 1937 年,美英荷法四国垄断资本已占亚非拉产油国石油开采量的 96.3%,1939 年,亚非拉产油国探明储量的 94.8%控制在他们手中。1910—1939 年,帝国主

---

① 郑功成:《灾害经济学》,商务印书馆 2010 年版,第 182—183 页。

② 郑功成:《灾害经济学》,商务印书馆 2010 年版,第 177 页。

③ [苏]山大洛夫:《帝国主义争夺原料产地的斗争》,世界知识出版社 1958 年版,第 182 页。

义从亚非拉产油国掠夺了 9 亿吨石油,这种掠夺使得帝国主义国家获得了巨额的垄断利润,1915—1939 年的 25 年间,七大石油垄断组织的纯利润达到 58.39 亿美元,美国石油公司在墨西哥生产石油的纯利润达到 360%。第二次世界大战又进一步扩大了帝国主义对发展中国家资源的掠夺,美国 20 家最大的石油公司在 1940—1945 年期间年平均利润比"二战"前(1937—1939 年)增加 71%,战争期间的利润总额(纳税前)就达到 43 亿多美元,其中仅五大石油公司就获得 24 亿多美元。[①] 早期资本主义国家企业在全球范围内的资源掠夺使得其对社会价值的破坏具有全球性。

毋庸讳言,在资本原始积累阶段,企业作为资本的主要载体,在商业利益不断增长的同时,却也造成了对劳动的残酷剥削、对环境的严重破坏和对全球资源的疯狂掠夺。因此,这些商业利益的获得是以破坏全球范围内的社会利益为代价的,从而表明在这个阶段企业发展虽然带来了财富的快速增长与积累,但付出的代价却是社会价值的损失与破坏,因此,这一阶段的资本主义企业处于"野蛮"而非"文明"的阶段。

第二节 外部压力下的垄断资本主义(西方企业文明的初级阶段):西方企业对社会价值的被动保护

一、劳动者权益保护

资本主义的发展使得劳资关系成为一组基本的社会生产关系,劳动

---

① 《帝国主义、社会帝国主义对亚非拉石油资源的掠夺、控制和争夺(一)》,《南洋问题研究》1977 年第 2 期。

与资本(在这个时期主要体现为机器)的结合是生产的基本形态,劳动者是企业生产过程的重要参与者,是价值创造的主体。作为企业内部最直接的利益相关者,劳动者的权益经历了从漠视、侵害到被有效保护的过程,内容也从工作时间、工作报酬、劳动保护等底线权利扩展到社会保险、技能培训等基本权利,这是全球劳工运动的结果,是资本主义国家的政治精英和企业精英积极应对劳资尖锐矛盾的产物,也是西方资本主义企业文明初级阶段在社会价值保护方面的具体体现。

  企业对劳动者权利的保护主要是以国家劳动立法的形式呈现,但这一进程并不是企业内生和主动发起的,而是在工人运动的推动下,在政治精英和社会精英的支持下逐步实现的。在 18 世纪末 19 世纪初,早期的工人运动以破坏厂房、捣毁机器和罢工等形式出现,这个时期在英国有 1810 年东北海岸矿工罢工,1812 年苏格兰纺织工人罢工,1816 年南威尔士矿工和炼铁工人罢工,1818 年兰开夏纺织工人罢工和苏格兰矿工罢工等;在法国有 1817 年里昂制帽工人罢工,1818 年盎热石矿工人罢工和鲁贝纺织工人罢工,1823 年巴黎建筑工人罢工和马赛面包工人罢工,1825 年德维尔纺织工人罢工等。针对工人运动,资产阶级统治者一方面野蛮镇压,例如 1769 年英国政府规定,对破坏机器和厂房者处以死刑,1813 年颁布了《捣毁机器惩治法》等。[①] 早期的法律还强制工人接受苛刻的劳动条件,如规定企业可以随意延长工时,禁止工人要求增加工资、集会结社等,其目的都是为了维护和加强企业对工人的剥削。另一方面,也开始通过劳工立法来保护劳动者的基本权利。1802 年,英国议会通过了《学徒健康与道德法》,规定纺织厂 18 岁以下的学徒工每日工作时间不得超

---

① 于文霞主编:《国际工人运动史》,辽宁人民出版社 1987 年版,第 9 页。

过 12 小时,并禁止学徒在当日晚 9 点到翌晨 5 点从事夜间工作,这是世界上第一个限制工时的法律,是资产阶级"工厂立法"的开端。在此后的30 年中,英国议会又直接以《工厂法》名称通过了几个法律,逐步扩大了适用范围的对象。① 这个时期的劳动立法主要针对企业雇员,尤其是年龄较小的童工、学徒工和女工,规制的内容则主要集中在工作时间和工作强度等方面。

从 19 世纪初期以法国的圣西门、傅里叶、欧文等为代表的空想社会主义,到 19 世纪 30、40 年代空想共产主义对资本主义的批判,工人运动开始逐渐地组织化,典型的包括 1831 年和 1834 年法国里昂丝织工人的起义,英国 1836—1848 年的宪章运动,德国西里西亚的工人独立运动等,工人们有组织地开展罢工运动并占领城市,但都遭到了资产阶级政府的镇压。法国路易·菲利普政权从巴黎调动了 6 万军队进行镇压,英国宪章运动的 1500 多位领导人和积极分子被逮捕和监禁。② 科学社会主义理论的创立为工人运动提供了新的正确的理论指导,1848 年发生在德国和法国的革命,工人阶级都成为反对封建主义的主力军,但胜利的果实都被资产阶级窃取了。在法国,资产阶级屠杀了 1.1 万多起义者,2.5 万多人被监禁、流放或罚做各种苦役。③ 因此,资本主义的迅速发展并没有带来工人阶级生活状况的普遍提高反而强化了劳资之间的对立,尤其是经济危机带来的损失往往转嫁给工人阶级来承担。工人运动在科学社会主义的指导下和工人组织的带领下,愈发具有组织性和针对性,不仅要求改善劳动条件,提高经济待遇,还积极要求政治权利,甚至取得了"巴黎公

① 徐智华主编:《劳动法学(第二版)》,北京大学出版社 2016 年版,第 11—12 页。
② 于文霞主编:《国际工人运动史》,辽宁人民出版社 1987 年版,第 15—25 页。
③ 于文霞主编:《国际工人运动史》,辽宁人民出版社 1987 年版,第 53 页。

社"这样建立无产阶级专政实践的短暂成功。

在工人运动的推动下,各国的资产阶级政府被迫加快了劳工立法的步伐。在英国,1842 年颁布了《十小时法》,规定 13—18 岁未成年工及女工的劳动时间每日不得超过 10 小时,以后又规定每周日的劳动时间应为 5 小时;1871 年颁布的《工会法》是全世界第一部工会法;1901 年制定了《工厂及作业场法》,对工人的劳动时间、工资给付的日期和地点,以及以生产额之多少为比例的工资制都做出了详细的规定。在德国,1839 年颁布了《普鲁士工厂矿山条例》,禁止童工工作和禁止未成年工每日 10 小时以上的劳动和夜间劳动;1878 年颁布《工商业法规补充条例》,禁止女工和童工从事有害健康的劳动;1891 年颁布《德意志帝国工业法》,禁止童工工作 6 小时以上,未成年人工作 9 小时以上、女工工作 11 小时以上及彻夜工作。① 在法国,1806 年制定《工业法》,1841 年颁布《童工、未成年工保护法》,限制童工和未成年工的工作时间,1879 年立法限制女工的工作时间,1892 年确立 10 小时最长工作时间。② 19 世纪 50 年代后,随着工人运动的持续高涨,劳动立法的范围进一步拓展③,劳动立法的内容进一步丰富,挪威、瑞典、丹麦、意大利先后于 1860 年、1864 年、1873 年和 1886 年颁布了工厂法;美国于 1868 年颁布了一项限制工作时间的法律;新西兰于 1894 年颁布《最低工资立法》,建立了全世界第一个最低工资制度。

值得特别提及的是,在工人运动的推动下,德国在 19 世纪末颁布的系列社会保险法案标志着现代社会保障制度的诞生,对劳动者权益保护

---

① 关怀、林嘉:《劳动法(第五版)》,中国人民大学出版社 2016 年版,第 17—18 页。
② 陈融等:《法律文明史(第 15 卷)社会法》,商务印书馆 2020 年版,第 489 页。
③ 关怀、林嘉:《劳动法(第五版)》,中国人民大学出版社 2016 年版,第 17—18 页。

的内容从工时、工资等基本内容扩展到了以收入下降风险补偿为主要内容的社会保险等更为丰富的领域。1863年，全德工人联合会成立，1864年德国产业工人超过了600万，在马克思主义的正确指导下，在李卜克纳西、倍倍尔等人的直接领导下，于1875年正式成立德国社会主义工人党（1890年后改名为德国社会民主党），并在1876—1877年的议会选举中获得了近50万张选票。针对此，当时的德国宰相俾斯麦一方面大力镇压工人运动，于1878年5月颁布《反社会党人非常法》；另一方面俾斯麦清楚要取得对内对外政策的胜利，需要安抚好工人，于是从1881—1889年先后制定《疾病保险法》《工伤保险法》和《老年与残疾保险法》，后又另增《孤儿寡妇保险法》，构成了著名的《社会保险法典》，逐步建成完整的社会保险制度。① 即便如此，工人运动也没有停下脚步，据不完全统计，1889年1月至4月底，在德国发生的10人以上的罢工总计1131次，参加人数近40万，社会民主党最终在1890年的国会选举中获得150万张选票，俾斯麦被迫下台，《反社会党人非常法》也宣告破产。②

19世纪末20世纪初，资本主义国家陆续进入到垄断资本主义阶段。在私人垄断资本主义阶段，企业的垄断程度不断提高，财富不断集中，导致劳资之间的冲突进一步加剧，资本主义国家为摆脱经济危机、缓和阶级矛盾，纷纷采取保护劳工的政策，例如英国于1932—1938年颁布了缩短女工和青工劳动时间、实行保留工资的年休假制度以及改善安全卫生的系列法律。美国于1935年先后颁布《华格纳法》和《社会保障法》，承认工人有组织工会的权利，并开始建立社会保障制度；1938年又颁布《公平劳动标准法》，规定了工人最低工资标准和最长工作时间，以及超出标准

---

① 郑功成：《社会保障学——理念、制度、实践与思辨》，商务印书馆2000年版，第128页。
② 于文霞主编：《国际工人运动史》，辽宁人民出版社1987年版，第138页。

工作时间的工资支付办法。德国在 1918 年出台《劳动时间令》，实行 8 小时工作制，1919 年在《魏玛宪法》中首次规定了劳动权，1920 年颁布《企业代表选举法》确立以企业代表为核心的劳资合作机制，1923 年又颁布新的劳动时间令，进一步控制了每周最长工作时间。①

在此期间，苏联作为全世界第一个社会主义国家，在劳动者保护方面体现出更加积极的态度和采取了更加全面的措施。1917 年十月革命胜利后的第四天，列宁就签署颁布了 8 小时工作法令，②1918 年颁布了苏俄第一部劳动法典，1922 年颁布了更完善的《苏俄劳动法典》，1970 年颁布了《苏联各加盟共和国劳动立法纲要》，对劳动合同、工作时间、休息时间、劳动报酬等各个方面做出了新规定。③ 这充分说明社会主义制度的内在属性决定了其将更加注重包括劳动者权利在内的社会价值创造和保护。

第二次世界大战之后，各国总体上加快了劳动立法的进程，要求企业更好地保护劳动者的权益。例如，英国 1946 年颁布《国民保险法》，1974 年颁布《职业安全与卫生法》，1989 年的《就业法》取消了对妇女就业的歧视。美国在 1962—1985 年期间通过了多部有关就业培训、职业安全卫生、退休收入安全和保护私营雇员的法律。法国、德国、日本等国也都出台了一系列劳动领域的法律制度。④ 然而，社会主义与资本主义在意识形态上的对立和冷战格局也导致了部分资本主义国家出现反工人立法的情况，包括镇压工人运动和剥夺劳动者权利等，但总体上并没有改变不断加强劳动者保护的趋势。

---

① 陈融等：《法律文明史（第 15 卷）社会法》，商务印书馆 2020 年版，第 491—492 页。
② 陈融等：《法律文明史（第 15 卷）社会法》，商务印书馆 2020 年版，第 491—492 页。
③ 关怀、林嘉：《劳动法（第五版）》，中国人民大学出版社 2016 年版，第 18—19 页。
④ 陈融等：《法律文明史（第 15 卷）社会法》，商务印书馆 2020 年版，第 491—492 页。

进入到国家垄断资本主义时代后,随着全球化的进程,社会化大生产与产业链在全球范围内重构,全球化的本质是资本的全球化,相应地,国际劳工立法和跨国别的劳动者保护也提上了议事日程。进行跨国别的劳动立法最早可以追溯到1818年英国空想社会主义者欧文上书"神圣同盟会议",建议成立一个专门研究国际劳工立法的组织,但未得到采纳。1880年,瑞士最先同意制定国际劳工立法,约定各国讨论签订国际劳工公约问题。1905年,国际劳工立法协会正式起草了两个公约草案,分别是《关于禁止工厂女工做夜工的公约》和《关于使用白磷的公约》,标志着国际劳工立法的开端。1919年4月,巴黎和会通过国际劳工组织章程和九项原则(两者合称为《国际劳动宪章》);1919年6月,国际劳工组织正式成立,同年10月,在华盛顿召开了第一届国际劳工大会,制定了六个国际劳工公约和六个国际劳工建议书。(国际劳工组织的公约和建议书合称为国际劳工标准。)1944年5月,国际劳工组织在美国费城召开了第26届国际劳工大会,通过了著名的《费城宣言》及其10项活动原则。国际劳工标准涉及的内容主要包括:工人基本权利(结社自由、废除强迫劳动、反对就业歧视),就业与人力资源开发(就业、失业保障与职业介绍、职业指导与培训),工作时间和安全卫生(8小时工作制、每周休息时间、休假工资、职业安全与卫生),劳动管理与工资(劳动监察、劳动标准、劳资关系、最低工资水平)以及社会保障(医疗保健、疾病补助、失业补助、老年补助、工伤补助等)。[①]

通过上述历史回顾不难看出,企业对其劳动者权益的保护,无论是创造就业岗位,还是对劳动时间、劳动强度的控制,以及对劳动工资和社会

---

① 徐智华主编:《劳动法学(第二版)》,北京大学出版社2016年版,第2—8页。

保险等权益的维护,已经成为企业对内创造社会价值的最主要方面。可以总结发现的是,随着劳动者权益保护的内容从以劳动过程中的劳动时间、劳动收入和劳动环境等基本权利拓展到以社会化为标志的社会保险权,企业承担社会责任、创造社会价值的条件、对象和方式也都相应发生了变化:第一,在维护劳动者权益的条件方面,制约条件逐步放宽。以工伤保险为例,从最早期工伤由劳动者自行承担责任,发展到过错责任,即只要不是劳动者的过错,企业都需要为受伤的劳动者承担责任;再到无过错责任,即无论谁的过错,只要劳动者在劳动时间、劳动地点遭遇到了劳动伤害,即使是劳动者个人的原因,都应当由雇主承担赔偿责任,即雇主责任险。第二,在维护劳动者权益的对象方面,一方面,在内部对象上,从早期主要针对未成年工人、女性工人逐步拓展到全体的受雇劳动者;另一方面,基于劳动场景下的权益保护主要针对本企业的受雇劳动者,而随着社会保险覆盖对象的日益拓宽,其互助共济性使得该企业的缴费也可能用于其他企业员工的损失补偿,权益保障的对象更加广泛。第三,在维护劳动者权益的方式方面,也从控制劳动时间、限制劳动强度等被动举措升级为主动改善劳动条件、提高劳动报酬、分担社会保险缴费等积极行动。

二、消费者权益保护

在企业的生产经营活动中,对内主要是面向员工的管理和劳工权益保护,对外则包括向消费者提供产品与服务,以及对生态环境造成的潜在影响。因此,这个时期企业对社会价值的保护就主要体现在以产品质量为核心的消费者权益保护和生态环境保护两个方面。

在自由竞争的时代,消费者可以在价格、质量等方面与经营者和生产商讨价还价,但垄断资本主义使得企业为进一步追求利润,不惜以降低产品质量甚至是销售假冒伪劣产品为手段,消费者的利益受到极大的损害。在这种情况下,全球的消费者运动开始出现并逐步发展起来。1891年,在美国诞生了全世界第一个以保护消费者权益为宗旨的组织——纽约消费者协会。1899年,美国消费者联盟正式成立,其主要工作就是为消费者提供基本信息,洽商有关消费品和服务,引导私人和团体努力寻求和保持基本生活水平。1960年,美国、英国、荷兰、澳大利亚、比利时五国的消费者组织在荷兰发起成立国际消费者组织同盟,到1990年时,其会员达到300多个,分布在110多个国家和地区,并逐渐从最初的国际性检验结算机构转变成为有关国际性消费问题的议事中心。消费者保护组织引导消费者把斗争的矛头直接指向制造商或者是具体的产品,并通过制造公众舆论压力等方式对其进行监督,以确保商品和服务的质量,有效保护消费者的权益。

消费者运动不仅激发了消费者对自身权利的维护,揭露了部分企业对消费者利益的侵害行为,而且唤起了政府和整个社会对消费者权益保护的重视,有些国家还直接推动了消费者权益保护的立法。例如,1938年美国《食品、药品和化妆品法令》,1966年的《玩具安全法》以及1968年的《消费者信贷保护法》等,都是消费者运动的斗争结果。① 1962年3月15日,美国总统肯尼迪向国会提出《关于保护消费者利益的国情咨文》,正式表述了四项消费者权利,即安全的权利、了解的权利、选择的权利和意见被尊重的权利,后又增加了损失补偿的权利。1985年4月,联合国大会投票通过了《保护消费者准则》,使之成为全球性消费者权益保护基

---

① 国世平、史际春:《消费者运动的产生与发展》,《北京商学院学报》1987年第3期。

本法,它不仅致力于协助各国政府为保护本国消费者权益做出积极努力,而且要求各国限制所有企业采取对消费者有不利影响的商业陋习。①

　　以上对消费者权益保护运动的简要回顾,体现了这个时期企业被动维护社会价值的基本特点。首先,从权利的主体来看,消费者本就是企业创造商业价值的重要对象,提供合格的产品和服务本就应当是商业道德的最低标准。但资本对于利润的贪婪追求和资本进入垄断阶段后的优势地位,使得消费者权益的保护不得不通过消费者自身的社会运动来实现,从而充分说明这个阶段企业承担社会责任、保护社会价值的被动性。其次,从消费者权利保护的条件来看,经历了从过错责任原则(即由于产品质量问题导致的消费者损失和损害由生产厂商赔偿)向产品致损的严格责任原则转变(即无论是否是产品质量问题导致的损害,都应当由生产商承担赔偿责任),从而在损失赔偿阶段强化了企业的责任。最后,消费者权益保护的主要措施是对消费者损失的补偿。1991 年,美国审判委员会将企业违反社会责任的违法行为罚款数额提高到 5000 美元到 2.9 亿美元之间,在民事赔偿案件中,损失赔偿最高达到实际损失的 500 倍②,这种极强惩罚力度的积极效应是推动全球各行业逐步建立了产品质量和检验的国际标准,通过确保产品和服务的质量从根本上保护消费者权益。

三、生态环境保护

　　随着环境问题的日益严重,政府和社会公众开始呼吁企业切实承担起环境保护的责任,其基本理由有二,其一,部分的环境污染是由企业直

---

　　①　宋华:《联合国〈保护消费者准则〉及其对我国消费者保护的指导作用》,《消费经济》1995 年第 1 期。
　　②　辛杰:《企业社会责任研究——一个新的理论框架与实证分析》,经济科学出版社 2010年版,第 16 页。

接导致的。如上一节所提及的,在工业化的进程中,部分企业在原料使用、资源利用及"三废"排放等方面,对生态环境造成了直接的破坏,例如对塑料包装品等不可降解物的广泛使用,温室气体和有毒有害气体排放对环境造成的直接影响等。日本住友集团的负责人在介绍住友的企业社会责任时就提及,住友早期的核心事业是从事铜矿的采掘和铜的冶炼事业,由于采掘铜矿导致当地变成惨不忍睹的荒山,因此住友集团及其负责人立志通过植树来恢复这里的生态环境。① 其二,虽然部分企业并未直接对环境造成破坏,但根据"责任铁律",企业作为经济社会运行的主体,尤其是聚集了大量财富的主体,从而有责任对全球经济社会发展的重大问题承担一定的责任并参与治理,发挥"企业公民"的作用。

第二次世界大战之后,随着化学工业的发展,环境污染问题成为重大的社会问题,各国的环境保护立法也加快了步伐,早期,各国的环境保护立法主要是地方立法,例如 1950—1955 年日本东京、大阪和福冈先后制定环境保护法,联邦德国也有部分州制定了本州的环境保护法。随后,资本主义国家开始出现全国性的环境保护立法,20 世纪 60 年代日本率先制定《公害对策基本法》,并在 1970 年以公害立法为专门议题,修改和制定了十几项环境保护方面的法律,逐步形成了一个完整的环境保护法律体系。

1972 年,联合国在瑞典斯德哥尔摩召开了人类环境大会,大会成立了独立的委员会,即"世界环境与发展委员会",该委员会于 1987 年出版了"我们共同的未来"报告,首次提出了"持续发展"的观念,敦促工业界建立有效的环境管理体系。国际标准化组织(ISO)于 1993 年成立环境

---

① 天津市人民政府外事办公室、南开大学、住友商事株式会社:《企业的社会责任》,南开大学出版社 2008 年版,第 6 页。

管理技术委员会,开展环境管理系列标准的制定工作,以规范企业的活动、产品和服务的环境行为,促进企业履行环境保护的社会责任。环境保护的重要性使之甚至优先于经济发展的目标,日本 1967 年制定《公害对策基本法》后,1970 年主张放弃以破坏环境为代价追求经济增长的人数比例达到 55%,1970 年拥护不惜放缓经济发展也要严格规范企业排水的人数比例进一步上升到 90%。企业即使没有过失,也要承担排出物今后可能引起的一切损失及责任。①

在此背景下,企业环境责任被逐步纳入到企业社会责任的总体框架中。企业的环境保护功能主要包括三个方面,其一,是通过优化工艺过程,提高技术水平来减少污水、废气等有害物质的排放,从而从根本上降低环境破坏因素的产生。世界各国对碳排放和碳达峰的承诺就充分体现了在这个领域的国家意志。其二,是通过无纸化办公、节能减排等方式,以绿色节能的工作方式来减少环境污染和温室气体的排放等。其三,则是通过慈善捐赠或公益项目等方式,直接参与环境治理。例如蚂蚁集团开展的蚂蚁森林项目,就是以其产品服务为媒介,鼓励消费者参与环境治理的创新做法。

通过对上述三个方面的回顾和分析不难看出,在这个阶段,企业作为资本主义制度的基本运行单元,缘起于社会分工而扩张于社会协作,在资本主义的国家形态下,私有制与社会化大生产的资本主义内在矛盾具体呈现为资本对劳动的剥削,生产与消费的冲突以及企业私人利益与公共利益的对立等,而资本主义国家和企业为了缓和劳资矛盾、促进社会生产力的不断提高,被动地承担起相关的社会责任。在这个阶段,企业并没有

---

① 天津市人民政府外事办公室、南开大学、住友商事株式会社:《企业的社会责任》,南开大学出版社 2008 年版,第 107—108 页。

直接创造出社会价值的增量,而主要是对劳动者权益、消费者权益和以环境为主的公共权益的保护,可以说只是达到了社会责任的底线,即本书第一章所描述的"企业创造社会价值的第一重境界",呈现出资本主义企业文明初级阶段的基本特征。

如果将这个阶段置于企业社会价值创造的历史长河中,我们能总结出三条基本线索,也可以构成我们审视企业社会价值创造不同历史阶段特征的基本框架:其一,企业社会价值创造的基本逻辑问题,即企业为何要承担社会责任、创造社会价值。可以发现,企业社会责任是随着企业生产社会化程度的提高而逐步出现的,因此,企业应当履行怎样的社会责任及其边界,企业应当在哪些领域创造社会价值,就应当与企业的社会化程度有关,也与企业的规模和能力有关。企业的社会化程度越高,企业的规模和能力越大,企业与其他社会主体的联结就越紧密,企业在经济社会发展中的作用就越重要,公众对企业创造社会价值的期待就越高,企业所需要承担的社会责任也就越大。

其二,企业社会价值创造的动力问题。企业承担社会责任、创造社会价值的动力是有差异的。在这个阶段,劳动者权益保护源于工人阶级的抗争,消费者权益保护源于消费者群体的积极争取,环境保护则是公众对企业的强烈要求,从而都来源于外部压力,而非内生动力;但这种以国家和社会为推动主体的外部宏观动力也会逐步转化为企业微观主体的内生动力,因为企业在社会化生产过程中也会逐渐发现,如果无法有效处理好与不同利益相关者之间的冲突,例如持续损害劳动者和消费者的权益,或者是以破坏环境作为发展的代价,企业自身最终也会受到损失,商业利益也无法实现可持续。这就意味着,企业创造社会价值的理论与实践都需要充分思考商业价值和社会价值之间的关系问题,而可持续社会价值创新理论也必然需要对此做出回应。

其三,企业社会价值创造的对象或领域问题。在这个阶段,企业对社会价值保护的对象按照"利益相关"程度逐渐扩展,从企业内部的劳动者,到为企业产品和服务买单的消费者,再到对环境问题普遍关注的社会公众,企业创造社会价值的对象经历了一个圈层拓展的过程,甚至伴随着全球劳工运动和消费者运动的拓展而跨越了国界。进一步地,针对不同对象的权益内容也在日益丰富,以劳动者权益为例,从最基本的劳动时间、劳动报酬和劳动环境保护,拓展到带薪休假、技能培训以及应对不确定性的社会保险等权益;在消费者权益方面,则从以商品质量问题的过错责任扩展到全部责任;在环境保护方面,则从先破坏再补偿逐步走向源头治理。

第三节　福利资本主义的重要形式(西方企业文明的高级阶段):企业社会责任运动的兴起与发展

福利资本主义是资本主义发展的高级阶段,其通过再分配领域提高共享的程度来应对私有化导致的资本主义内在矛盾,在此过程中,资本主义企业文明也进入到了新的发展阶段,即以企业慈善和企业社会责任为标志。企业开始以更加积极主动的姿态,投入到更大范围的社会价值创造活动中,企业从"不以损害社会价值为代价"转变为"在商业价值可持续的基础上,积极将商业价值转化为社会价值",从而进入了本书第一章所提及的企业社会价值创新的第二重境界。

一、企业慈善:企业履行社会责任的重要方式

在 19 世纪中叶之前,企业的慈善行为不仅被认为是"超越权限"的,①甚至在司法上都会遭到惩罚:1881 年美国一家铁路公司因为资助慈善活动,而遭持股人上告公司越权,最终法院判企业败诉。② 因此,企业家个人的慈善活动要远远多于企业的慈善活动。其经济基础是,企业规模的逐步扩大和垄断程度不断提高,使得社会财富进一步集中在少数人的手中,富人们既受到来自宗教、媒体和社会大众的压力,③也具备了可以进行捐赠的物质基础。其文化基础是,基督教倡导的"普适""博爱""原罪"等宗教价值观。慈善事业的非特定指向性使得"博爱"得以实现,"原罪"使人的本性由"善"变"恶",而慈善就是赎罪最有效的途径,④基于赎罪的伦理责任,商业巨头们在强大经济实力的支撑下成为这一时期企业慈善行为的决策者和慈善资源的实际供给者。⑤ 1903 年,《伦敦时报》报道,钢铁大王卡耐基(Carnegie)捐款 2100 万美元,石油大王洛克菲勒(Rockefeller)捐款 1000 万美元。1913 年,《纽约先驱报》的统计显示,卡耐基捐款 33200 万美元,洛克菲勒捐款 17500 万美元。

进入到 20 世纪之后,企业慈善开始逐步发展,主要有四个方面的原因。第一,法律政策环境的变化。以企业慈善事业较为发达的美国为例,1917 年,得克萨斯州第一个通过了《企业慈善法案》,紧接着纽约(1918

① 万君宝、秦施洁:《美国企业慈善的历史演进与长效机制研究》,《经济管理》2015 年第1 期。

② 章空尽:《美国企业慈善的发展及对中国的启示》,中国人民大学硕士论文,2007 年。

③ 万君宝、秦施洁:《美国企业慈善的历史演进与长效机制研究》,《经济管理》2015 年第1 期。

④ 黄家瑶:《比较视野下的中西方慈善文化》,《科学·经济·社会》2008 年第 3 期。

⑤ 赵如:《企业慈善行为动机历史演进研究》,《社会科学研究》2012 年第 4 期。

年）、伊利诺伊州（1919 年）、俄亥俄州（1920 年）相继通过法案，允许企业进行不直接和企业利益相关的慈善捐赠。1953 年，美国最高法院裁定，A.P. 史密斯公司在没有任何明显经济利益的前提下向普林斯顿大学的捐款是合法的，从而正式从法律上宣告了"超越权限"主义的"死亡"。① 截止到 1960 年，美国 46 个州宣布企业慈善合法化。与此同时，以税收优惠为主要内容的政策开始支持企业慈善的发展，1935 年美国国会决定，企业最多可以将纳税前收入的 5% 作为慈善基金，而不需要交税。1986 年美国颁布《国内税收条令》，对免征联邦所得税的机构和优惠程度做了详细的规定。

第二，社会矛盾的尖锐加剧。在世纪之交，美国至少有 1000 万人（约占总人口的 14%）长期处于贫困状态②，在经历了大萧条后，各种社会经济问题更是层出不穷。政府捉襟见肘的财力无法有效地应对和解决各种社会问题，公共福利的紧缩和福利多元主义思潮的兴起，再加上环保主义、消费者保护运动等的加持，公众普遍认为企业作为"企业公民"需要为此承担更加直接的责任。

第三，专业慈善组织的蓬勃发展。各种类型慈善组织的蓬勃发展，使得无论是慈善劝募还是慈善服务，都日益走向了专业化的道路，企业的捐赠可以更加有效地转化为社会效益，企业的慈善有了更加牢靠的组织载体。当然，还有一些大企业直接设立自己的基金会，从而使得企业家慈善与企业慈善合二为一，1913 年石油大亨洛克菲勒成立了洛克菲勒基金会，其目的是"提高全世界人类福祉"③，就充分说明了这一点。

---

① 万君宝、秦施洁：《美国企业慈善的历史演进与长效机制研究》，《经济管理》2015 年第 1 期。

② Frederic Lewis Allen, *The Big Change*, New York, 1952, p.4.

③ ［美］约翰·斯坦纳、乔治·斯坦纳：《企业、政府与社会》，褚大建、许艳芳、吴怡等译，人民邮电出版社 2015 年版，第 72 页。

第四，是企业治理机制的变化。随着企业所有权和经营权的分离，人们开始强调企业管理者不仅是股东的受托人，也应当是顾客、员工和周围社区居民的受托人，[①]从而需要向整个社会负责，而增加慈善捐赠就是向社会承担责任的重要方式。

与企业在其他领域创造社会价值类似，早期的企业慈善也具有被动性甚至是被迫性[②]，其基本逻辑是，由于企业的扩张、掠夺和对社会环境的破坏等，带来了一系列的经济问题、社会问题以及环境问题，所以企业需要通过捐赠的方式来解决这些问题，从而成为"赎罪"的过程。但这也引发了学界和业界对企业与社会关系的重新思考，人们意识到，"一个健康的企业和一个病态的社会是很难共存的"[③]。企业在社会上汲取资源，以获得长期稳定的发展，企业除了生产产品和服务提供给社会，为社会成员提供就业机会和收入来源之外，慈善行为也应当成为其一项重要的"商业行为"，以维系社会关系，提升品牌效应并营造更好的商业氛围和寻找更好的商业机会。

一方面，良好的社会关系是企业实现盈利的基础。就如穆尔（Moore）所言，即使是最卓越的公司也会被周围的条件或环境毁灭掉。[④]企业已与社会环境构成一个生态系统，企业的经济利益和整个社会福利休戚与共，社会环境的恶化终将侵蚀企业利润。另一方面，行善作为企业的经营工具被赋予了以改善特定社会环境为经营成本，以增加企业现实利润或增强盈利能力为收益的投资属性。既能使企业营利，又能使社会

---

① 张志强、王春香:《西方企业社会责任的演化及其体系》,《宏观经济研究》2005年第9期。

② 赵如:《企业慈善行为动机历史演进研究》,《社会科学研究》2012年第4期。

③ Peter F.Drucker.*Management*：*Takes*，*Responsibilities*，*Practices*.New York：Harper，1953.

④ Moore，James F.Curry，Sheree R.*The Death of Competition*.Fortune，1996，4.

变得更美好的慈善项目投资被企业管理者认为是一种非常精明的做法。[①] 管理学大师德鲁克(Drucker)将其形象地总结为"行善赚钱",也就是将社会的需要和问题转化为公司的盈利机会。[②] 这种思维的扭转从根本上解决了企业捐赠的内在动力问题,迈克尔·波特(M.E.Porter)将其称为"战略性慈善",[③]从而纳入到了企业战略中。这种思维被企业广泛接受,麦肯锡对全球721家企业的调查显示:除了社会利益之外,公司的慈善计划希望达到的商业目标首先是提高企业声誉和品牌形象,其次是培养员工和领导层的能力和技能;而在具体选择什么捐赠项目方面,高管们大多表示,与去解决那些他们预期将对股东价值产生最大影响的社会和政治问题相比,他们的公司更有可能利用其企业慈善计划去解决一系列本地区的问题,企业慈善在这个时期的工具性价值可见一斑。

迄今为止,慈善捐赠仍然是企业履行社会责任、创造社会价值的一种重要形态,这种形式也引发我们对企业如何更好地承担社会责任进行深入的思考,即应当以捐赠为主要方式,让更专业的主体(如社会组织)去解决专门领域的社会问题,还是要"亲自下场",发挥企业自身的产品、渠道或技术优势直接解决问题;是按照慈善事业的"非特定受益者"原则投入到人类面临的一般性议题中,还是仅关注与本企业业务相关的领域;企业捐赠的动力从早期的"赎罪式"被动捐赠到将慈善捐赠融入到企业战略发展中,商业利益和社会利益是只能此消彼长还是可以相得益彰? 这些都是资本主义企业履行社会责任、创造社会价值的重要议题,也将是社

---

① 赵如:《企业慈善行为动机历史演进研究》,《社会科学研究》2012年第4期。

② Drucker, Peter F. "The New Meaning of Corporate Social Responsibility". *California Management*, 1984, 2.

③ M. E. Porter, M. R. Kramer. "The Competitive Advantage of Corporate Philanthropy". *Harvard Business Review*, 2003, 2.

会主义制度下企业开展可持续社会价值创新要回答的问题。

二、企业社会责任:西方企业文明形态的重要内容

企业社会责任(Corporate Social Responsibility,简称 CSR)并不是在企业劳工保护、慈善捐赠之外的社会价值创造新举措,而主要是一种理论提炼。奥列弗·谢尔顿(Oliver Sheldon)1924 年在其著作《管理的哲学》中提出,企业社会责任是指企业在生产经营过程中不仅要对股东和员工负责,而且要对其他的社会实体和社会环境负有责任。1953 年,鲍文·霍华德(Bowen Howard)在他的《企业家的社会责任》一书中明确,企业社会责任是指企业在遵守政府政策制度的前提下,按照社会的需要,进行各种生产经营活动的行为,[1]并因此被誉为"企业社会责任之父"[2]。在具有影响力的国际组织中,世界银行把企业社会责任定义为"企业与关键利益相关者的关系、价值观、遵纪守法以及尊重人、社区和环境有关的政策和实践的集合,是企业为改善利益相关者的生活质量而贡献于可持续发展的一种承诺"[3]。欧盟则将其定义为"企业在现有资源基础上把社会和环境关系整合到他们的经营运作以及他们与其利益相关者的互动中"[4]。

关于企业为何要承担社会责任,理论解说纷繁芜杂,至少包括源于自愿的慈善行为、公众对企业行为的期望、企业对社会的影响、对契约

---

[1]　Bowen H.R, *Social Responsibilities of the Businessman*, Harper Press,1953,p.31.

[2]　郑若娟:《西方企业社会责任理论研究进展——基于概念演进的视角》,《国外社会科学》2006 年第 2 期。

[3]　Fox T, Ward H, Howard B. *Public sector roles in strengthening corporate social responsibility: a base line study*. The World Bank,2002.

[4]　European Commission. *Promoting a European framework for corporate social responsibility Green Paper*. Luxembourg: Office for Official Publications of the European Communities, 2001.

精神的遵循、社会权利与社会义务的匹配、企业对社会压力的回应、企业对社会风险的管理、企业对综合目标的平衡、企业对社会福利最大化的贡献等。① 但从本质上看,企业社会影响力的加大是企业社会责任观念增强和范围逐步扩大的根本原因。② 这就是戴维斯(Keith Davis)提出的著名的"责任铁律",即"商人的社会责任必须与他们的社会权力相称。"③此时的企业已经成为世界上最为强大和最具经济能力的机构,从而有实力也有能力对整个社会履行责任。数据显示,1999 年,世界200 家最大企业(大部分是跨国企业)的总销售额超过世界经济活动总额的1/3。因此,进入 21 世纪之后,社会责任已成为全世界对企业的期望。④

　　但是,人们对企业社会责任的内容结构却是莫衷一是。有些对社会责任做狭义理解,认为企业责任分为社会责任和道义责任两大类,企业的社会责任是法定的、强制履行的,包括提供税收、提供就业机会和提供商品和服务;而道义责任是属于道德性质的,不具有法制性和强制性,是企业的自愿行为,例如慈善捐赠就是这种道义责任而非社会责任。⑤ 有些学者则直接将企业股东排除在社会责任对象之外,而认为企业社会责任是"企业应当最大限度增进股东利益之外的其他所有社会利益"⑥。但更多学者对社会责任做广义的理解。企业社会责任的著名学者卡罗尔在

　　① 李伟阳、肖红军:《企业社会责任的逻辑》,《中国工业经济》2011 年第 10 期。
　　② 李淑英:《企业社会责任:概念界定、范围及特质》,《哲学动态》2007 年第 4 期。
　　③ Keith Davis, "Can Business Afford to Ignore Social Responsibilities?" *California Management Review* 1960. 2.
　　④ 张志强、王春香:《西方企业社会责任的演化及其体系》,《宏观经济研究》2005 年第 9 期。
　　⑤ 魏杰:《慈善捐赠不是企业的社会责任》,《光彩》2006 年第 1 期。
　　⑥ 刘俊海:《公司的社会责任》,法律出版社 1999 年版,第 6—7 页。

1991 年提出了"金字塔模型",将企业社会责任分为经济责任、法律责任、伦理责任和慈善责任四个层次。[①] 美国经济发展委员会（Committee for Economic Development）列举了 10 大类、58 种公司的社会责任行为，并用三层的同心圆来描述企业社会责任的结构，分别是内圈责任，即提供合格的产品、就业机会以及税收等法定责任；中圈责任，即善待员工、消费者以及妥善处理环境保护等问题；外圈责任，是处于开放状态的那些还不明确的潜在责任。[②] 美国商会（US Chamber of Commerce）在这三圈层的基础上又补充了第四个圈层，即在建立企业社会表现新标准的基础上担任领导者，[③]成为本领域企业社会责任的标杆。莱辛格（Leisinger）从企业能力的角度出发，将这三个层次抽象为"必须——应当——能够"。John Elkington（1997）提出了企业社会责任的三重底线（Triple Bottom Line）模型，即经济底线、环境底线和社会底线，其中环境底线是指企业的生产与经营必须有利于环境保护，而不能给自然和周边环境产生负面影响，环境保护由此成为企业社会责任的重要领域。我国的深交所于 2006 年 9 月发布的《深圳证券交易所上市公司社会责任指引》从六个方面指出了上市公司的社会责任，包括股东和债权人的权益保护，职工权益保护，供应商、客户和消费者权益保护，环境保护与可持续发展、公共关系和社会公益事业以及制度建设和信息披露。

　　虽然企业社会责任的倡导运动兴起于 20 世纪 80 年代，但全球企业

---

①　Carroll A B. "The pyramid of corporate social responsibility: Toward the moral management of organizational stakeholders", *Business horizons*, 1991, 34(4): 39-49.

②　Committee for Economic Development, *Social Responsibilities of Business Corporations*, 1971, pp.36-40.

③　段文、晁罡、刘善仕:《国外企业社会责任研究述评》,《华南理工大学学报（社会科学版）》2007 年第 3 期。

的社会责任实践则是 21 世纪之后才广泛出现的,并且伴随着经济全球化进程,企业社会责任也呈现出全球化的态势。① 在资本全球流动的背景下,发展中国家一方面在全球产业链中找到了机会,另一方面也使得劳工权益状况呈现出"扑向底层竞争"的不良局面。在此背景下,联合国在 1999 年提出了企业界的《全球契约》(*Global Compact*),直接鼓励和促进由劳工组织、消费者团体、人权组织和环保组织等非政府组织所发动的"企业生产守则运动",提出了包括尊重人权、支持结社自由和集体谈判权、禁用童工、反对强迫劳动、消除工作场所歧视以及发展与采用环保科技等在内的 9 项关于社会责任的原则和核心内容。② 该契约要求跨国公司重视劳工标准、人权和环境保护,以克服全球化进程带来的负面影响。③ 根据经济合作组织(OECD)的统计,到 2000 年时,全球共有 246 个生产守则。2002 年,《财富》杂志社评价全球最受称赞的企业时,将公司的社会责任纳入到评价范围内。2002 年,全球前 250 家大企业报告社会责任的比例为 45%,2005 年时则提高到 52%。2006 年 3 月,欧盟委员会在布鲁塞尔发起"欧洲企业社会责任联盟",旨在促进和鼓励企业社会责任实践,为企业的社会责任行为提供支持。

在此过程中,社会责任国际标准发挥了积极的作用。在社会责任兴起的背景下,各个国家、行业、企业都在尝试制定自身的社会责任标准。为了建立一种全球一致的企业社会责任标准,1997 年初,长期研究社会责任及环境保护的非政府组织"经济优先权委员会"(Council Economic Priorities)成立了认可委员会(CEPAA),负责制定"社会责任国际标准",

---

① 常凯:《经济全球化与企业社会责任运动》,《工会理论与实践》2003 年第 4 期。
② 周国银、张少标:《社会责任国际标准实施指南》,海天出版社 2002 年版,第 39 页。
③ 常凯:《经济全球化与企业社会责任运动》,《工会理论与实践》2003 年第 4 期。

并根据 ISO 指南评估认可认证机构。2001 年 12 月 12 日,发布了 SA8000:2001 修订版,成为全球第一个可用于第三方认证的社会责任国际标准。它根据国际劳工组织公约、联合国儿童权利公约及世界人权宣言制定而成,核心条款包括童工、强迫劳动、健康与安全、结社自由和集体谈判权、歧视、惩戒性措施、工作时间、工作报酬、管理系统等 9 个方面的要求,[①]旨在通过有道德的采购活动改善全球工人的工作条件,最终达到公平而体面的工作条件。[②] 2010 年 11 月,国际标准化组织正式发布《ISO26000 社会责任指南》,成为国际社会最具系统性、完整性的社会责任体系。[③]

企业社会责任理论是在资本主义生产进一步全面发展,财富进一步集聚,社会对企业功能的期待进一步提高以及全球化持续深入背景下提出的。它以企业公民身份为基础,对企业社会责任的内容、层次和结构进行了学理化的概括,是现代企业理论的重要组成部分,为西方企业承担社会责任、创造社会价值提供了理论指引,是资本主义企业文明形态进入高级阶段的重要标志。

三、对社会企业、ESG 等新概念的辨析

20 世纪 80 年代,社会企业(Social Enterprises)的概念兴起,社会企业在解决社会问题,改进公共服务供给,推动经济持续发展和促进社会融合等方面发挥着独特而重要的作用,成为推动经济发展和社会进步的一支

---

① 辛杰:《企业社会责任研究——一个新的理论框架与实证分析》,经济科学出版社 2010 年版,第 14 页。

② 张志强、王春香:《西方企业社会责任的演化及其体系》,《宏观经济研究》2005 年第 9 期。

③ 黎友焕:《中国企业社会责任研究》,中山大学出版社 2015 年版,第 24 页。

重要力量。经济合作与发展组织（OECD）认为,社会企业是指任何可以产生公共利益的私人活动,具有企业精神策略,以达成特定经济或社会目标,而非以利润极大化为主要追求,且有助于解决社会排斥及失业问题的组织。其主要形态为利用交易活动以达成目标及财政自主的非营利组织,社会企业除采取私营部门的企业技巧外,亦具有非营利组织强烈社会使命的特质。① 社会企业联盟（The Social Enterprise Coalition）将社会企业界定为"为了社会和环境目标而进行商业活动的组织。"②英国政府将社会企业定义为"拥有基本的社会目标而不是以最大化股东和所有者利益为动机的企业,所获得利润都再投入到企业和社会之中而非分配给股东"。③ 虽然从概念上看,社会企业与企业可持续社会价值创新比较接近,但其仍然存在显著的理论困境,而无法给中国的企业提供有效的指引。一方面,如果社会企业的对象限于非营利组织,那么以商业活动方式来实现社会价值创造本就是非营利组织的常规动作,而并不鲜见;另一方面,如果社会企业指向于各类型的企业,则其理论体系尝试将社会价值凌驾在企业商业价值之上,亦与企业首先创造商业价值的功能相悖,也没有从方法上阐述实现商业价值与社会价值双可持续的方法论,从而无法给中国企业的社会价值创新提供直接指导。

ESG（Environmental Social and Governance）作为一个整体理念出现在2004 年联合国全球契约组织（UN Global Compact）发布的 *Who Cares Wins* 报告中,报告由 20 家金融机构参与撰写,其目的是督促金融行业的参与者和利益相关者将环境、社会和治理因素纳入业务范畴,从而本质上是一

---

① OECD. *The Non-profit Sector in a Changing Economy*. 2003, p.299.
② Social enterprise coalition. *There's more to business than you think*: *a guide to social entertrise*, 2003.
③ 《什么是社会企业?》, www.social enterprise.org.uk。

个投资指南。企业、监管机构、会计师、交易所、资产管理者都被纳入利益相关者这一范畴,金融机构为企业提供服务,当金融机构开始将 ESG 纳入考虑,企业也需要将其纳入经营活动,而企业的财务信息披露、ESG 信息披露又和监管机构、会计师、交易所等利益相关者密切相关。从企业社会责任的角度看,ESG 概念的出现依然无法脱离几组基本的关系,其一,ESG 强调了企业在环境保护领域的重要责任,这使得该概念既有一定的针对性,但缺乏抽象性和长期性,从而无法给企业履行社会责任进行战略上的方法论指导,因为并非所有的企业都致力于在环境领域进行社会价值创造和保护。其二,ESG 的出发点和落脚点是让金融机构在对企业进行投资时,要充分考虑其对环境和社会其他领域的责任履行情况。因此企业的 ESG 活动大多是基于撬动金融杠杆,类似于以创造商业价值为目的的企业慈善行为,ESG 则可以被看作为吸引投资而开展的社会价值创造行动,由此,创造商业价值和解决社会问题孰是目的孰是手段,再次引发人们的思考。其三,ESG 强调通过企业治理结构(Governance)的优化来实现社会责任,本质上是企业社会责任中"内与外"的关系问题。社会责任看似是在解决外部的社会问题,但却要依赖于企业的核心能力,从而需要形成内外之间的良性互动结构,即企业在优化治理中解决社会问题,在解决社会问题的过程中提高治理效能。但与此同时,在新的时代背景下,仅靠企业的内部治理又是无法真正解决好社会问题的,而亟待需要构建共创共益的新格局,这也是企业可持续社会价值创新超越现有概念的重要特征之一。

经历 20 多年的发展,ESG 在理论和实践上有较大进展,但也不乏争议的存在:基于价值理性对 ESG 合理性的否定,即认为其偏离企业目的、违背信义义务、是觉醒资本主义的表现;基于工具理性对 ESG 合效性的批判,即认为其不能为企业和投资者创造价值增益、内生缺陷导致无益于社会进步、表演式 ESG 严重危害可持续发展；基于交往理性对合意性的质疑，即认为其评级分歧引发 ESG 投资"噪音"和实践困惑、信息披露失真对利益相关者造成损害等。[①]

简言之，上述基于西方资本主义国家企业实践的概念和理论，都既无法概括中国企业创造社会价值的历史实践，也无法为当下中国企业开展可持续社会价值创新提供理论指引。

第四节　中国企业创造社会价值的实践探索
（社会主义企业文明新形态的探索）

上文对于企业社会责任的历史回顾主要是基于西方资本主义国家的企业实践，然而，社会制度不同，企业的定位和功能就不同，其履行社会责任的意识、动力、方式和程度也就不同。苏联作为全世界第一个社会主义国家，企业始终是计划经济体制的基本组成部分，直接承担了提供大量公共服务的职能，也就是说，在高度集中的计划经济体制下，企业的经济职能和社会职能是合二为一的。这在生产力发展水平有限的条件下，亦无法形成社会价值与商业价值的良性互动，而必然因为超越了历史发展阶段而无法成功。

相比而言，中国企业创造社会价值则经历了一个历史变迁的过程。从计划经济体制下，以公有制企业为主的企业形态，忽视经济责任而主要承担社会责任；到市场经济体制下多种所有制企业并存，成为经济效益的主要创造者，并部分存在损害社会价值的现象；再到新时代在扎实推动共

---

① 肖红军：《关于 ESG 争议的研究进展》，《经济学动态》2024 年第 3 期。

同富裕的背景下,民营企业率先提出并积极探索可持续商业价值与可持续社会价值的有机结合,中国企业正在逐渐走出可持续社会价值创新的新路径,也正在创造社会主义企业的新特质和人类企业文明的新形态。

在计划经济体制下,企业的所有制相对单一,并且是国家机器运转的基本单元,其生产过程完全由国家计划指令决定,经济生产从某种程度上就是为了更好地提供公共服务、满足社会需求、实现社会责任。计划经济体制下企业的社会责任主要体现在两个方面:其一,是根据国家经济社会发展的需要,提供产品和服务。这种生产不同于市场经济条件下以利润为导向的市场化行为,而是国家计划经济行为的微观载体,企业并非市场竞争的主体,而是国家运行的基本单位。其二,是为职工提供全面的福利。企业是计划经济体制下"国家—单位"保障制在城市地区的主要载体,需要为其员工提供包括托幼、医疗、养老等在内的一整套福利,从而为我国在计划经济时期建立"低水平的福利国家"做出了重要的贡献。① 然而,在生产力发展水平较低的情况下,这种企业办社会的状况成为企业发展的负担,从而也无法实现企业可持续的商业价值。有关资料显示,1998年全国企事业单位办有各类中小学校 1.9 万所,占全国学校总数的三分之一,其中国有企业办学校约占 90%,在校学生 731.7 万人、教职工 62.6万人,企业每年要投入教育经费 64 亿元;全国工业及其他部门自办医疗卫生机构 9.1 万个,工作人员 12 万人,约占全国医疗卫生机构的三分之一,企业每年为此需投入 31 亿元。②

社会主义市场经济体制改革使得企业真正成为市场竞争的主体,成

---

① 郑功成:《共同富裕与社会保障的逻辑关系及福利中国建设实践》,《社会保障评论》2022 年第 1 期。
② 朱金瑞:《当代中国企业社会责任的历史演进分析》,《道德与文明》2011 年第 4 期。

为改革开放以来我国经济高速发展的主要推动力量和社会财富的主要创造主体,企业家开拓、创新的精神也被社会广泛赞许。尤其是民营企业的逐步兴起,与国有企业一道,成为创造社会财富,支撑国家经济社会发展的重要力量。但与此同时,以价格战为主要方式的恶性竞争、商业短视行为导致的产品质量低劣,为维持产品价格优势而控制成本和损害劳动者基本权益,以及不惜以破坏环境为代价的粗放增长,这些为追求企业短期商业价值而导致社会价值受损的行为被广泛诟病。企业家开始自觉反思创造商业价值不能以损害社会价值为代价,企业自主的社会责任意识开始觉醒。在法律层面上,《公司法》第二十条明确规定,"公司从事经营活动,应当充分考虑公司职工、消费者等利益相关者的利益以及生态环境保护等社会公共利益,承担社会责任。国家鼓励公司参与社会公益活动,公布社会责任报告。"2002 年,中国证监会、国家经贸委发布《上市公司治理准则》,首次在部门规章中提出"重视公司的社会责任";2005 年,中欧企业社会责任北京国际论坛通过《中国企业社会责任建设北京宣言》,呼吁"实现企业和社会的和谐发展";2006 年 9 月,深交所发布《上市公司社会责任指引》;2007 年,国家电网公司向社会发布第一份中国本土企业的社会责任报告;2008 年,国资委研究制定了《关于中央企业履行社会责任的指导意见》;2013 年,党的十八届三中全会审议通过的《中共中央关于全面深化改革若干重大问题的决定》要求,"承担社会责任"应当成为国有企业六大重点改革之一;2022 年,国务院国资委成立社会责任局,主要职责包括研究提出推动国有企业履行社会责任的政策建议,指导所监管企业履行社会责任,督促指导所监管企业安全生产和应急管理、质量管理和品牌建设、能源节约和生态环境保护工作、乡村振兴和援疆援藏援青工作,指导推动所监管企业碳达峰碳中和等工作;2023 年,党的二十届三中全会审议通过的《中共中央关于进一步全面深化改革、推进中国式现代化的决定》进一步明确要求,完善中国特色现代企业制度,支持和引导各类企业履行社会责任,加快建设更多世界一流企业。

改革开放之后,中国企业履行社会责任、创造社会价值也经历了一个嬗变的过程。在改革开放初期,为了保持所谓的"劳动力成本优势",劳动者收入增长相对滞后于经济发展速度,也存在社会保险等劳动者法定权益无法得到保障的情况。中国加入WTO之后,来自于全球贸易过程中的外部压力成为倒逼中国企业改善劳工状况,承担社会责任的重要力量。一些跨国公司在华设立了社会责任部门,并委托有关机构对中国的供应商和分包商的企业社会责任状况进行监督审核。例如,2002年沃尔玛在中国审核了约5000多家合作商,因达不到劳动法规的要求而被拒绝合作的有101家。① 然而,我国企业主动承担社会责任更多来源于社会主义制度的必然要求和企业发展的自觉内省。

2002年,《中国企业家》调查研究部在主办的中国企业领袖年会上,向与会的400位企业高层就企业社会责任问题进行了专题问卷调查。结果显示,约86.1%的被访者认为企业履行社会责任与追求利润目标之间是不矛盾的,当问及"企业不太景气时,企业是否仍然重视其社会责任"时,约89.3%的企业表示会一如既往地参与社会事务。但是,彼时企业家对社会责任的认识仍处于初级阶段,被访者认为最能体现企业社会责任感的三种行为是:为消费者提供优质产品或服务(约占63.89%)、为员工提供良好工作环境(约占47.22%)和经营业绩良好(约占44.44%),从而仍然限于"利益相关者"的视角,而并未从国家发展和民生需要的角度予以理解。对中

① 黄晓鹏:《企业社会责任:理论与中国实践》,社会科学文献出版社2010年版,第194页。

国 100 强企业的社会责任管理体系建设现状和责任信息披露水平的评价结果则显示:约 2/3 的企业责任管理落后、责任信息披露不足;企业责任管理显著落后于责任实践;中央企业和国有金融企业的社会责任指数远远领先于民营企业、其他国有企业和外资企业;企业规模越大,社会责任指数越高;社会责任指数的行业间差异明显,电网、电力行业处于领先者地位,多数行业处于参与者的阶段。[1] 以企业捐赠为例,一项针对上海市营业额前 1000 名中半数企业的调查显示,92.4% 的公司自成立以来有过公益捐赠行为,捐赠水平(捐赠额占当年营业收入的比重)为 0.392%。[2]

进入新时代后,尤其是中央提出要扎实推动共同富裕以来,以腾讯为代表的一批科技企业和民营企业积极发挥自身业务专长,投身到基础科研、脱贫攻坚、乡村振兴、环境治理、应急管理以及积极应对人口老龄化、健康中国建设等国家战略中,以自身的产品和服务为基础,面向各种类型的民生诉求,助力各项公共政策落地,走出了企业创造可持续社会价值的新路,正在形塑社会主义企业文明的新形态。(详见本书第六章、第七章)回顾历史不难发现,中国企业承担社会责任、创造社会价值的历史实践和发展道路与西方企业完全不同,无论是计划经济时期还是市场经济时期,企业都在积极探索创造社会价值的中国路径,尤其是可持续社会价值创新的积极探索,更是体现了中国民营企业主动融入国家发展大局,积极参与中国式现代化建设进程的责任担当,也构成了可持续社会价值理论创新的实践基础。

---

[1]　黄群慧等:《中国 100 强企业社会责任发展状况评价》,《中国工业经济》2009 年第 10 期。

[2]　马伊里、杨团:《公司与社会公益》,华夏出版社 2002 年版,第 44—45 页。

第五节　小结:历史进程中企业创造社会价值的基本规律

企业创造社会价值的过程是企业文明形态不断演进的过程。本章对企业承担社会责任、创造社会价值的历史回顾,既构成本书核心概念企业可持续社会价值创新的历史逻辑,也可以从历史的视角总结企业创造社会价值的基本规律。

其一,资本主义的企业从守法合规到外部压力下被动承担社会责任,这是外部压力的结果,而社会主义的企业创造社会价值则是基于社会主义制度下的内生动力,从而是社会主义企业的新特质。通过对西方企业承担社会责任、创造社会价值的历史回顾可以看出,在资本主义制度下,企业并不会内生地主动承担社会责任、创造社会价值,而主要是在工人运动、消费者保护运动以及环境保护运动的推动下,社会精英、政治精英和企业精英为维系企业利益,缓和资本主义矛盾而做出的适应性选择。从总体上经历了从被动维护(不破坏)社会价值到被动创造社会价值、以为更大的商业价值服务的过程。而我国实行的社会主义制度决定了企业作为重要的社会主体,不仅有创造商业价值的功能,也内生性地具有承担社会责任、创造社会价值的功能。计划经济时期的公有制企业,宁可牺牲商业价值也要实现社会价值;进入新时代之后,在扎实推动共同富裕的时代大背景下,包括民营企业在内的中国企业努力探索商业价值和社会价值的"双可持续",从而是对资本主义企业社会责任质的超越。

其二,企业承担社会责任、创造社会价值的动力会从外部压力转向内部动力,最终形成内外合力。从历史上看,作为以创造商业价值为本职的企业,在资本主义的制度下,并无法内生出创造社会价值的动力,而是在社会问题日益严重的背景下,在工人运动的推动下和法律规制下的被动行为,这种被动性必然导致企业商业价值创造与社会价值创造的此消彼长或是"两张皮"。然而,战略性慈善等概念的提出,又将企业社会价值的创造纳入到了企业商业价值的范畴中,它虽然解决了企业创造社会价值的内生动力问题,但却将社会价值"降格"成了企业创造商业价值的工具,而并未实现两者的有机融合和双轮驱动。社会价值创造的动力问题,其本质就是商业价值与社会价值的关系问题,可持续社会价值创新突破了商业价值与社会价值的冲突论、工具论,以商业价值和社会价值的双轮驱动和彼此促进作为基本假设和最终目标,有助于形成外力牵引、内力驱动的新格局,为企业创造社会价值的动力提供了全新的答案。

其三,企业创造社会价值的对象会随着生产社会化程度的提高和企业经济实力的增强而不断拓宽,并逐步形成与其他社会主体的共创格局。从历史的进程来看,企业首先是在劳动法律的规制下,成为合格的雇主,即通过改善劳动条件、提高劳动报酬、分担社会保险缴费责任等方式对自己的雇员更加负责;随着"利益相关者理论"的提出,企业创造社会价值的对象扩大,但仍然是有边界的,包括上游的供应商、下游的消费者、所在社区的其他公民等。在这种逻辑下,排放污水的企业会致力于环境保护,生产药品的企业会致力于公众健康,因为这些利益相关者或者是企业行为的"受害者",或者是潜在的"消费者"和"供应商"。随着生态环境问题的日益严重并成为人类生存发展的共同挑战,企业作为社会运行的重要主体之一,无论其是否直接造成了环境破坏,或其核心业务是否与环境保护有关,都将被社会公众和国际社会要求为人类面临的共同问题出力。随着生产社会化程度不断提高,尤其是进入到数字化时代之后,所有的人都是数字要素生产者和数字资源消费者,从日常活动到消费行为,我们无时无刻不在"生产数据",同时又无时无刻不依赖于加工后的"数据资源"。从这个角度看,数字企业作为对数字资源进行采集、加工和生产的主体,其核心的生产资料"数字"天然地具有公共性,从而使得数字企业应当更加积极地为更多人创造社会价值。与受益对象的拓展相伴的是,企业创造社会价值也需要从"单打独斗"转变为与合作伙伴的共创共益,因为政府、非营利组织等本身就承担着创造社会价值的功能,而政府更应当在其中扮演主导的角色。

其四,企业创造社会价值应当在国家社会发展的大势中结合自身的业务领域和能力水平进行准确定位。企业应当在什么领域创造社会价值?是选择与自身业务领域相关还是无关?基于西方文化和实践的慈善理论认为,只有指向非特定的公众才可以被称为"慈善",即个人的捐赠要指向于与自己无任何关联的需要者,企业的捐赠自然也应当投入到与自身业务领域无关的领域,从而免于受到"以慈善捐赠创造商业价值"的质疑。针对此,可持续社会价值创新将给出自己的答案,即将企业自身的业务所长与国家战略发展、民生诉求以及社会需要相结合。这是可持续社会价值创新倡导的"商业价值可持续"+"社会价值可持续"的必然要求,它不是企业在商业价值创造内的自我循环,也不是将社会价值创造"外挂"于企业经营活动之外,而是将企业自身的业务之长与国家发展之需要,人民福祉提升之需要有机结合。这也引申出了企业社会价值创造的边界问题,是全面回应社会需要还是以企业之力所能及?一方面,如果社会责任的履行损害了企业创造可持续商业价值的能力,则其必然也是不可持续的;另一方面,企业创造社会价值也需要与自身的发展阶段、盈利能力相匹配,数字经济的发展使得财富更容易进行快速积累,盈利能力强、资产规模大的企业自然也应当承担更多的社会责任,关注虽与本身业务不直接相关,但却关系到国家社会长远发展的重要领域,而其他企业则可以循序渐进地探索适合自身实际情况的可持续社会价值创新之路。

其五,企业创造社会价值的方式是多样的,既可以是捐赠委托,还可以亲自下场。通过历史回顾不难发现,以捐赠为主要形态的企业慈善活动迄今为止仍然是企业承担社会责任的主要形式,企业的捐赠既是社会组织的重要资金来源,也符合社会专业分工,由专业的人做专业的事的基本逻辑。但是,以腾讯为代表的可持续社会价值创新领域的探索者和先行者不仅积极以慈善捐赠的方式履行社会责任,也在很多领域亲自下场。这种"在地实践"的方式不仅可以更加直接观察到社会问题的痛点并及时发挥企业自身业务之所长,而且可以在场景中充分调动多方的力量,推动形成"政府主导、企业助力、社会力量多方参与"的共创共益新格局。

其六,企业社会价值创新不应当走"先破坏再补偿"的老路,而应当努力探求创新性的解决方案。"原罪说"是早期企业社会责任理论的主流观点,但这就好比是走了"先破坏环境再保护环境"的老路,从而完全不符合可持续社会价值创新的基本理念。因为在创造商业价值的同时不破坏社会价值是可持续社会价值创新的底线,一个花大把的钱进行慈善捐赠,但背地里却污染环境、压榨员工的企业显然不符合可持续社会价值创新的基本要求,"先破坏再补偿"或"边破坏边补偿"的路数必然会走向社会价值与商业价值的零和博弈,而降低社会总福利的水平。企业可持续社会价值创新所倡导的应当是创新性的解决方案,是企业履行社会责任、创造社会价值的全新模式,更应当成为社会主义制度下企业文明的新形态。

总之,通过对全球范围内企业承担社会责任、创造社会价值历史演进的回顾与分析,我们得到的基本结论是,"可持续社会价值创新"是对传统企业社会责任理论与实践的全面创新和超越。在推进中国式现代化国家建设,创造人类文明新形态的征程中,可持续社会价值创新的理论和实践可以为当今世界各国的企业提供新经验和新案例,为全球企业制度文明形态的升华提供有益借鉴。

第三章　企业可持续社会价值
创新的理论意涵

　　企业可持续社会价值创新是基于中国企业自身实践所提炼出的原创性理论新概念,它与基于西方实践的企业社会责任、社会企业等概念的时代背景不同,其核心要义、发展目标、方法论主张以及涉及的相关关系也有所差异。本章即从上述几个方面阐述可持续社会价值创新的理论意涵,既呈现出本书的理论贡献,也为我国企业开展可持续社会价值创新提供理论指引。

第一节　企业可持续社会价值创新的
核心要义与新意

一、逻辑基础:商业价值和社会价值的协调统一

　　本书第一章已经对商业价值和社会价值的内涵做出了明确的界定。而作为本书核心概念的社会价值,其内涵也具有层次性。从国家形态与社会价值的关系上看,有一些社会价值是共同的,有一些社会价值则是特

殊的,与国家的发展阶段、文化传统等有关。

在共同的社会价值方面,习近平总书记提出过"全人类共同价值"的重要概念,并成为构建人类命运共同体的重要组成部分。2015 年 9 月 28 日,习近平主席在出席第七十届联合国大会的讲话中指出:"和平、发展、公平、正义、民主、自由,是全人类的共同价值,也是联合国的崇高目标。"①此后,习近平主席在许多重要双多边场合,阐述全人类共同价值的丰富内涵及其对构建美好世界的重大意义。就具体的社会价值领域而言,联合国提出的可持续发展目标则可以作为重要的参考。2015 年 9 月 25 日,在联合国可持续发展峰会上,193 个成员国正式通过 17 个可持续发展目标。可持续发展目标旨在从 2015 年到 2030 年间以综合方式彻底解决社会、经济和环境三个维度的发展问题,转向可持续发展道路。在这 17 个目标中,涉及共同社会价值的就包括消除贫困,消除饥饿,促进健康福祉,提供包容公平的教育和终身学习机会,实现性别平等,体面工作,促进社会平等,建设包容安全的社区以及应对气候变化和保护环境与生态,等等。上述这些都应当是各个国家和人民追求的共同社会发展目标,可称之为共同的社会价值。

然而,有一些社会价值则与该国的历史传统和社会经济发展阶段有关。例如,我国有着"爱老、敬老、孝老"的优良传统文化,同时又在经历着全世界范围内超常规的老龄化,从而使得积极应对人口老龄化和提高老年人生活质量也成为重要的社会价值领域;我国是具有悠久历史文化传统的国家,是全世界非物质文化遗产最多的国家,因此也面临着文化传承的重要议题;与此同时,我国还面临着城乡分割的特殊国情和实现城乡

---

① 《习近平谈治国理政》第二卷,外文出版社 2017 年版,第 522 页。

融合发展的历史任务,从而需要在乡村振兴、推进公共服务均等化、支持低资源地区获得更多平等发展机会等领域探索新的道路和机制。

不仅如此,社会价值的实现形式与国家形态也有着密切的关系。在资本主义国家,企业是资本实现利润的载体,无论是西方企业理论中关于企业起源与功能的学说,还是其实践的基本路径,都充分说明在资本主义国家,企业并不会内生出创造社会价值的动力。即使是当下西方国家流行的 ESG 概念,其最终目标也是通过企业在绿色环保和社会领域的表现来吸引投资,而最终必然落脚于企业的经济利益最大化。而在社会主义国家的形态下,企业作为社会大生产的重要单元,作为国家发展的重要参与主体,既要在市场经济的规则下确保企业的自主性和对商业利益的追求,也要在国家整体建设中发挥企业的重要作用,成为共创社会价值的重要主体。简言之,我们要将可持续社会价值创新的概念生成和实践路径置于国家形态的视角下进行理解和审视,在资本主义国家形态下,经济社会运行的主要逻辑是根据分工的原则,各方主体各司其职,企业作为市场主体主要实现经济利益最大化,政府作为再分配的主体则通过税收和社会保障等方式维护社会公平,实现社会价值的最大化;而在社会主义的国家形态下,尤其是在中国特色社会主义的制度形态下,在党的统一集中领导下,包括企业在内的各种主体都应当参与到社会价值创造的过程中,在实现国家整体利益最大化的同时,各方利益也都能够得以充分实现。因此,企业的可持续社会价值创新是社会主义国家形态下企业参与国家发展的重要机制,它既指向于人类发展的共同社会价值,也与国家的发展阶段密切相关,从而既具有一般性也具有时代性。

关于商业价值与社会价值的关系,是企业社会责任与社会价值理论体系的核心,但无论是在理论还是实践中,都存在四种错误的认识。其一,是"不相关论",即认为社会价值和商业价值之间既不存在交集,也无法相互转化,从而两者之间没有相关关系,是彼此分割的。西方企业社会责任理论中的金字塔模型等都体现了这种非此即彼、边界清晰的板块式结构。我们诸多的公共政策只评价其商业效益或只评价其社会效益,而忽视从整体上进行评价,或不太考虑商业价值与社会价值之间的转化效应也体现了这种理论误区。其二,是"冲突论",即认为商业价值和社会价值之间存在此消彼长的关系,尤其是商业价值的实现往往要以破坏甚至是牺牲一部分社会利益作为"代价"或"成本"。我国早期部分地区的经济发展对自然资源和环境的破坏、对劳动者法定权益的损害等,都是这种错误认识的实践表现。其三,是"补偿论",即在企业发展过程中先以损害社会价值为代价追求商业价值,之后再对已造成的社会损失进行补偿。部分资源型企业在发展过程中进行破坏性开采,之后再投入大量资金进行生态补偿就体现了这种观点。除此之外,在实践中还存在以追求短期商业价值损害社会价值,并最终导致商业价值和社会价值双双受到损害的情况。其四,是"工具论",即认为企业承担社会责任、创造社会价值的最终目的仍然是为了营造更加有利于自身的经营氛围,得到政府的信任和潜在消费者对品牌的支持,最终为实现企业的商业价值服务。

相比于上述四种错误的认识,可持续社会价值创新理论的重要逻辑基础是商业价值与社会价值的协调统一,这也是该理论的核心要义所在。它坚持从整体观和系统观的角度来审视商业价值与社会价值的关系,一方面,它坚持整体视角。虽然商业价值和社会价值关注的领域、衡量的标准以及实现的机制不同,但他们都共同构成了社会总体价值的重要组成部分,只有整体推进商业价值和社会价值,并实现商业价值与社会价值的相互促进,才能够实现国家社会经济的协调与可持续发展。习近平总书记在 2019 年中央经济工作会议上就曾强调,要发挥市场供给灵活性优势,深化医疗养老等民生服务领域市场化改革和对内对外开放,增强多层次多样化供给能力,更好实现社会效益和经济效益相统一。① 以养老服务领域为例,一方面,随着银发经济的兴起,老年人的消费能力持续提升,在老龄化社会的背景下,以老年人护理、老年人健康等为内容的养老服务必然具有广阔的商业市场;另一方面,积极应对人口老龄化也是国家的重要战略,我国是全世界老年人口最多的国家,面临着超常规的老龄化,让全体老年人都能够"老有所养、老有所医、老有所为、老有所学、老有所教、老有所乐"显然也具有重大的社会价值和社会意义。

另一方面,它坚持辩证的思维,认为商业价值和社会价值是矛盾统一的,商业价值和社会价值既可以相互转化,也可以彼此牵引,从而需要以商业价值和社会价值的"双可持续"作为企业发展的新目标。例如,以破坏社会利益为代价的经济增长方式是不可取的,而在经济上不可持续的社会问题解决方案亦是难以推广和复制的。在商业价值和社会价值之间,并非是两者选其一或此消彼长的单选题,而是要用整体的观念、协调的方法、创新的思维,努力实现商业价值和社会价值的协调统一发展,从而实现社会总体利益的最大化。正如习近平总书记在阐述环境保护的综合效益时所指出的,因地制宜选择好发展产业,让绿水青山充分发挥经济社会效益,切实做到经济效益、社会效益、生态效益同步提升,实现百姓富、生态美有机统一。②

可持续社会价值创新的主体是企业,尤其是民营企业,而企业要实

---

① 《中央经济工作会议在北京举行　习近平李克强作重要讲话》,《人民日报》2019 年 12 月 13 日。

② 2014 年 3 月 7 日,习近平在参加十二届全国人大二次会议贵州团审议时的讲话。

现可持续社会价值创新就要处理好商业价值与社会价值之间的关系，努力实现商业价值和社会价值的"双可持续"。社会价值创造的受益对象是人，而人又是企业产品和服务的潜在消费者，企业创造社会价值的过程也是品牌锻造和品牌宣传的过程，虽然可持续社会价值创新并不以创造商业价值作为最终目标，但必然也会带来创造商业价值的机会。

企业可持续社会价值创新理论将企业置于社会主义生产方式下，从社会化大生产、社会分工以及社会总体利益最大化的角度出发，视企业为社会化分工条件下，兼顾商业价值与社会价值，在创造经济财富的同时，投身于国家发展全局、致力于参与解决社会问题并推动社会总体利益最大化的重要主体。马克思的剩余价值理论和社会分工理论，以及习近平总书记有关"两个毫不动摇"的重要论述都是该前提假设的理论基础。剩余价值理论指出，工人不但创造了剩余价值，还创造了包括不变资本在内的企业全部价值。企业财富本身不过是剩余价值不断资本化的结果，因此企业财富的性质始终是社会财富，[①]从而需要创造社会价值。社会分工理论则认为，在社会主义条件下，企业也是社会分工的必然结果，企业是社会运行的重要主体，企业发展的目的不仅仅是商业利益最大化，而是要在与其他社会主体的共建中实现共益，并最终促成社会总体利益的最大化。习近平总书记有关"两个毫不动摇"的重要论述则强调，无论是国有企业还是民营企业，都既应当成为社会主义经济的建设者，也应当成为促进推动共同富裕的重要力量。虽然既有的研究发现认为，在履行社会责任方面，民营企业相对落后于公有制企业，而呈现

---

① 胡靖春：《论企业财富的社会性质与企业社会责任——基于马克思经济理论的启示》，《宁夏大学学报（人文社会科学版）》2010 年第 6 期。

出追随和学习的态势,①但可持续社会价值创新却是我国民营企业率先提出并积极实践的,并且值得所有企业认真学习和积极参与。

二、可持续社会价值创新的理论与实践新意

企业可持续社会价值创新具有四个方面的理论和实践新意。

第一,它是基于中国实践的中国特色新概念。企业的发展理念经历了一个变迁的过程,从早期的企业主利润最大化,到企业相关利益群体(Stakeholders)利益最大化,强调企业及其相关利益者的共同商业收益;再到 20 世纪 80 年代提出的企业社会责任(CSR)、ESG 等,都是在"商业价值—社会价值"分野下强调企业与自然生态、社会运行等外部环境的契合;以及最新的社会企业(Social enterprise)等尝试以商业方式解决社会问题等新概念的提出,都是建立在西方资本主义条件下企业生命周期及实践基础上的。中国式现代化与中国特色社会主义现代化国家的建设需要有建立在中国制度文化背景和实践基础之上的中国特色新概念。"可持续社会价值创新"突破了资本主义条件下"商业价值—社会价值"二元冲突的前提假设,突破了以慈善捐赠为主要形态的企业参与社会建设的传统途径,将企业参与解决重大社会问题的方式(创新)和目标(实现企业商业价值和社会价值的双可持续)融为一体。它强调社会主义条件下企业创造社会价值的内生性,主张将社会价值创新纳入到企业的整体发展战略中,主张将社会价值创造的过程从分配领域拓展到生产—分配的全领域,主张将企业自身核心业务领域与国家发展、民生诉求和社会

---

① 辛杰:《企业社会责任研究——一个新的理论框架与实证分析》,经济科学出版社 2010 年版,第 91 页。

需要密切结合,从而在商业价值和社会价值的双轮驱动中,实现企业发展与国家社会进步的相向而行。可持续社会价值创新虽然目前还只是一个新概念,但呈现出整体性、时代性的基本特征,并将伴随着中国本土企业的扎实实践而不断丰富其内涵,从而既是基于中国实践的中国特色本土新概念,也可以成为企业文明发展的新形态,从而为全球的企业发展理论提供新养分。

第二,它是新发展理念在企业层面的具体呈现。2018 年,习近平总书记在党的十八届五中全会上提出了"创新、协调、绿色、开放、共享"的新发展理念,回答了关于新时代发展的目的、动力、方式和路径等一系列理论和实践问题。按照新发展理念的框架分析"可持续社会价值创新",除了"创新"一词完全重合之外,其他新发展理念也都融入其中。实现可持续社会价值创新需要协调,因为它是一个共创共益的过程,需要与政府、专业的社会组织进行充分协调,尤其是要发挥政府的主导作用;与此同时,腾讯还强调将可持续社会价值创新融入到全部的业务线中,实现"人人 SSV",这就必然需要与其他社会共创伙伴之间的协调以及企业内部不同部门之间的协调。绿色是可持续社会价值创新的重要目标和重要领域,是实现人与环境和谐关系的重要体现,腾讯不仅于 2021 年宣布启动碳中和计划,承诺不晚于 2030 年实现自身运营及供应链的全面碳中和与实现 100% 绿色电力,而且支持碳中和的科技攻关并引领消费者的绿色生活方式。开放从国家层面看是坚持与外部世界的联动与沟通,对于可持续社会价值创新而言则是要以更加开放的姿态,形成多方共创的格局,形成在更多社会领域的应用场景,在开放互鉴中实现社会价值创造的最大化。共享是中国特色社会主义的必然要求,是走向共同富裕的必由之路,可持续社会价值创新同样倡导在与社会各方的共建共创中实现共益共享。因此,可持续社会价值创新完全符合新时代的新发展理念,是腾讯作为社会主义中国的本土民营企业,将自身发展与国家发展同频共振的积极尝试和集中体现。

第三,它是一种价值倡导,也提供了方法论指引。以企业社会责任为代表的西方理论主张企业要承担社会责任,但却只提供了一种价值倡导,而并没有明确地指出企业应当采用什么方式,在什么领域承担社会责任。相比而言,可持续社会价值创新则不仅仅提出了一种价值倡导,即企业要在实现商业价值的同时,关注和实现社会价值;而且还提供了一种方法论的指引,具体包括选择怎样的领域,用什么方式创造社会价值以及如何评价一种创新的模式。关于选择什么样的领域,可持续社会价值创新主张以企业自身的业务和产品为基础,并通过产品创新和应用场景的创新,将自身业务领域与国家社会发展的重要问题相结合,积极融入国家战略、积极回应民生诉求、积极解决社会问题,从用户(Customer)到产业(Business)再到社会(society),CBS 的三位一体理论比西方企业社会责任的金字塔模型更加具有指导性和针对性,也更加明确了社会价值与商业价值共创的领域(金字塔模型中的很多内容其实是企业的法定责任,是不破坏社会价值的底线,而非社会价值创造的核心领域)。关于怎样开展可持续社会价值创新,该理论形成了"理念创新是引领、技术创新是支撑、组织创新是保障、产品创新是载体、应用场景的创新是关键、合作机制创新是纽带,模式创新是路径"的完整方法论,主张通过理念重塑、要素重组、关系重建和机制重构来实现可持续社会价值创新,从而具有很强的实践指导性。不同类型的企业在不同的发展阶段,都可以在该方法论的指引下找到适合于企业自身条件的社会价值创造模式。关于如何评价社会价值创新的效果,该理论则鲜明地以"可持续"作为评价标准,从创新模式本身的内在结构(是否实现了商业价值和社会价值的共创,是否融入了企业的发展战略,是否充分调动了治理主体的内生动力,是否形成了多方合作的稳定长效机制)和外部适应性(即该模式运行的外部资源条件制约及其可推广性,问题是否得到可持续解决)两个维度出发,用以评价和完善社会价值创造的创新模式。

第四,它是解决新时代重大社会问题、有效回应民生诉求的新思路。进入新时代,国家的发展面临着新的重大问题,民生诉求也在持续升级,如何在外部环境发生重大变化的情况下确保经济的高质量发展,如何在资源约束的情况下,实现经济社会和自然环境承受能力的相对平衡,如何通过合理的共建共享机制实现经济发展成果更好更公平地为人民群众共享,不断提高人民生活品质,如何在和平发展的过程中处理好大国关系和地缘关系,构建人类命运共同体,等等。这些新时代的新问题都需要有新理念和新思路。在以西方实践为基础的传统现代化路径上,基于社会分工的原则,企业致力于在促进经济增长的过程中实现自身利益的最大化,政府致力于解决无法通过市场机制解决的公共问题,社会组织作为第三部门则用第二部门企业的运行机制来尝试解决第一部门政府关心的公共问题。在这种社会分工机制中,不同部门关心不同的领域、制定不同的目标,采取不同的行动方案。然而,新时代所面临的重大社会问题往往超越部门的边界,既需要公共资源的投入也需要实现自身的可持续运行,既需要基础科技领域的重大突破也需要产品模式的推陈出新,从而迫切需要新的思路和方案。可持续社会价值创新由第二部门(企业)发起,聚焦国家社会长期发展的重大战略问题、民生诉求和社会发展需要,致力于通过多主体跨界的共建共享,以技术创新为支撑,以实现社会整体利益最大化为原则,突破了传统部门间分工所造成的隔阂,以创新汇聚各方力量,以提供系统化和可推广的问题解决方案,并最终推动社会公平正义和实现国家可持续发展为目标。在新时代的新征程上,由国家发起和主导的新型举国体制,与由企业发起的可持续社会价值创新,可以共同成为新时代解决重大社会问题的两大基本途径。

最后,我们通过对"可持续社会价值创新"与"企业社会责任"的概念比较来进一步呈现其理论新意。其一,两者的前提假设不同,从对立冲突论走向协调统一论。企业社会责任理论建立在商业价值与社会价值冲突对立的基础上,认为两者或非此即彼、或此消彼长、或呈现出工具性与目的性的关系,而可持续社会价值创新则强调两者的辩证统一关系,主张两者的彼此支撑和相互牵引并在实践中主张商业价值和社会价值的"双可持续"。两者并非简单的线性关系,即商业能力越强社会责任越大,而主张不同类型的企业、不同发展阶段,可以采取不同的方式创造社会价值。

其二,两者的动力机制不同,从被动承担责任到主动创造价值。从历史逻辑来看,企业社会责任是在劳工运动、消费者运动以及环境保护运动等外部压力下逐步开展的,虽然此后也部分内化为企业的内在动力,但资本主义企业私有制的属性必然决定了企业履行社会责任主要是为商业价值服务,而具有被动性、从属性和工具性。可持续社会价值创新源于社会主义制度环境下我国民营企业的自觉行动,从而是企业融入国家发展大局,积极回应民生诉求和社会发展需要的主动作为,从而具有主动性和内生性。

其三,两者主张创造社会价值的对象和范围不同,从利益相关者到融入国家社会发展大局。企业社会责任理论强调利益相关者,无论是企业内部的员工还是外部的供应商和消费者,无论是具有直接紧密关系的投资人还是具有非直接关系的社会公众,社会责任的履行最终都将落脚于企业自身的总体价值。可持续社会价值创新则强调企业要结合自身的业务范围和能力水平，积极融入到国家战略、民生诉求和社会发展需要中。与此同时，在范围上，企业社会责任强调的是"底线"，所谓责任即企业必须做的事，虽然在理论上主张拓展到环境保护等公共领域，但在实践中仍主要聚焦在劳工权益保护、产品质量与消费者权益等领域；而可持续社会价值创新主张和强调社会价值的增量创造，并且已经广泛出现在乡村振兴、环境保护、健康普惠等更具公共性的领域，从而具有更强的包容性和拓展性。

其四，两者的实现途径不同，从自治走向共创。企业社会责任的主体是企业自身，主张通过企业文化的更新、企业战略的升级和内部治理机制的完善来实现社会责任，从而只能局限在企业自身的经营管理范畴之内；可持续社会价值创新则主张与政府、社会组织及其他合作方实现共创共益的局面，尤其强调政府在其中的主导作用并主张通过激发受益对象的内生动力来形成问题的可持续解决方案。

其五，两者的评价方式不同，从企业社会绩效的最大化到社会问题的可持续解决。在企业社会责任理论中，包括财务绩效和非财务绩效的企业社会绩效被视为评价企业社会责任水平的核心评价方法，从而强调的是企业的主体地位；相比而言，可持续社会价值创新理论不仅强调企业商业价值和社会价值的双可持续，而且关注社会问题是否可以得到持续解决，从而使得可持续理念在主体（企业）和客体（社会问题）中均得到充分体现。

综上，可持续社会价值创新和企业社会责任这两个概念分别建立在中国企业和西方企业实践的基础之上，而前者无论是从理论的深刻性还是对实践的指导性上都超越了后者，从而可以成为企业文明新形态的理论概括。

总而言之，从国家发展的层面看，可持续社会价值创新是一种有效的国家治理和社会治理新机制,是提升国家治理能力现代化的积极探索;从企业发展的层面看,可持续社会价值创新是社会主义制度下企业文明的新形态,是企业实现商业利益和社会利益双可持续的有效方式;从社会发展的层面看,可持续社会价值创新是实现各方社会主体共创共益,以社会创新解决社会问题、推动社会进步的重要路径。

第二节　企业可持续社会价值创新的目标

企业可持续社会价值创新的目标是分层次的。在企业层面,要努力实现商业价值和社会价值的"双可持续",并形成两个价值之间的有机互动,以可持续的商业价值支撑可持续的社会价值,以可持续的社会价值引领可持续的商业价值;在国家层面,则要以国家发展战略、民生诉求和社会需求为牵引,形成企业发展与国家发展的相向而行,探索出多方有效协同参与的可持续解决方案,并最终推动社会的文明进步和国家的现代化进程,实现社会公平正义。

一、企业层面:商业价值与社会价值的"双可持续"

企业起源与发展的历史逻辑和理论逻辑是什么,这是企业理论的基本问题和理解企业行为的基本前提。伴随着我国社会主义市场经济体制的建立,为了深入理解企业,这个市场经济运行中最基本主体的性质,西方的企业理论被广泛地引入和宣介到国内,其中具有代表性的是钱颖一[1]和张维迎[2]在同年发表的两篇综述性文章。他们都从科斯 1937 年的

---

[1]　钱颖一:《企业理论》,《经济社会体制比较》1994 年第 4 期。

[2]　张维迎:《西方企业理论的演进与最新发展》,《经济研究》1994 年第 11 期。

论文《企业的性质》开始谈起,回溯和评价了西方企业理论的发展历史,张曙光将其总结为两个方向、三个分支,"一个把企业看作是一组合约的联结,用契约主义的方法研究企业问题,形成了企业的契约理论,包括交易费用经济学和代理理论。另一个把企业看作是一种人格化的装置,从企业内部权力的分配来研究企业问题,形成了企业的企业家理论和企业的管理者理论两个分支"①。

尽管国内有学者反思了交易费用理论在方法论上的不足,强调企业产生的历史和非经济因素;②从企业自身内部的权威、奖励、认可和协调等组织现象出发,强调其并非是市场的替代物,而具有存在的内在合理性;③并进一步地通过比较马克思经济思想中的企业理论与以科斯为代表的新制度主义学派④,来深刻阐释社会分工对企业产生的决定性作用和资本主义企业作为资本榨取劳动剩余价值之载体的本质属性。但正如钱颖一在介绍西方企业理论时所强调的,"这是私有财产下自由市场中的企业理论"⑤,因此无论是从外部视角基于企业与市场比较的"交易费用理论",还是从内部视角强调企业独特功能的"企业家理论",在资本主义私人所有制条件下的企业都是通过节约交易成本或优化内部分工来实现"利润最大化"。由此可见,在西方主流经济学框架中,创造社会价值并非是企业的核心功能,尽管20世纪70年代企业社会责任学说兴起,但其在理论上将社会价值工具化,以及在实践中频繁出现的"漂绿"现象

---

① 张曙光:《企业理论的进展和创新》,《经济研究》2007年第8期。
② 汪和建:《企业的起源与转化:一个社会学框架》,《南京大学学报(哲学·人文·社会科学)》1999年第2期。
③ 杨瑞龙、胡琴:《企业存在原因的重新思考》,《江苏社会科学》2000年第1期。
④ 刘元春:《企业的起源——两种理论解说的比较分析》,《当代经济研究》1995年第4期。
⑤ 钱颖一:《企业理论》,《经济社会体制比较》1994年第4期。

等,都表明在资本主义私有制的经济体制下,无法产生兼顾商业价值和社会价值的可持续社会价值创新理论。

企业商业价值与社会价值的"双可持续"不仅是一种价值倡导,也是完全可以实现的。一方面,企业创造的商业价值应当成为创造社会价值的重要支撑。在传统的企业慈善行为中,企业创造的商业价值是创造社会价值的物质基础,商业价值可以通过各种方式转化为社会价值。而在可持续社会价值创新中,具有商业价值的企业核心技术、销售网络、品牌形象以及产品服务等,都可以成为解决社会问题、创造社会价值的载体。以腾讯为例,其多数创造社会价值的实践探索都是以用户数量极大的微信小程序为载体,以腾讯的核心技术能力为支撑,从而使得商业价值有效转化成了社会价值。另一方面,社会价值也可以牵引商业价值的创造。伴随着老龄化的到来,居家老人对于助餐、助医、助浴等服务诉求持续提升,而积极应对老龄化的国家战略也需要通过有效供给将公共服务精准递送到具有不同需求的老年人家中,这种社会价值诉求就为周边的餐饮、外卖等服务型企业创造了商业价值的机会。

企业在哪些领域可以实现商业价值与社会价值的"双可持续",这是企业可持续社会价值创新理论需要回答的重要问题,也是西方的企业社会责任理论没有回答的问题。在这一方面,企业可持续社会价值理论的基本观点是:其一,可持续社会价值创新主张从分配环节拓展到生产—分配的全部环节,让可持续社会价值创新融入到企业发展的战略中,成为企业的核心价值观。其二,可持续社会价值创新应当以企业的核心业务领域和自身能力为基础,通过圈层的拓展,逐步在国家发展的战略全局中,在民众日益增长的民生诉求中,在社会发展的需求中,找准可以同时创造社会价值和商业价值的领域。

其一,可持续社会价值创新主张企业对社会价值的创造和贡献从分配领域拓展到生产—分配全领域。传统企业社会责任的实现方式是慈善捐赠,这种方式具有显著的分配性、间接性和外生性。所谓分配性,就是该行动属于第三次分配的范畴,而并没有涉及企业核心业务的生产、流通等环节。从我国收入分配的总体格局和全球范围内收入分配的有效调节机制来看,以慈善捐赠为主要资金来源的第三次分配对于优化收入分配结构,促进共同富裕只能起到补充和调节的作用,而无法发挥决定性作用。所谓间接性,它是由分配性所决定的,即企业的捐赠行为要通过第三方组织(如基金会、社会服务组织等)才能够间接创造社会价值,而企业无法通过捐赠行动直接创造社会价值。或者说,企业捐赠是为受捐机构创造社会价值提供了物质基础。所谓外生性是指慈善捐赠一般而言并不完全是企业基于自身性质、发展目标或战略的内生性行为,而往往具有外力的牵引,甚至部分情况下还具有被动性甚至是被迫性。这种并非源于企业内生动力的行动很难具有持续性,亦无法具有普遍性,很难成为广大企业持续参与的行动。

相比而言,可持续社会价值创新主张将社会价值的创造从分配领域拓展到生产领域,即将社会价值的创造与企业生产紧密结合、与企业发展战略紧密结合,从产品的设计、营销、应用场景、质量控制等全过程中发现社会价值与商业价值的结合点。例如,腾讯公司作为可持续社会价值创新概念的提出者和践行者,就将其作为公司第四次战略升级的核心内容,将其作为公司战略的底座,不仅成立了专门的可持续社会价值事业部,而且要求全公司各个部门都要贯彻可持续社会价值创新的理念。例如在设计的环节,增强各类产品对残障人士和老年人的适配程度,提高产品的包容性和适用性;在应用场景方面,将互联网的“联结”功能应用到乡村振兴、健康普惠等场域中,有效联结了城市的购买力和农村的优质农产品,以信息化支撑全生命周期健康服务,等等。

其二,可持续社会价值创新理论主张基于企业的核心业务领域,并与企业的能力相结合,将企业的资源禀赋、技术产品等逐步拓展到可以创造社会价值,有利于国家和社会发展的领域中,承担和创造与企业能力相匹配的社会价值。在信息社会,"互联网+"就充分体现了这种思维,习近平总书记曾专门强调要做好信息化和工业化深度融合这篇大文章,让互联网技术与农业相结合,提高农业生产智能化、经营网络化水平;实施"互联网+教育""互联网+医疗""互联网+文化"等,促进基本公共服务均等化;发挥互联网在助推脱贫攻坚中的作用,推进精准扶贫、精准脱贫,让更多困难群众用上互联网,让农产品通过互联网走出乡村,让山沟里的孩子也能接受优质教育;加快推进电子政务,鼓励各级政府部门打破信息壁垒、提升服务效率,让百姓少跑腿、信息多跑路,解决办事难、办事慢、办事繁的问题,等等。这些方面有很多事情可做,一些互联网企业已经做了尝试,取得了较好的经济效益和社会效益。[①] 仍以腾讯为例,马化腾先生提出 CBS 三位一体的思路。从用户(Customer)到产业(Business)再到社会(Society),这既是一个按照圈层理论递进的概念,更是一个整体的概念,它们彼此之间相互联结,共同构成完整的生态系统。用户的需求是起点,满足用户需求、提供产品和服务的过程是产业,而产业在解决个体需求的同时,也可以通过共创,实现社会价值。以腾讯关注的养老问题为例,老年人的需求都是具有个性化的用户需求,腾讯在养老领域针对摔倒问题开发的"隐形护理员",针对老年人财产安全问题开发的"银发守护"等都

---

① 习近平:《在网络安全和信息化工作座谈会上的讲话》,人民出版社 2016 年版,第5—6页。

是具有商业价值的产业,而这个系统解决方案的最终落地,必然能够成为应对人口老龄化和建设老年友好型社会的可持续解决方案。

当前,中国特色社会主义进入新时代,在新发展理念的指引下,企业兼顾商业价值和社会价值有了新的时代背景和时代要求。一方面,经过40多年的发展,我国的现代企业制度基本建立,一批核心技术领先、内部治理有效、市场竞争能力和盈利能力突出的优质企业接连出现,从而为他们创造社会价值提供了坚实的物质基础、组织基础和治理基础。另一方面,在百年未有之大变局的宏观背景下,我国在经济社会发展的各个领域都面临着新挑战和新问题,国家治理体系和治理能力的现代化也要求企业作为重要的社会主体参与到社会问题的解决和社会价值的创造中。针对此,习近平总书记就专门强调过"企业既有经济责任、法律责任,也有社会责任、道德责任。任何企业存在于社会之中,都是社会的企业。社会是企业家施展才华的舞台。只有真诚回报社会、切实履行社会责任的企业家,才能真正得到社会认可,才是符合时代要求的企业家。"①在金砖国家工商论坛上,他也指出,希望各位企业家朋友充分发挥各自优势,勇于改革创新,兼顾经济和社会效益,促进五国互利共赢,实现共同发展。②

二、国家层面:与国家发展相向而行,社会问题得到可持续地解决

可持续社会价值创新是企业主动融入国家发展大局,实现与国家社会发展相向而行的战略举措,因此可持续社会价值创新与国家战略之间有着非常密切的关系。

---

① 习近平:《在企业家座谈会上的讲话》,人民出版社 2020 年版,第 8 页。
② 《习近平出席金砖国家工商论坛并发表重要讲话》,《人民日报》2018 年 7 月 26 日。

一方面,可持续社会价值创新理论的提出与实践的展开就是呼应国家战略的结果。2020年10月,党的十九届六中全会审议通过的《中共中央关于制定国民经济和社会发展第十四个五年规划和二〇三五年远景目标的建议》中明确要求,"全体人民共同富裕取得更为明显的实质性进展",而此时的腾讯在经历了2018年的第三次战略升级,在扎根消费互联网、拥抱产业互联网,确立了科技向善的使命愿景后,也在酝酿着第四次战略升级。2021年4月,腾讯宣布第四次战略升级,将"推动可持续社会价值创新"作为新的核心战略。腾讯集团董事会主席兼首席执行官马化腾在思考"腾讯如何才能成为一家百年老店"的问题时给出的答案是"一家公司不再只是属于创始人、股东、员工,它其实是属于社会的。"可持续社会价值创新的提出恰恰就是这种认识在企业战略层面的具体体现。腾讯集团总裁刘炽平将这次战略升级称为"腾讯自我发现的过程",有媒体则将这次战略升级描述为"这也许是一家公司少见的时刻,一群人集体沉浸在无关商业的兴奋中"①。因此,可持续社会价值创新概念的提出过程既是一个民营企业在自省中迭代升级的过程,也是与国家战略相呼应的过程。

另一方面,国家战略也为企业开展可持续社会价值创新的领域选择提供了重要参考。如上文所述,企业可持续社会价值创新的重要理论特征就是与国家重大发展战略相向而行,成为企业助力国家发展的新机制,并进而成为企业文明的新形态。在我国,脱贫攻坚是实现第一个百年奋斗目标的重点任务,各类型企业都通过不同方式有效参与到了脱贫攻坚战中,为实现第一个百年奋斗目标做出了重要贡献。此后,在实现第二个

---

① 《独家深访:揭秘腾讯第四次战略升级》,https://news.qq.com/rain/a/TEC2021042000 83621N。

百年奋斗目标的新征程上,在"五位一体"总体布局中,我们又确立了一系列新的国家发展战略新目标,包括积极应对人口老龄化战略、人口高质量发展战略、健康中国战略,以及建设美丽中国、平安中国战略等,这些都应当成为企业结合自身业务范围,开展可持续社会价值创新的重要领域(详见本书第八章的论述)。

可持续社会价值创新主张关注国家和社会发展中的重要问题,将企业的自身业务领域与国家社会发展的重要领域相结合,将企业自身战略与国家发展的重大战略、人民群众迫切的民生诉求以及社会发展的关键需求相结合,根据自身能力承担不同程度的社会责任、创造不同程度的社会价值。这既是不同企业开展可持续社会价值创新领域选择的基本准则,也是可持续社会价值创新能够得以实现的逻辑基础。它意味着,不同类型的企业、不同发展阶段的企业开展可持续社会价值创新的领域和方式将有所不同;也意味着,在不同的历史发展阶段,企业可持续社会价值创新的领域和方式也将有所不同。上述两个方面决定了可持续社会价值创新的概念具有很强的适用性和时代性。

具体地,就不同类型企业而言,互联网企业可以将自身的技术优势拓展到乡村振兴、积极应对人口老龄化、健康中国建设等国家重大发展战略的领域;传统的制造业企业亦可以根据人口年龄结构、区域分布结构等提高产品的适配化程度,让老年人、残疾人等群体可以享受到技术进步和产品革新的红利;对自然资源高度依赖或有可能对自然环境造成重大影响的行业可以通过技术进步,均衡好商业利益与环境保护之间的关系来实现社会总体价值的最大化等。

就不同的历史发展阶段而言,不同时期国家和社会面临的问题不同,可持续社会价值创新的重点领域亦随之发生变化,从而充分地体现时代性特征。总之,可持续社会价值创新并非只是行业头部企业或大型企业的"专利",不同行业、不同类型、不同规模以及不同发展阶段的企业都可以结合自身业务特点,将可持续社会价值创新的理念融入到自身的企业发展战略中,使得企业发展与国家社会发展相向而行,以企业自身业务领域为基础,以国家战略、社会发展和民生诉求为场景,致力于通过合作共创,探索可持续、可推广的解决方案。

资本主义国家的不少知名企业和跨国公司巨头,一方面高举着企业要履行社会责任的大旗,出版着一本又一本的企业社会责任报告;另一方面却在自身产品质量、员工权益保护、可持续环境建设等方面频繁爆雷,"漂绿"行为层出不穷。这种理论与实践上的冲突是资本主义体制下企业的本质属性所决定的,也决定了这种理论主张无法具有普遍的指导意义。

在社会主义国家,企业与国家的关系与资本主义国家是不同的,在传统的社会主义国家形态下,无论是苏联还是我国的计划经济时期,企业都可以被视为国家的重要组成部分,并承担着国家的部分职能。以我国的计划经济时期为例,企业在所有制属性上是相对单一的,或者是国有企业或者是集体企业,其运行的逻辑也不是以经济利益的最大化为标准,而实际承担了大量的社会责任,被称为"企业办社会"。企业作为抽象国家的具体载体,不仅承担了经济生产的功能,也通过"国家—单位"保障制承担着大量的社会功能。但是,这种生产关系超越了当时生产力的发展水平而无法持续。社会主义市场经济体制改革的重要目标之一就是让企业成为自主经营、自负盈亏的市场主体。改革开放 40 多年来,随着我国市场化程度的不断提升和市场经济体制的不断完善,企业已经成为推动国家经济发展最重要的主体,成为创造就业岗位的重要主体,企业家精神成为国家发展精神谱系中的重要内容。与此同时,在社会主义制度下,企业也仍然在承担着社会责任,无论是在慈善捐赠还是在脱贫攻坚战中,企业都发挥了重要的作用,从而呈现出社会主义制度下企业发展与社会发展、国家发展之间的密切关联性。因此,我国的企业经历了从计划经济时期国家职能的微观载体向社会主义市场经济条件下独立自主的市场主体的转变,即国家的发展阶段不同,企业的历史使命和职责功能也会有所不同,但将企业发展融入国家发展大局中的基本特征没有变,这也是社会主义制度优势和治理优势的重要体现。

进入新时代,国家发展有了新的目标,社会主要矛盾有了新的变化,尤其是党的二十大吹响了全面建设社会主义现代化国家新征程的号角,企业自然也需要探索参与社会主义现代化国家建设的新机制,这就成为可持续社会价值创新的理论与实践出现的历史背景和时代召唤。可持续社会价值创新理论基于我国企业自身的实践,不仅提出了新的价值倡导,更提供了具有操作指导意义的方法论指引,即其最终目的是要形成可持续、可推广的社会问题解决机制,并在此过程中创造出企业文明的新形态。

在这里,"可持续"的内涵至少应当包括以下四个方面:

其一,关注涉及人类可持续发展的重要领域。可持续社会价值创新的实质是在创造商业价值的同时,探索国家和社会发展中关键问题的解决方案。在众多的发展议题中,涉及到国家乃至人类长期可持续发展的关键议题自然应当被首先给予关注。从全球的角度看,正如联合国的可持续发展目标所提出的,贫困、健康、能源和环境问题等都是人类可持续发展的关键议题。而在全面建成社会主义现代化强国的语境下,高质量的经济发展、提高人民生活品质的民生建设,人与自然的和谐共生等都是重要议题,而少子老龄化、新型城镇化、就业形态多样化以及乡村振兴与城乡协调发展等都是新时代的新挑战,从而值得重点关注和投入。

其二,解决方案中人与自然关系的可持续性。经济社会问题的解决大都需要以资源投入为前提,而资源尤其是自然资源的总量又是有限的,并因此成为影响人类生活与发展质量的约束性因素。破坏自然环境和对自然资源的掠夺性开发显然是不可持续的,从无纸化办公,到碳中和与碳达峰的目标与行动,再到对生物多样性的保护,只有维系人与自然和谐关系、减少对自然资源破坏、能够最大程度保护自然环境的解决方案才是可持续的。

其三,提高解决方案自身内部结构与运行机制的可持续性。此前无论是企业,还是社会组织,致力于解决社会发展问题的实践从未停止过,但往往需要大量人力和物力资源的投入,这些资源或者来源于企业的利润,或者来源于发起人或行动人自身及所在机构的影响力,从而呈现出极大的非稳定性和对核心投入主体的依赖性。简言之,一旦核心主体撤出,相应的资源也就无法接续,项目的推行也就无法持续。可持续社会价值创新则致力于探索以外在推动力激发内生动力、形成具有稳定内部结构支撑的解决方案,从而提供治本之策。这种可持续性不仅仅是财务和经济层面的,更应该是内生动力与运行机制层面的。

其四,提高解决方案对应用场景适应的外部可持续性,即可推广性和自我调适性,从而实现问题的持续解决。新的发展阶段,我们面临的外部环境不确定性持续提升,从而对解决方案的适应性和可持续性提出了更高的要求。我们需要正视中国区域之间、城乡之间存在的巨大差异,找准问题的关键和方案的适用条件,致力于寻找普遍性规律,着力提高解决方案的适应性和可推广性。简言之,问题的解决方案不可能是一成不变的,这里的可持续所强调的并非方案本身的可持续,而是因地制宜地调整解决方案,从而使得问题可以得到持续解决。

第三节　企业可持续社会价值创新的方法

与企业社会责任、社会企业等西方概念相比,可持续社会价值创新不仅有全新的逻辑基础和目标导向,而且还提供了完整的方法论指引;更为重要的是,这种方法论指引也超越了传统的以职工董事制度、高管人员激励制度、投资人关系管理等为主要形态、以利益相关者为核心导向的措施,而主张以全领域的创新思维,实现理念重塑、要素重组、关系重建和机制重构,创造可持续的社会价值,并实现商业价值与社会价值的双可持续。

创新是新发展理念的重要内容,习近平总书记指出,创新是企业经营最重要的品质。① 创新也是实现可持续社会价值创新的基本方法,它要求包括理念、技术、应用等全方位、全领域的创新,其中理念创新是引领、技术创新是支撑、组织创新是保障、产品创新是载体、应用场景的创新是关键、合作机制创新是纽带,模式创新是路径。与此同时,还需要特别注意处理好守正与创新之间的关系,企业的发展、社会价值的创造都有自身的规律,因此企业的创新要符合这些基本规律,不守正而盲目创新只会误入歧途。例如社会价值创造需要强调政府的主导作用和社会伙伴的共创,而不能是企业的单打独斗;再如,企业的发展要首先确保商业价值,不顾商业价值而进行社会价值的创造必然不可持续,等等。守正也是企业

---

① 《坚守人民情怀,走好新时代的长征路——习近平在湖南考察并主持召开基层代表座谈会纪实》,《人民日报》2020 年 9 月 21 日。

开展可持续价值创新的前提和基础。守正就是要守正道,确保企业的行为符合法律法规的基本要求,如果企业不守正,违反基本的企业操守,如侵害劳动者的基本权益、生产和销售不合格的产品或者是对自然资源造成破坏等,无论其通过怎样"创新"的方式创造社会价值,都绝非正道。

在可持续社会价值创新中,理念创新是引领。理念决定目标与行动方案,可持续社会价值创新的提出是对传统商业价值与社会价值二元对立矛盾理念的突破,取而代之以商业价值与社会价值的协调统一;是对企业追求自身利润最大化之理论假说的突破,取而代之以社会主义制度条件下以社会总体利益最大化为目标的企业新定位;是对企业以捐赠等方式开展慈善公益活动之传统路径的突破,取而代之以从生产到分配全流程、全领域的社会价值创造过程。因此,可持续社会价值创新是新时代企业落实新发展理念的积极尝试和有效路径。

技术创新是实现可持续社会价值的重要支撑。党的二十大报告指出,科技、教育和人才是建设社会主义现代化强国的三大支撑。目前,全球新技术浪潮兴起,包括人工智能、空间技术、碳中和、环境资源再利用以及各基础科学领域的创新技术正在深刻地改变着生产方式和生活质量。社会问题的痛点,就是技术创新的起点。目前我国在一些关键技术方面仍然面临"卡脖子"的问题,从而需要通过技术创新,尤其是涉及民生领域的技术创新来为创造可持续社会价值奠定技术基础。企业作为技术创新的重要主体,既可以直接在技术应用领域,密切关注国家发展和民生领域的痛点和堵点开展技术应用的创新;也可以通过支持或合作的方式在基础科学领域鼓励技术创新,例如腾讯开展的"新基石研究员"计划,就指向于基础领域和前沿领域的理论与实践创新,而这些面向未来的技术创新都将为可持续社会价值的创造提供重要的支撑。

组织架构的创新是实现可持续社会价值的保障。一方面,从单一组织内部的结构来看,如果要实现组织总体战略目标的转型和价值倡导,就不能仅仅是企业内部一个部门的职责,如成立企业社会责任部等。这种部门设置必然会使得企业履行社会责任被视为成本支出,而无法真正融入到企业的整体发展战略中。可持续社会价值创新主张将这种新理念融入所有的业务部门中,创新组织架构的模式和不同部门之间的合作方式,例如腾讯成立的可持续社会价值事业部,扮演的是可持续社会价值创新的发动机角色,旨在带动全公司的业务参与进来,从而真正实现企业整体的战略转型。进一步地,腾讯又提出内部各个部门都要参与到企业可持续社会价值创新的战略中,由此便可以形成在企业内部组织架构上的良性互动,即可持续社会价值事业部积极带动全公司各部门创造社会价值,发挥发动机的作用;各业务部门也主动根据自身的业务领域、流程以及技术产品,主动思考在本领域参与社会价值创造的场景与路径,有效参与到企业可持续社会价值创新的总体战略中。另一方面,跨组织的合作也需要新的组织形态创新。可持续社会价值的实现强调建立在共识基础之上的共创共享共益,从而必然需要不同主体的参与和协同,这就需要创新性地建立以任务为导向的多组织间合作新机制。

产品创新是实现可持续社会价值的基本载体。解决具体社会问题的产品形态是多样的,它既可以是指向乡村振兴的人才培养培训计划、联结乡村优质农产品和城市有效购买力的线上销售新模式,也可以是帮助残障人士实现无障碍阅读及参与其他社会活动的辅具,还可以是监测老年人健康状况的可穿戴产品或内置于老年人居所内的其他高科技产品,或者是以实现教育资源均等化为目标的一整套网络课程,等等。以腾讯的乡村数字化经营产品工具创新为例,就形成了共富乡村学堂、村庄数字化经营四件套、村庄经营一码通等系列产品,有效助力乡村建设与发展。在科技助老领域,腾讯依托内部 AI、物联网等优势技术,通过智能摄像头和 AI 算法,开发了旨在解决老年人跌倒问题的"隐形护理员"。2022 年 7 月 19 日,"隐形护理员"正式升级,由养老机构进入高龄、空巢、独居且失能失智的老年人家庭,让这部分最困难的老人能够在意外发生时得到及时的帮助。① 简言之,产品创新是实现可持续社会价值创新的基本载体和完整解决方案的最终表现形式,并且兼具功能上的社会价值和商业价值,从而也是实现两者融合的关键。

应用场景的创新是将商业价值转化为社会价值,从而实现可持续社会价值创新的关键。传统的企业行为都是以产品和服务为载体,在生产和流通的场域下,以实现商业价值为主要目的。而应用场景的创新就是将产品的生产和流通,即其使用价值的实现过程置于国家社会发展重要议题的新场景下,从而对产品创新产生需求反馈,并通过在新应用场景中的使用挖掘出新的商业价值和社会价值。例如,网络社交平台和相关应用软件(如朋友圈、好友群等)的传统功能是联结原子化的个体,在聚集流量的过程中产生商业价值;而将这种具有"联结功能"的产品置于乡村振兴的场景下,就可以联结从本地农村走出去的"能人"回乡创业,可以联结本地优质的农产品与城镇较高水平的购买力从而为产业振兴注入动力,可以联结本村居民与本村外出务工的居民在网络平台上实现基层治理等。再如,腾讯健康普惠实验室于 2022 年启动的"红雨伞计划",就是将小程序应用到妇女"两癌"筛查和儿童先天性心脏病筛查的场景中,利用小程序串联医疗机构内的多个环节,建立筛查、诊断、治疗、救助、随访

---

① 《用 AI 守护老年人安全,腾讯"隐形护理员"升级发布》,央广网,2022 年 7 月 19 日,https://tech.cnr.cn/techph/20220719/t20220719_525921666.shtml。

的一体化信息服务网络和全流程管理机制,从而实现了疾病"筛诊治"纵向流程的有效联结。

合作机制的创新是实现可持续社会价值创新的纽带。价值是在合作中实现的,社会价值的实现过程更是一个合作共创的过程。它不仅需要企业的参与,也需要政府的总体规划和全面主导,调动治理主体的积极性(如乡村振兴本质上就是要调动村民自身的内生动力),以及其他社会主体的参与等。可持续社会价值创新主张通过借助外力,调动治理主体的内生动力,主张在党建引领、政府主导的条件下,形成多主体有效参与的合作治理新机制。例如,腾讯在重庆酉阳开展的共富乡村建设,就始终贯彻"政府主导、农民主体、社会共创、腾讯助力"的基本原则,企业既亲自下场与其他主体共同解决问题,又有效控制资源直接投入的程度,致力于最终实现乡村基于内生动力的长期可持续发展,取得了很好的效果。再如,"红雨伞"计划由腾讯公益慈善基金会出资,在中国出生缺陷干预救助基金会下成立专项基金,从而实现了不同类型社会组织之间的有效合作。还例如,腾讯开展的"社会救援圈"项目不仅致力于解决自动体外除颤器(AED)的硬件问题,还构建了以志愿者、专业急救力量为主体的救援合作圈,营造出"人人想救、人人敢救、人人会救、人人能救"的社会急救环境。

模式创新是可持续社会价值创新的路径。如上所述,可持续社会价值创新旨在以创新的方式找到解决社会问题、满足民生诉求的系统性解决方案。这个解决方案应当包括技术支持、产品形态、各方主体责任以及运行和监督机制等,不仅能够有效地解决社会问题,而且具有较为广泛的适用性和可推广性,从而确保问题能够得到可持续地解决。

第四节　企业可持续社会价值创新中的外部关系

可持续社会价值创新既是一个新的理论概念,也是企业在社会主义现代化国家建设中的全新实践,它需要与国家的发展保持同向而行并探索参与到国家重大发展战略中的新路径和新形态,也需要适应社会环境与社会结构的变化,充分调动不同社会主体的参与积极性,还需要处理好与企业自身发展之间的关系。因此,本节将探讨可持续社会价值创新中的外部关系。

一、企业可持续社会价值创新与政府公共服务职责

毋庸置疑,政府应当是提供公共服务、创造社会价值的首要主体,尤其是在社会主义国家,政府更应当承担起公共服务均等化的重要任务。然而,在国家治理体系和治理能力现代化的背景下,在企业的财政能力和技术水平不断提高的背景下,以腾讯为代表的民营企业和大量国有企业实质上直接承担了很多直接提供公共物品并创造社会价值的职责,在某些领域的社会价值创造方面起到了推动政府更好履责的作用。从长期看,要实现可持续的社会价值创新,必须要处理好企业与政府之间的关系,从企业探路逐步过渡到政府主导、企业助力、多方参与,这是企业开展可持续社会价值创新首先需要处理好的外部关系。具体而言,企业与政府在社会价值创造中可以形成以下四种类型的关系:

其一,企业在政府的整体规划下,承担公共服务的供给责任。公共服务的整体规划和提高均等化程度应当是政府的当然责任,但公共服务的供给未必都必须由政府或公共部门来直接提供,可持续社会价值创新理

论认为商业价值和社会价值是可以相互转化、彼此牵引的,因此在多元化需求的背景下,企业也可以成为公共服务的供给者。例如,政府致力于解决老年人的用餐问题,相关的餐饮企业或者是快递企业就可以成为服务的供给者,在解决社会问题的同时创造商业价值。

其二,企业可以成为社会问题解决方案的探索者并最终将模式整体移交给政府运行。受到资源和能力的限制,在社会问题多样化的背景下,政府只能将有限的资源和精力投入到当前亟需解决的重大问题上,满足人民群众的一般性需求,而无法全面识别和满足人民群众的多样化需求。企业则可以结合自身业务与能力,对正在出现的复杂社会问题进行积极探索,在形成完整可行的解决方案后,再交由政府来进行整体运行。例如腾讯在部分资源欠发达地区开展的妇女"两癌"筛诊治活动,其内容本应属于公共卫生的范畴,但腾讯提供的技术工具可以打破层级之间、部门之间的隔阂,实现全流程的跟踪服务管理。在形成有效的方案后,作为公共服务的基本内容,最终则可以完全移交给政府进行管理。

其三,企业可以成为技术方案的提供者,为社会问题的解决和社会价值的创造提供技术支撑。数字化时代,技术方案往往可以提高社会问题的解决效率,但政府显然无法承担起全部的技术开发工作。在此过程中,政府可以根据社会问题的性质提出技术方案的诉求,相关的企业则可以为解决社会问题、创造社会价值提供技术方案,从而助力政府更快更好更有效地解决社会问题。

其四,企业作为社会价值创造的补充者。进入新时代,人民群众对美好生活的需要是不断增长的,而政府受到财力的制约,能提供的公共服务只能是保基本的,而无法全面提供高质量的社会服务。以社会保障制度为例,政府可以提供基本的养老保险、医疗保障,而高质量的老年生活则需要补充养老保险,全生命周期的健康服务则需要补充医疗保险等,而这些以提高质量为目标的社会价值创造则可以由企业来承担。例如水滴筹公司,就探索出了一条在网络平台提供大病保险和商业健康保险的有效路径,从而对政府主导的基本医疗保险发挥了重要的补充作用。

总之,在企业社会价值创造的过程中,要遵循政府的整体规划、坚持政府的主体地位,通过技术创新、产品创新和应用场景创新等方式推动政府在公共服务和社会价值创造中发挥更加积极的作用。

二、企业可持续社会价值创新与共创伙伴

从狭义的角度看,只有非公有制企业才是可持续社会价值创新的主体,因为政府和其他公共部门本身的职责就是创造社会价值,国有企业(含国有控股企业)也因为其所有制性质而决定了其必然需要承担社会责任和创造社会价值;而非公有制企业在社会主义制度的宏观环境下,可以逐步实现从只追求商业利益,到商业价值与社会价值的平衡,再到商业价值与社会价值的双轮驱动。然而,社会价值创造是一个共建共享的过程,而绝不仅仅有企业的参与,正如这个概念本身所表述的,社会价值的创造要实现可持续,就必须要调动不同社会主体的参与,并形成"政府主导、企业助力、社会参与"的共治共享、共创共益新格局。

企业是可持续社会价值创新的发起者。企业应当以自身业务领域和能力为基础和依托,根据国家宏观战略和社会发展的需要,通过科技创新、产品创新、模式创新以及应用场景创新等方式,实现社会价值的共创与社会福祉水平的提升。判断可持续社会价值创新是否成功的标准有两个,其一,是该模式是否真正解决了有关社会问题并提升了民生福祉,即

其社会目标是否实现,关键是企业是否能够在该社会问题领域充分发挥自身的业务优势;其二,是如果该企业不再持续输入资源,那么这样的模式是否可以继续运行并广泛复制,即其可持续目标是否实现,关键是能否调动政府和其他社会主体的积极性,形成可复制的推广模式,使得社会问题得到持续解决。以腾讯开展的健康普惠业务为例,腾讯公司充分利用了其在数字化技术上的优势,有效打通了分散在医保、卫健等部门的筛查、诊断、治疗和医疗保险与救助等资源,实现了疾病预防、疾病筛查与跟踪治疗、费用分担的全流程数字化管理,弥合了公共部门之间的数字鸿沟。在搭建好这个数字基础工程之后,则交由政府来进行主导运营,从而实现了"政府主导、企业助力"。

企业可以以产业为联结,与不同的主体实现合作共创。以腾讯在重庆酉阳何家岩的乡村振兴实践为例,通过联结产业,形成了县域范围内的产业集群。产业是乡村振兴的基础。要实现乡村产业的振兴,就要适应城乡居民的消费需求,顺应产业发展的规律,深度开发乡村的资源和功能,实现县域范围内的产业合理分工与产业集群建设。但在实践中,大部分农村地区的新兴产业或者是以农业资源为基础的农产品深加工,或者是以自然景观资源为基础的旅游业以及两者之间的结合,如农家乐、农家游等。然而前者面临着生产者与消费者在时空上的分离,后者则面临同区域内部同质化程度高的问题。在这种情况下,数字化工具可以有效地打破区域之间的行政分割与体制制约,在促进信息对等、资源共享的基础上,逐步形成县域范围内相互弥补的产业集群,既体现出不同村落的相对比较优势,又以产业集群提高了城镇消费者的消费时长和消费黏性,从而有利于形成区域的整体发展。重庆市酉阳县在数字化工具的助力下,以品牌为引领,以优势产业为重点,以全过程管理为抓手,初步实现了以山地农业为特点的农业产业体系。其中,以品牌为引领是指构建了县域的公用品牌,并以此串联了本县境内的各种优质农业产品;优势产业的系列产品是指结合当地的自然禀赋资源,重点发展若干优势产业,打造拳头产品,开发系列农产品;所谓全过程管理是指开展包括品种培优、品质提升、品牌打造,标准化生产、全过程溯源的现代农业全流程管理机制。①

除此之外,企业还可以助力其他社会主体共同进行社会价值的创造。例如,数字企业可以对慈善组织进行数字化赋能,让慈善组织的筹资更便捷,信息分享更及时有效,如腾讯发起的"99 公益节",就通过数字化赋能等方式,提高了慈善组织的现代治理水平。企业还可以赋能公民参与社会价值创造,通过帮助创业者搭建就业平台来创造新型就业岗位,让劳动者提升就业质量和收入水平;通过及时的信息分享,迅速联结求助者和助人者、联结需求者与供给者,让社会资源的分配更加高效,社会价值的创造实现最大化。

三、企业可持续社会价值创新与对象赋能

在共同富裕的背景下,赋能低资源地区、赋能低能力群体是开展可持续社会价值创新的重要领域,因此,企业可持续社会价值创新还要处理好主体与客体之间的关系,即有效赋能低资源地区和人群。在这个方面,腾讯在重庆酉阳等地开展的乡村振兴项目,就以城乡融合为出发点,以激发村民内生动力为落脚点,以数字化联结资源为基本做法,为农产品联结市场,为产业联结资源、为乡村联结人才,为各方主体积极赋能,取得了非常

---

① 鲁全:《数字技术赋能乡村全面振兴的作用机制探析——基于对重庆市 Y 县的调研》,《国家治理》2024 年第 8 期。

好的效果。具体而言:①

第一,赋能农户,用高质量农产品匹配城镇的消费能力。农产品的生产环节在农村,而农产品的主要消费市场和消费能力则在城市,在传统的农业产业模式下,农产品的生产和消费在地域上和主体上都是分离的,身处城镇的消费者无法"身临其境"地感知农业生产技术提高和农业生产环境改善对农产品质量的提升,从而也就无法主动地进行消费升级。数字化工具则可以更加有效地联结农产品的供给端和消费端,它可以全过程完整记录农产品的生产和加工过程,并即刻同步给潜在的城镇消费者;消费者则通过数字化工具了解农产品的生产全过程,既增强了参与感和现场感,也提升了对高质量农业产品的期待值和支付意愿,从而可以催生新的商业模式。② 在重庆市酉阳县,利用现代数字工具将稻米搬上云端,全国各地的网民可以认养一平米稻田,并且通过云端摄像机随时看到认养稻田的生长情况,了解从栽秧、分蘖、抽穗、灌浆到打谷的全过程。"云稻米认养计划"有效地联结了高质量的农业产品和城镇的高购买力,来自全国30多个省份的6000余人成为"云稻米认养人",数字化的销售渠道为村民们带来了显著的收入提升。优良的稻米品质加上数字化的销售工具,在旺盛的需求下,该村已建成年产2万吨精深加工大米生产线,"贡米"产业核心区种植户增长至700多户,年产有机水稻1250吨以上,年产值达3000多万元。

第二,赋能乡村经营人才,为乡村振兴提供最有效的人力支撑。在乡

---

① 鲁全:《数字技术赋能乡村全面振兴的作用机制探析——基于对重庆市 Y 县的调研》,《国家治理》2024 年第 8 期。

② 殷浩栋等:《农业农村数字化转型:现实表征、影响机理与推进策略》,《改革》2020 年第 12 期。

村振兴中,产业是基础、人才是关键。我们既需要农业技术能手,也需要懂经营、懂管理的农村经营人才;既需要从农村当地走出去后经历磨炼满怀乡情回乡创业的带头人,也需要充分调动农村当地居民的内生动力。在这个领域,腾讯就积极面向乡村治理骨干和新型农业经营主体带头人开展免费培训,为乡村人才免费开发和提供数字化工具。在此过程中,数字化技术可以发挥三个方面的作用。其一,数字化平台可以成为乡村发展风貌向外传播的新媒介,它可以让身在异乡的本村居民更加准确和全面地了解本村发展的现状以及未来发展规划,从而有效吸引那些有志回乡创业的本地居民投身到家乡建设中。其二,数字化工具可以助力回乡创业青年打造消费新模式。回乡创业者或者是用数字化工具赋能现代农业产业,使高质量的农业产品通过网络等方式打开新的销售渠道;或者是将城镇新兴的消费模式和产业模式复制到农村地区,提升来自城镇消费者的体验感和便捷感。其三,数字化传播还可以在乡村内部形成"榜样效应",既可以将乡村建设带头人的规划及时地传达给所有的乡村居民,也可以让积极参与乡村振兴并获得收益的典型案例迅速传播,从而有效激发村民参与的内生动力。笔者在重庆市酉阳县的调研发现,该地以乡村发展规划为吸引,以浓浓乡情为纽带,以尊重人才的主体性和创造力为工作的落脚点,通过开展"三回三讲三干"工作(即引导人才回户籍地、回工作地、回感情地;深入群众讲模式、讲市场、讲未来;党员带领干、能人带头干、群众跟着干),吸引各类技术人才、经营人才、科技人才和管理人才回到家乡、回到农村,累计回引各类人才 1000 余名,涌现出致富带头人230 余名,成为本县乡村振兴的主力军。通过与多位返乡青年创业者的交流,发现他们不仅掌握了现代经营理念和经营方法,对家乡发展充满信心,而且每个人都洋溢着青春朝气、散发着乐观精神,村里有了更多年轻人、村里有了更多创业者,村里的精神风貌也随之有了显著改变。

第三,赋能其他主体,构建多方共建的新格局。乡村振兴要在党建引领的前提下,明确和发挥不同主体的功能与作用,构建多方共建的新格局。要坚持政府主导,尤其是要充分发挥县级政府的统一规划职能,在县域范围内做好城乡融合和产业布局的大文章,防止产业雷同和重复建设;要实现科技赋能,兼顾"输血"与"造血",以乡村振兴中的关键经济社会问题为应用场景,为乡村治理提供数字化工具,并且在不断地应用和迭代过程中提高工具的广泛适用性;要尊重农民的主体地位,既要让农民充分参与到乡村振兴的创新与实践中,以共建实现共享,更要让农民成为乡村振兴最大的受益者;要更好发挥农村集体经济的作用,使之成为乡村振兴中重要的组织载体。在调动多方主体力量,构建多方共建新格局的过程中,数字化工具可以发挥重要的"桥梁"作用,更好地发挥他们的合力。数字化可以赋能地方政府实现数字治理和数字规划。数字化工具可以替代传统的人工统计方法,及时了解县域范围内不同村落的资源禀赋、发展规划及实际运行情况,从而更好地进行资源总体优化配置,实时监测产业发展运营情况并及时做出调整,从而帮助地方政府从数字办公走向数字治理,真正发挥数字的治理功能。数字化可以赋能农民主体,激发内生动力。如上文所述,很多返乡创业者都是将数字化的消费模式和产业形态引入到农村地区,如我们在调研地看到的乡村咖啡馆(临崖咖啡厅)、数字化游客接待中心以及当地的手工品商店等,都是通过数字化工具打出了名声,吸引了游客,拓展了村民的收入渠道。数字化还可以成为农村新型集体经济发展中的绩效反馈器,为集体经济的健康发展提供重要动力。新型农村集体经济既是乡村振兴的经济基础,也是组织基础。重庆西阳县的共富合作社通过与村民签订协议,为村民提供经营管理、信息技术以及市场信息等方面的服务,实现了从传统的农户分散经营向产业化经营的转变,具有分工性、专业性和共享性的基本特点。而如何吸引当地居民加入合作社,数字化平台对信息,尤其是合作社收益分配信息的及时发布成为最有效的绩效手段,大大激发了农户参与合作社的内生动力。总之,联结是数字化工具的根本属性,它可以在乡村振兴中联结不同的主体并实现相互增能,共同推动乡村经济社会事业的全面发展。

第五节　企业可持续社会价值创新中的内部关系

企业是可持续社会价值创新的主体,在企业运行与发展的视域下,更需要处理好若干重要关系,从而实现商业价值和社会价值的双轮驱动,实现企业的基业长青。总体而言,需要根据企业发展的不同阶段,确定实现社会价值的不同方式;要从以单部门推进可持续社会价值创新转变为企业从发展战略上准确定位可持续社会价值创新,实现企业可持续社会价值创新的战略升级;同时还要正确认识社会价值创新与企业技术进步、企业财务绩效之间的关系。

一、企业生命周期与可持续社会价值创新

企业是有生命周期的,总体而言,企业一般会经历创业期、生长期、成熟期和衰退期四个阶段①,并且在不同的阶段都体现出不同的运行特征与核心任务。习近平总书记在 2012 年中央经济工作会议上曾指出,"要善待和支持小微企业发展,强化大企业社会责任"②,其意涵就是不同发

①　苗婷婷:《论处于生命周期不同阶段的企业社会责任》,《时代金融》2008 年第 7 期。
②　《习近平关于全面建成小康社会论述摘编》,中央文献出版社 2016 年版,第 129 页。

展阶段的企业、不同规模的企业,在履行社会责任和进行社会价值创造方面的责任有所不同。根据可持续社会价值创新的内涵,不同企业在不同发展阶段实现可持续社会价值创新的内容和机制也必然有所不同,而逐步达到可持续社会价值创新的不同境界。

在企业的初创期,通过产品、技术或渠道的创新来在市场细分中实现准确定位,在社会分工中实现价值创造是企业的核心使命。在这个阶段,商业价值是企业应当追求的首要利益,而不对社会价值造成破坏应当成为企业运行的底线,即企业的运行不能以违反法律法规,损害社会利益来作为代价。例如,资源开发型企业要适度开采,不能走先破坏再修复的老路;劳动密集型企业要充分保护劳动者权益,为劳动者提供必要的劳动保护和法定福利;工业生产企业要符合环境治理的最低要求,尽量减少污水废气的排放,减小对环境的破坏;还有一些针对青少年的游戏开发类企业,则要避免色情、暴力等不利于青少年成长的内容,在技术上做好防止沉迷游戏的设置等。

在企业的发展期,则需要在追求商业价值的同时,兼顾社会价值并且通过技术进步和业务拓展等方式,积极创造社会价值。一方面,可以通过技术改造和产品创新来实现社会价值,例如传统的汽车制造企业可以开展车辆的无障碍改造,以方便老年人和残疾人乘车出行;软件开发商可以在各种应用软件上增加视听版本和大号字版本,以适应不同群体的特殊需要。另一方面,企业在力所能及的情况下,也可以通过捐赠等方式践行社会责任,参与社会价值创造,等等。

企业进入到成熟期后,就需要根据企业发展的愿景使命和业务模式来实现社会价值创新,从而进入新的境界,其基本标志应当有以下三点:其一,应当将创造社会价值融入到企业发展的战略中,从而具有长期性和宏观性,而非短期的项目行为;其二,要以自身的业务为依托,通过业务(产品、技术)应用场景的社会化拓展来实现社会价值的创造,而非简单的捐赠行为;其三,企业的社会价值创新行动在资源、模式上是否是可持续的,即是否具有可推广性。到了这个阶段后,社会价值创新就应当上升到企业发展战略的层面,并成为企业的核心使命,从而实现了企业发展真正融入到国家发展大局中。简言之,不同类型的企业有不同参与社会价值创造的方式,大企业有大企业的责任担当,小企业也有小企业的应用场景,国有企业应当身先士卒,民营企业也应当积极参与,共同营造出企业积极开展社会价值创新的社会氛围。

二、企业部门分工(内部治理)与可持续社会价值创新

从总体上看,企业的治理结构与企业创造社会价值之间呈现相互影响、相互促进的关系。有研究表明,企业的利益相关者治理指数(用以反映企业履行社会责任的情况)与企业的股东治理指数、董事会治理指数、经理层治理指数、信息披露指数均显著正相关,[①]从而充分证明企业治理与企业社会价值创造之间的重要关系。

企业开展可持续社会价值创新,特别需要进行内部治理结构的调整与优化。在传统的企业治理结构中,往往是通过设立"企业社会责任部""公共事务部"等单独的事业部,或者是创设具有独立法人资格的企业基金会等形式来承担社会责任的有关业务。无论是内部单设机构还是采取基金会等形式"外挂"机构,这些组织架构虽然可以明确责任边界,并且在实际运行过程中也能部分实现与其他业务部门的协同交流,但这种组

---

① 李维安、唐跃军:《公司治理评价、治理指数与公司业绩——来自 2003 年中国上市公司的证据》,《中国工业经济》2006 年第 4 期。

织架构也意味着有关社会责任的承担或社会价值的创造并未全面融入到企业的发展战略中,而仅仅是服务于企业经济利益或有利于企业品牌打造的行为。

当企业将可持续社会价值创新作为战略发展目标时,它就不再是一个部门的事情,而需要所有部门的参与,甚至所有员工的参与。马化腾曾经提出"社会价值不只是一个部门在做,而是逐步融入主业中,那么腾讯创造社会价值的总量,就会有规模化的增长"。在腾讯设立可持续社会价值事业部时,该部门的员工其实来源于此前的不同部门,有些是负责传播的,有些是负责研发的,有些则是产品经理,而这种人员的"混搭"也为企业解决社会问题,创造社会价值提供了互补的机制;在腾讯将可持续社会价值创新提高到公司战略层面后,所有的事业部都开始逐渐有了"创造社会价值"的理念和行动标准,所有的产品线都可以自省其运行是否符合社会价值的要求,是否可以增加创造社会价值的功能。例如,腾讯系列产品中受众最广的微信支付平台就在餐饮消费的场景中融入了为环卫工人捐献"爱心餐""爱心水"的模块,使得商业产品也在持续不断创造社会价值。因此,企业要从战略层面开展可持续社会价值创新,就要从单独设置部门,到各部门都支持具体承担社会责任的部门,再到所有部门都将承担社会责任、创造社会价值融入到自身业务中,探索形成有利于可持续社会价值创新战略的新型内部治理机制。

三、企业技术进步与可持续社会价值创新

在第四次工业革命的背景下,技术进步既是社会发展的重要动力,也是支撑企业实现可持续社会价值创新的重要工具。在公众普遍关注的节能减排、环境治理等领域,技术进步尤其是革命性技术的出现,必然会为

相关领域问题的解决提供有力的支撑。从技术进步的角度来看，企业进行可持续社会价值创新可以分为不同的类型，其一是专门从事基础理论与技术创新的企业，它们可以为其他企业或行业开展可持续社会价值创新提供"元技术"；其二是与自身业务领域相结合，将企业的核心技术应用于新的社会领域或新的问题场景，并在此过程中解决社会问题、创造社会价值。

在第四次工业革命的浪潮中，以互联网、大数据等核心技术为标志的数字化更是为企业开展可持续社会价值创新提供了全新的思路和模式。例如，数字化可以在乡村振兴中有效联结城乡资源。无论乡村主打的产业是民俗旅游，还是绿色农产品，都需要来自城镇消费者的购买力支持。数字化技术既可以有效地联结农村地区的优质产品和城镇地区的强劲消费能力，也可以满足城镇消费者在体验、支付等环节的消费习惯，提升消费舒适度，还可以联结同一片区不同村镇的优势产业，从而形成合理分工、有机联动的产业集群。因此，应当充分发挥数字化技术在乡村振兴的产业链打造，人才吸引和聚集，消费产品设计与消费模式升级等方面的积极功能，有效助力乡村振兴。再例如，数字化可以有力推动健康普惠服务的均等化程度，有效助力健康中国建设。目前，我国区域之间的医疗健康公共服务均等化程度还有待进一步提高，而数字化可以在医疗诊断、全生命周期健康服务、为三医联动提供信息化支撑等方面发挥重要作用。宁夏、四川等省份通过数字化赋能，打造的"筛诊治"一张网，就为医疗服务资源相对匮乏地区的健康普惠体系建设进行了有益的探索。还例如，数字化能够在养老服务体系建设中发挥多种作用，以数字化积极应对老龄化。智能手环等可穿戴设备及其形成的健康数据可以有效监测老年人的健康状况并进行安全预警；整合型养老服务信息平台可以有效联结居家老人与社区周边的养老服务供应商,提高居家养老服务的质量;数字化工具还可以成为老年人社会参与并以维持精神健康的新媒介等。

数字化不仅是创造社会价值的工具,还是基层治理的有效抓手,可以成为联结社区居民、实现基层自治共治的新纽带。习近平总书记要求,"要用好现代信息技术,创新乡村治理方式,提高乡村善治水平。"[①]社区(乡村)作为社会运行的基本单元和公共服务的主要载体,亟待创新联结社区居民的基层治理新机制。在日益原子化的社会结构中,数字化工具正在成为有效联结社区居民并推动其参与社区公共事务,从而实现社区有效治理的新渠道。腾讯在参与乡村振兴和乡村治理的过程中,以微信小程序为载体,开发出"为村服务平台"新工具,一方面,数字化的工具可以让远在异乡的居民及时了解本村的大事要事,并以远程的方式参与到乡村事务决策中,大大提升了乡村事务参与的便利度;另一方面,数字化工具还可以让居民参与公共事务的每一次行动都"留痕",并形成积分用以兑换有关权益,从而形成了对居民参与公共事务的有效激励。乡村治理的数字化正在为基层治理创新提供新的方法论。[②]

四、企业财务绩效与可持续社会价值创新

关于企业社会责任与财务绩效的关系,国内外学者从理论视角进行了深入研究,形成了两种截然不同的、对立的观点和实证研究结果:有观点认为,企业社会责任履行可以提高公司的声誉,帮助企业树立良好的外部形象,有利于企业获得稀缺资源,减少交易成本,从而提升公司绩效;也

---

① 习近平:《坚持把解决好"三农"问题作为全党工作重中之重　举全党全社会之力推动乡村振兴》,《求是》2022 年第 7 期。

② 冯献等:《乡村治理数字化:现状、需求与对策研究》,《电子政务》2020 年第 6 期。

有观点认为追求股东价值最大化是企业的唯一责任,企业社会责任履行会增加公司的直接成本和代理成本,有损公司经济绩效。无论是上述哪种观点,都把企业社会价值与商业价值置于冲突的位置,从而存在此消彼长的关系,但在可持续社会价值创新理论中,企业要实现的是商业价值和社会价值的双轮驱动,从而并非把两者置于矛盾对立的位置。具体而言,企业开展可持续社会价值创新与企业财务绩效之间的关系应当包括以下三个方面:

第一,企业可持续社会价值创新并不以财务绩效的提高为目标。有些企业社会责任理论认为,企业承担社会责任,聚焦环境、社会问题的解决,其最终目的仍然是通过金融杠杆来实现对企业的投融资,并最终转化为企业的经济利益和财务绩效。因此,基于西方企业社会责任实践的ESG理论也被质疑有"漂绿"之嫌,而可持续社会价值创新则不以提高企业的财务绩效为唯一目标。例如,腾讯的可持续社会价值事业部就没有财务绩效上的约束和评价,从而不仅是组织架构上的创新,也是企业整体绩效评估上的创新。

第二,企业可持续社会价值创新的评价也不以短期财务绩效为主要标准。企业的可持续社会价值创新做得是否成功,其重要的评价标准应当是是否充分调动了相关主体的积极性,是否为解决社会问题提供了可供复制的整体解决方案,是否让企业自身的产品和技术在社会问题的应用场景中得到充分的利用,是否使得社会问题得到了可持续的解决,而不是该创新行为是否带来了经济利益。

第三,可持续社会价值创新从长期看必然会带来企业整体绩效的提升和财务指标的提高。已有研究表明,企业更多地承担社会责任后,虽然不会在即期或者当下对企业财务绩效产生显著影响,但从长期看,则往往有利于改善企业的整体绩效,即社会价值创造对企业经济效益的改善效应具有滞后性。我们认为,可持续社会价值创新绝不是企业耗尽自身的利润来解决社会问题,而是将自身的产品和技术在社会问题中寻找新的应用场景。正如马化腾关于"CBS"的总结,即互联网产品从服务用户,到服务产业,再进一步提升到服务社会,这就是可持续社会价值创新的底层逻辑,即在产品和技术的创新中扩展应用场景,在解决社会问题、创造社会价值的过程中产生商业价值,在企业发展进步的过程中助力国家发展。总之,积极创造可持续的社会价值,也必将有利于企业自身实现可持续发展。

第六节　小结:企业可持续社会价值创新的"五边形框架"

根据上文的分析,我们可以得到的一个基本结论是,企业可持续社会价值创新是在对商业价值和社会价值的关系进行逻辑重构的基础上,企

图3-1:企业可持续社会价值创新的"五边形"框架

业以国家发展战略、民生诉求以及社会发展需求为导向,通过自身的产品创新、技术创新、模式创新和应用场景创新,通过商业价值和社会价值的"双轮驱动",以实现社会总体利益最大化为目标,探索解决社会问题的可复制、可推广方案,从而将企业自身发展融入国家发展大局的实践创新和企业文明新形态。企业的可持续社会价值创新有五个基本要素,并形成了"五边形(五要素)"的框架,这个框架既是对腾讯开展可持续社会价值创新探索实践的理论提炼,也可以为其他企业开展可持续社会价值创新提供方法论的指导。上述五要素的基本内涵如下:

第一,企业可持续社会价值创新要以国家发展战略、民生诉求和社会发展需要为导向。这是企业可持续社会价值创新的出发点和落脚点。企业在选择可持续社会价值创新领域时,应当与国家重大发展战略相结合、与民生诉求相呼应,以社会发展重要议题为对象,在场景中探索有效的解决方案。而社会问题的有效解决,也就自然成为评价企业开展可持续社会价值创新是否成功的重要标准。这也是实现企业发展融入国家发展大局,有效助力国家现代化建设的基本路径。

第二,企业开展可持续社会价值创新要形成有效的外部协同机制。企业是可持续社会价值创新的发起者,但绝不是社会价值创造的唯一主体,社会价值创新是一个共创共建、共享共益的完整过程,企业要通过自身的业务能力,实现"政府主导、企业支持、社会参与",通过主体赋能和资源联结,形成协同合作的社会价值创造机制。

第三,企业开展可持续社会价值创新要优化内部治理结构,使可持续社会价值创新成为企业整体的战略。可持续社会价值创新要从最初单独设立部门来推进,到所有的业务部门都以自身的产品或服务是否可以创造社会价值为导向,进而上升为企业的总体发展战略,让创造社会价值成为企业的基本价值观和长期追求,融入到企业发展的全部环节。

第四,企业开展可持续社会价值创新要与自身的业务和能力相匹配。一方面,可持续社会价值创新不只是企业单纯的捐赠行为,也不是企业项目制的慈善行动,而是要以企业自身的产品、服务、技术、渠道、模式等为基础,通过拓展它们的应用场景,在解决社会问题的过程中实现社会价值与商业价值的共创。这也是企业可持续社会价值创新能够在长期有利于企业总体绩效的底层逻辑。另一方面,企业创造可持续社会价值要与自身能力相匹配,企业发展阶段不同、能力大小不同,可以创造的社会价值就不同,经营状况较好的头部企业应当身先士卒,不仅从自身业务出发,更要关注涉及国家社会发展的重大议题,探索可推广、可复制的问题解决方案,从而体现能力越大、责任越大的基本原则。

第五,企业可持续社会价值创新的目标是实现对社会问题的持续解决。这是评价企业可持续社会价值创新的重要标准,对社会问题的解决不能以企业单方面的资源投入为依托,而是要在理念创新的基础上通过新的要素组合与新的治理机制重塑,使得社会问题得到持续解决。可持续社会价值创新并不是旨在找到放之四海而皆准的问题解决方案,而是要形成有效的问题解决机制,提高方案的适应性和自我调整性,能够根据问题的变化不断完善方案,从而实现社会问题可持续地被有效解决。

上述五个方面彼此影响、浑然一体,从而可以成为指导企业开展可持续社会价值创新的基本框架。

第四章 企业可持续社会价值创新的环境

　　环境是企业进行可持续社会价值创新的重要基础,政策环境、社会环境、市场环境与国际环境,均是企业可持续社会价值创新的重要条件。当前我国国内环境持续稳定向好,然而伴随全球经济增长放缓、国际形势动荡等不稳定因素叠加,我国企业在国际社会发展中面临的不确定性持续增加,给企业进行可持续社会价值创新带来了挑战。企业如何在不确定性的发展环境中寻找确定性,国家和社会各界应当如何为鼓励支持企业发展创造良好环境,是企业可持续社会价值研究应当关注的重要议题。

　　在我国的社会主义经济制度中,国有企业和民营企业共同构成了我国社会主义的经济基础。国有企业和民营企业彼此分工合作、优势互补,共同构成中国式现代化建设的重要力量。习近平总书记指出,国有企业是中国特色社会主义的重要物质基础和政治基础,是中国特色社会主义经济的"顶梁柱",①这深刻揭示了国有企业在国家经济中的重要地位和支撑作用。国有企业在推动中国经济社会发展、科技进步、国防建设、民

---

① 《习近平在江苏徐州市考察时强调　深入学习贯彻党的十九大精神　紧扣新时代要求推动改革发展》,人民网,2017 年 12 月 14 日,http://cpc.people.com.cn/n1/2017/1214/c64094-29705356.html。

生改善等方面作出了历史性贡献，①本身就兼有创造社会价值的历史使命。国有企业的商业价值创造本就植根于社会主义公有制之中，其社会价值体现在响应国家战略和国家社会经济发展规划的企业发展之中以及相应的社会公益实践。民营经济在政治层面，是我国社会主义市场经济的重要组成部分，是推动国家治理体系和治理能力现代化的重要力量；在经济层面，民营经济贡献了50%以上的税收，60%以上的国内生产总值，70%以上的技术创新成果，80%以上的城镇劳动就业，90%以上的企业数量，是经济增长的重要引擎，是推进中国式现代化的重要力量。截至2024年9月底，我国实有民营经济主体总量达18086.48万户，占经营主体总量的96.37%，同比增长3.93%，10余年间增长超4倍。民营企业登记在册数量已突破5500万户，占企业总量的92.3%，国家高新技术企业中民营企业占比也在92%以上，在出口强劲的"新三样"中，民营企业贡献超过一半；世界500强中，我国民营企业数量从2018年的28家增加到34家，为我国国民经济发展做出了重要贡献。②

民营企业在实现其自身商业价值的同时，积极参与可持续社会价值创新，是时代的要求和呼唤。2025年2月17日，习近平总书记亲自出席民营企业座谈会，体现了党中央对民营经济的高度重视，旨在增强民营企业的信心，推动民营经济健康、高质量发展，并为民营企业未来发展指明方向。习近平总书记指出，党和国家对民营经济发展的基本方针政策将一以贯之地坚持和落实，坚定不移，永不改变。他指出，新时代新征程上，民营经济发展前景广阔、大有可为，广大民营企业和企业家正当其时，应

---

① 《勇扛大国"顶梁柱"使命担当——新中国成立75周年国资国企发展成就综述》，中国政府网，2024年9月24日，https://www.gov.cn/yaowen/liebiao/202409/content_6976026.htm。

② 数据来自国家市场监管总局。

胸怀报国之志，专心致志地做强做优做大企业，为推进中国式现代化作出新的更大贡献。习近平强调，要扎实落实促进民营经济发展的政策措施，破除各种障碍，解决融资难、融资贵问题，依法保护民营企业和企业家的合法权益。他还呼吁广大民营企业坚定走高质量发展之路，加强自主创新，提升企业核心竞争力，积极履行社会责任，促进共同富裕。

中国社会保障学会会长郑功成教授曾表示，我国的国有企业和民营企业都应当是社会主义的企业，都是中国式现代化建设的重要力量，这决定了我国的企业不仅是社会财富的创造者，而且也应当是社会价值的创造者。[①] 面对政策、社会和市场环境的挑战，我国企业在商业价值和社会价值创造中，需在政策要求、社会需求和市场竞争之下进行适应性选择，把科技创新摆在企业的核心位置，应对各类经济与科技风险挑战，积极开展科技成果转化应用及其市场价值、战略价值和社会价值的评估和评价。

第一节　政策环境是企业可持续社会价值创新的关键

一、现行政策中有利于可持续社会价值创新的政策分析

改革开放以来，我国社会主义企业快速发展，广大国有企业积极承担社会责任、助力中国式现代化建设，众多民营企业则在发展后积极回馈社会，成为促进共同富裕的重要力量。

企业可持续社会价值创新离不开政府宏观政策的指导，包括倡导企

[①] 《专访郑功成：激发企业积极投身可持续社会价值创新》，中国社会保障学会网站，2023年3月10日，https://caoss.org.cn/news/html？id＝12976。

业围绕国家发展的重大议题,依托自身的技术专长和产业资源,积极探寻全面而系统的解决策略。在尊重市场化运作、社会广泛参与及产业化推进等基本规律的前提下,企业应充分展现其产业优势,汇聚社会多方力量,共同探索并构建新型的资源配置模式与社会治理框架。这一过程中,应着重将可持续社会价值创新聚焦于模式的创新、持续性的增强以及广泛的可复制性,确保创新成果既能满足当前需求,又能为未来发展奠定坚实基础。

首先,我国社会主义市场经济体制决定了企业在发展过程中需要勇于承担社会责任,兼顾经济利益与社会效益。新时代赋予了企业促进共同富裕的重要使命,改革开放以来,我国社会主义市场经济快速发展,广大国有企业在发展过程中能够做到积极承担社会责任、投身基础设施建设,大量民营企业能够在发展后积极回馈社会,成为促进共同富裕的重要力量。国有企业在关键行业(如能源、交通、通信)中发挥支柱作用,保障国家经济安全,通过投资和创新,推动技术进步和产业升级,助力经济增长。伴随社会和消费者对企业透明度和责任的期望不断提高,越来越多的民营企业也将积极主动承担社会责任视为其成功的关键因素之一。例如,腾讯公司高级副总裁郭凯天表示,"腾讯在高质量发展的实践中愈发深刻地认识到,商业价值与社会价值不是此消彼长的关系,而是相互促进、彼此增益、共生发展的关系。在新发展格局中,民营企业可以在力所能及的范围内,在产品与经营中融入社会维度与人文关怀,创造更多社会价值;同时以自身核心能力呼应高质量发展,找到最佳结合点,更好地发挥市场主体的作用,为高质量发展做出更大贡献"①。

---

① 《专家学者共议民营企业高质量发展与共同富裕——共同富裕大家谈第三期在京举行》,光明网,2023 年 6 月 14 日,https://www.gmw.cn/xueshu/2023-06/14/content_36629564.htm。

其次,国家重大战略支持鼓励企业进行可持续社会价值创新探索。全面建成小康社会之后,在向第二个百年奋斗目标迈进的新征程上,共同富裕目标与路径的有机统一是未来一段时期中国特色社会主义建设的行动指南①。如何推进实现共同富裕,不仅需要党的正确领导和政府的战略引导,还需要统筹动员多方力量的积极参与,党和国家所确立的大政方针对于引导企业进行可持续社会价值创新具有积极的作用。在国家宏观战略层面,党的二十届三中全会审议通过的《中共中央关于进一步全面深化改革、推进中国式现代化的决定》,对民营经济发展提出了更加积极的方针政策。党的二十大报告指出,"我们要实现好、维护好、发展好最广大人民根本利益,紧紧抓住人民最关心最直接最现实的利益问题","引导、支持有意愿有能力的企业、社会组织和个人积极参与公益慈善事业"。

习近平总书记在 2023 年全国政协会议上强调,党中央始终坚持"两个毫不动摇""三个没有变",提出要引导民营企业和民营企业家正确理解党中央方针政策,增强信心、轻装上阵、大胆发展,实现民营经济健康发展、高质量发展。习近平总书记在 2025 年 2 月 17 日民营企业座谈会上指出,企业是市场经济的主体,其可持续发展必须依靠内生动力。广大民营企业和企业家要满怀创业和报国激情,提升理想境界,厚植家国情怀,做到富而思源、富而思进,弘扬企业家精神,专注于做强做优做大企业,坚定成为中国特色社会主义的建设者、中国式现代化的推动者。在推动高质量发展的同时,民营企业应主动融入可持续社会价值创新进程,坚持创新驱动,优化发展模式,加强自主创新和技术研发,推动绿色低碳转型,探

---

① 郑功成、何文炯、童星、王杰秀、丁建定、胡秋明、李春根、鲁全、席恒:《社会保障促进共同富裕:理论与实践——学术观点综述》,《西北大学学报(哲学社会科学版)》2022 年第 52 期。

索数字化、智能化发展路径,提高资源利用效率,助力构建现代化产业体系。同时,企业应关注社会福祉,在乡村振兴、区域协调发展、民生保障等方面发挥更大作用,以商业创新赋能社会进步,实现经济效益与社会效益的有机统一。习近平总书记强调,民营企业要按照中国特色现代企业制度的要求完善企业治理结构,规范股东行为,强化内部监督,健全风险防范机制,优化生产要素的使用、管理和保护机制,推动企业治理体系现代化,增强企业发展的可持续性。同时,要高度重视企业接班人培养,确保企业基业长青,实现代际传承与社会价值的长期累积。诚信守法经营是企业可持续社会价值创新的基石。习近平总书记指出,民营企业要树立正确的价值观和道德观,以实际行动促进民营经济健康发展。要积极履行社会责任,构建和谐劳动关系,推动绿色发展,加强生态环境保护,积极参与公益慈善事业,助力共同富裕。企业在追求商业成功的同时,应将社会价值创新融入企业战略,以负责任的企业行为赢得社会信任,在构建人类命运共同体的进程中贡献更多力量。①

可持续社会价值创新既是企业主动追求商业价值与社会价值相统一的过程,又是企业积极参与公益慈善事业和社会发展进步的具体形式。在实施乡村全面振兴战略中,科技企业积极利用自身先进技术服务"三农"工作具有独特优势,通过可持续社会价值创新与乡村振兴战略相互衔接,将能够有效助推我国"三农"问题的解决取得实质性进展。2018年中共中央、国务院印发《关于实施乡村振兴战略的意见》,该文件指出,实施乡村振兴战略,是党的十九大作出的重大战略部署,是决胜全面建成小康社会、全面建设社会主义现代化国家的重大历史任务,是新时代"三

---

① 习近平在民营企业座谈会上强调:民营经济发展前景广阔大有可为　民营企业和民营企业家大显身手正当其时,《人民日报》2025年2月18日。

农"工作的总抓手。

再次,我国现行法律法规为企业进行可持续社会价值创新提供了有利条件。例如,我国《公司法》第五条明确规定,公司应当遵守法律法规,依法经营,并承担社会责任。这意味着企业在追求利润的同时,必须对社会、环境等方面承担相应的责任。我国《劳动合同法》强调保障劳动者的基本权利,企业在履行社会责任时,需要尊重并保障员工的合法权益,包括但不限于工资待遇、工作条件、职业安全等。企业社会责任的履行不仅限于经济利益,还涉及员工的福利保障。我国《企业所得税法》允许企业在一定条件下对履行社会责任的相关支出给予税收优惠。2018 年,中国证监会发布了《关于完善上市公司社会责任报告披露的若干意见》,要求上市公司发布社会责任报告,向公众披露企业在社会、环境、经济等领域的责任履行情况,这种做法直接推动了企业在公众面前展示其履行社会责任的成果。不仅如此,2024 年,《公平竞争审查条例》等法律法规的正式施行以及《中华人民共和国增值税法》的生效实施,将为我国企业营造更加公平的竞争环境。同年 12 月,十四届全国人大常委会第十三次会议审议《中华人民共和国民营经济促进法(草案)》。2025 年 4 月,该法正式颁布,为优化民营经济发展环境、保证各类经济组织公平参与市场竞争、促进民营经济健康发展和民营经济人士健康成长提供了明确指引,同时也将为促进民营企业持续、高效开展可持续社会价值创新创造有力的法律保障。该法曾两次面向社会征求意见,充分反映了国家对此法的高度重视,也反映了社会对此法的高度关注,体现了群众对于国家支持民营企业发展的热切期盼。作为我国首部专注于民营经济发展领域的基础性法律,该法律将党的十八大以来,旨在推动民营经济发展的各项方针政策与实践中行之有效的措施,正式确立为法律制度。此举在巩固改革开放所取得的成果、优化营商环境、回应社会各界的广泛关注以及提振民营经济发展信心方面,具有重要意义,同时将为民营企业积极践行企业社会责任、持续进行社会价值创新提供法律保障。在法律保障的基础上,国家和许多地方也陆续设立民营企业管理机构,为民营企业的健康发展也提供了组织保障。

最后,国家及地方政策为企业进行可持续社会价值创新提供了日益良好的环境。国务院发布的《关于推动大规模设备更新和消费品以旧换新行动方案的通知》《关于加强监管防范风险推动资本市场高质量发展的若干意见》以及国务院办公厅发布的《关于促进创业投资高质量发展的若干政策措施的通知》等为我国经济健康平稳发展创造了有利条件。财政部发布的《关于进一步支持专精特新中小企业高质量发展的通知》以及国家发展改革委出台《关于支持优质企业借用中长期外债促进实体经济高质量发展的通知》等为民营企业积极进行可持续社会价值创新实践提供了相应的政策支持。特别是 2022 年 4 月农业农村部办公厅下发《关于实施“耕耘者”振兴计划的通知》,宣布全面与腾讯公司合作,面向乡村治理骨干和新型农业经营主体带头人开展免费培训。这不仅是腾讯在成立可持续社会价值事业部之后所取得的阶段性成就,也将是未来民营企业与政府、社会组织等社会力量进行共识、共创、共益与共享的重要合作模式。

中国式现代化不仅为经济社会发展创造了良好条件,而且为企业实现商业价值与社会价值的“双可持续”创造提供了良好环境。虽然商业价值是企业的恒久追求,然而如何让积累的财富通过其他途径更好地造福社会,是当今企业实现社会价值创新的重要途径。可持续社会价值理念的提出,为企业在兼顾经济效益的同时积极投身社会公益、在社会公益领域中探索商业价值的实现方式提供了有益借鉴。中国社会保障学会会长郑功成教授指出，"这些积极尝试突破了传统的以捐赠为主要方式的企业社会责任实现形态，以国家宏观发展战略和当前核心的公共问题为背景，以解决社会问题为导向，以企业的核心业务领域和业务专长为基础，兼顾了企业的商业利益和社会价值，为解决社会问题探索了新的途径"①。

二、现行政策中制约企业可持续社会价值创新的政策分析

总体而言，当前我国企业参与可持续社会价值创新的理念还不够清晰、企业积极性还不高、投入总量还不大、内生机制还不健全，反映在政策层面即是在政策法规制定与执行层面仍然面临一定阻碍。

第一，针对企业积极主动履行社会责任，鼓励企业积极开展可持续社会价值创新的政策数量有待增多，政策质量有待提升。传统企业承担社会责任主要表现为捐赠，形式与效果相对单一，难以充分发挥企业在解决社会问题方面的能动性。可持续社会价值创新理念的提出，是对传统企业承担社会责任义务常规形式的一种超越，是企业积极利用自身技术、资源等来主动探索解决社会问题的一种新的形式。以腾讯为例，作为一家服务十几亿用户的科技企业，其所承担的连接与纽带作用本身已经成为"社会器官的一部分"，如何更好地发挥企业资源优势，更加积极主动、深入地解决社会问题，是企业可持续社会价值创新需要回答的核心问题。然而，由于当前我国相关法律规制还不完善、政策支持力度不够，企业参与可持续社会价值创新活动预期不明显，因此腾讯将自身定位为政府公

---

① 郑功成：《倡导企业进行可持续社会价值创新》，2022 年央视网报道。

共事业辅助者,配合各级政府部门落实好当前的重要公共决策,在现行政策允许的范围内进行可持续社会价值创新的尝试。如何给予企业更大的自主权与探索空间使其利用自身的技术资源在解决社会问题这一领域发挥更大的作用,还需要相关部门给予更加多元和更大力度的政策支持。

第二,政府与企业在可持续社会价值创新过程中的权责界限、角色定位有待厘清。企业过度干预社会公共事务可能会产生越俎代庖之嫌,而政府在公共事务处理过程中如果高度依赖企业,则可能会导致企业成为政府处理公共事务过程中的代理。无论何种情况的出现都是政府与企业双方所不希望看到的效果。例如,腾讯在可持续社会价值创新过程中仍然保持着一种积极主动但又克制谦虚的态度在与政府合作,一方面导致腾讯在公共领域中的相关业务紧紧跟随政府公共政策,从碳中和、乡村振兴、教育创新、科技创新到共同富裕都有探索;另一方面则使得腾讯在更好地发挥自身技术资源解决社会问题方面受到一定影响,难以真正调动企业创造可持续社会价值的积极性。因此,如何避免企业可持续社会价值创新积极性受挫,公共政策应当保持更加宽容与支持的态度,为企业进行可持续社会价值创新提供有利政策环境。

第三,可持续社会价值创新在政策伦理层面缺乏规制。企业普遍以追求商业价值为先导,然而在探索解决社会问题的过程中,当前政策伦理层面对于技术领域可能导致的"算法垄断""算法不平等"等伦理问题则缺乏必要规制。技术是一把双刃剑,既有可能通过响应政府号召积极完成科技向善使命,也有可能通过算法参数、适用对象、信息茧房等因素影响不同群体在获取社会经济资源过程中产生新的不平等现象。因此,在未来研究中应当进一步对企业参与可持续社会价值创新的相关算法、参数、适用对象等进行专业性、技术性较强的规范和约束,避免陷入唯技术论的窠臼。可持续社会价值创新支持政策还应当避免"一管就死、一放就乱"，在企业实践创新与政策制定二者之间保持一定的灵活性，在对企业可持续社会价值探索保持必要监管的前提下，给予企业适当的自主性，使其能够更加依靠自身技术优势与核心能力积极主动承担社会责任、持续进行可持续社会价值创新探索实践。

三、企业可持续社会价值创新的政策环境发展趋势

从当前我国企业可持续社会价值创新实践来看，整体上政策环境向好，但仍存在一定的提升空间。习近平总书记高度重视民营经济发展。党的十八大以来，习近平总书记多次重申坚持基本经济制度，坚持"两个毫不动摇"，强调党和国家"保证各种所有制经济依法平等使用生产要素、公平参与市场竞争、同等受到法律保护"①。习近平总书记围绕新时代加强民营经济工作多次发表重要讲话、作出重要指示批示，提出一系列新思想、新观点、新论断，是新时代推动民营经济发展的根本遵循和行动指南。党的二十届三中全会强调，要保证各种所有制经济依法平等使用生产要素、公平参与市场竞争、同等受到法律保护，促进各种所有制经济优势互补、共同发展。

从现有政策环境来看，当前我国促进企业进行可持续社会价值创新的政策环境正在持续改善，但在政策制定、法律法规颁布等方面尚缺乏具体依据，表明当前我国相关政策导向与政策环境还存在很大的改善空间。企业进行可持续社会价值创新是一种自愿行为，在政策理念方面应当突出"奖优不罚劣"原则，对于部分企业利用自身技术、资源积极助力社会

---

① 《习近平著作选集》第一卷，人民出版社 2023 年版，第 462 页。

主义现代化建设、解决人民群众急难愁盼的社会问题的有益创新实践,国家及政府部门应当给予相关企业与企业家充分的肯定与认可;而对于其他能够做到守法合规、诚信经营的企业,在政策支持维度上不应当对其区别对待,鼓励其积极向中国特色现代企业制度进行靠拢。

我国政策环境因素对于企业进行可持续社会价值创新具有重要的支持与推动作用,未来也将会有更多的企业加入积极利用自身技术资源优势进行可持续社会价值创新的行动中来。一方面,企业在可持续社会价值创新过程中对于政策支持提出新的需求,需要公共部门及时响应,适当调整或者制定新的政策法规满足企业发展需求;另一方面,政策支持对于企业可持续社会价值创新将作出一定的适应性调整。可持续社会价值创新是对企业积极承担社会责任、解决社会问题方式的一种新探索,与企业传统上承担社会责任的捐钱、捐物形式存在明显区别。

可持续社会价值创新是企业主动在现实社会中发现社会问题,积极利用自身所具备的技术、人员、资金等优势探索解决社会问题的方式,通过解决社会问题承担社会责任的一种新的社会公益形式。因此,在企业进行可持续社会价值创新过程中,既有的社会支持政策可能与企业新的需求有所差异。例如,企业不再以捐款捐物的形式承担社会责任,但在进行可持续社会价值创新的过程中又会涉及一定的资源投入,如何保证企业的持续投入与关注,便需要公共部门基于现行的政策支持环境与企业实际需求对于相关支持政策进行适应性调整,达到既能够鼓励企业持续进行可持续社会价值创新的积极性,也能够保证相关的活动在政府公共部门的管理范围内遵循既有规范平稳运行。

当前,我国宏观政策环境整体上有利于企业持续开展可持续社会价值创新实践,但在微观政策制定与执行层面仍有一定提升空间,未来还应当积极营造更加有利的政策环境支持国有企业与民营企业可持续发展，引导更多企业积极响应、践行可持续社会价值创新。还应当通过更加积极的公共政策支持企业发展，为企业进行可持续社会价值创新创造更加公平的政策环境，规范企业行为，引导民营企业主动发掘自身优势、利用自身核心能力参与解决重大社会问题，创造更大的社会价值。总之，政策环境支持是企业进行可持续社会价值创新的重要条件，不同类型企业需以解决社会问题为宗旨，坚持以促进全体人民共同富裕与回应国家重大方针战略为导向，以共享发展理念为指导，积极发挥企业自身技术、资源与平台优势，在不断发挥自身主观能动性解决社会问题过程中创造出更大的社会价值。

第二节　社会环境是企业可持续社会价值创新的重要基础

一、社会环境有利于企业可持续社会价值创新的因素分析

企业进行可持续社会价值创新，必定能够赢得社会的认同，因此社会环境是企业进行可持续社会价值创新的重要基础。我国已经全面建成小康社会，新时代追求美好生活成为人民群众的普遍诉求，促进全体人民共同富裕则是中国式现代化的本质要求。党的十八大以来，习近平总书记强调要坚持把实现人民对美好生活的向往作为现代化建设的出发点和落脚点，着力维护和促进社会公平正义，着力促进全体人民共同富裕，坚决防止两极分化。我国法律体系也将促进公平正义作为核心要义，我国《宪法》明确规定，"中华人民共和国公民在法律面前一律平等"。这一规

定是公平正义原则在宪法中的重要体现,它确保了每个公民在享受权利与承担义务时,不受任何歧视,一律平等。因此,党和国家的大政方针与我国现行法律体系均为企业进行可持续社会价值创新提供了重要的社会环境支持与保障。

面对社会经济、人口结构深刻变化,新的社会问题层出不穷,数字化技术飞速发展等新的社会环境因素,既构成了我国企业进行可持续社会价值创新的新机遇,同时也为企业开展可持续社会价值创新实践新带来了新挑战。企业在新的时代条件下如何顺应新的社会趋势、面向新时代国民经济社会主战场,利用自身核心技术与核心能力探寻破解社会问题之道,对于促进我国企业可持续社会价值创新具有重要意义。

整体而言,当前我国企业进行可持续社会价值创新具备诸多有利条件。首先,在新发展阶段面向我国经济社会人口发展新格局,人民群众在生育、教育、健康、养老、应急、环保等领域所产生的新的社会问题亟待通过更加社会化的途径予以应对,为企业可持续社会价值创新提供了新的需求。当前我国尚处于社会主义初级阶段,在取得显著经济进步的同时,区域发展不平衡、城乡差距与人群收入差异仍然是我国当前面临的重大挑战。在基本公共服务体系、医疗资源可及性、优质教育资源等方面仍然存在着较大供需不匹配情况,以社会保障为例,虽然我国建立了全世界规模最大的社会保障制度,但受户籍制度、异地报销等政策规定,仍然有一部分农村居民面临公共资源不可及的现实问题。与此同时,企业在实现自身商业价值的过程中,通过积极利用自身优势技术与核心能力寻求社会问题解决之道,对于基本公共服务体系形成了较好的补充,通过新的途径和方式满足了群众的生活需求,为企业进行可持续社会价值创新提供了有利契机。平台企业、科技公司等通过积极利用自身技术优势、网络优势、资源优势等在解决传统社会问题、满足群众生活需求过程中还能够通过消除传统时空障碍、破除制度壁垒等方式促进已有公共政策的精准落地与效率提升。

第二，中华优秀传统文化为企业投身可持续社会价值创新提供了文化土壤，使得众多企业积极通过科学技术创新公益实践。互助共济是中华优秀传统文化的底色，《礼记·礼运篇》中提出了要使世界"讲信修睦，故人不独亲其亲，不独子其子，使老有所终，壮有所用，幼有所长，鳏寡孤独废疾者，皆有所养"的"大同"思想。孟子也提出"守望相助，出入相支，疾病相持"的主张。传统慈善更侧重于对困难群众的救助，而可持续社会价值创新的核心理念在于让全体公众受益，这既是对传统慈善救助方式的继承，也是新的历史时期新技术条件下对于传统慈善的超越，通过对传统慈善方式的转型升级使之更加适应时代发展，变"输血"为"造血"。企业从简单地提供人、财、物等资源到依靠自身先进技术、人才等资源来解决新的历史时期棘手的社会问题，本身就是一个针对传统慈善方式的传承与发展。

第三，数字化飞速发展为可持续社会价值创新提供了有利条件，全社会形成科技互联互通局面，共同助力企业实现可持续社会价值创新。数字经济、平台经济在国内的飞速发展使得民众更容易习惯和接受以数字技术为基础的社会价值创新模式。传统的社会公益慈善模式逐渐被各种线上的慈善模式所取代，相对于传统的捐款捐物模式，公众逐渐适应了"水滴筹""云慈善""捐步数"等公益形式。在解决社会问题的过程中，公众也更乐于通过发挥自身聪明才智、动员自身的各种资源力量群策群力地去解决社会问题、进行社会监督。可持续社会价值创新理念的提出，本身就是企业积极利用自身资源优势寻求参与解决社会公共事务的一种尝试，具有广泛的群众基础与文化积淀。

社会环境促进企业进行可持续社会价值创新的逻辑可简单归纳为共识、共创、共建与共享。第一，共识，可持续社会价值创新理念虽然由民营企业率先提出，但实际上是在新发展时期不同主体参与社会公益的一种新的形式，是企业积极响应落实国家重大方针战略的重要手段，需要得到不同社会参与主体在价值观念上的认同。全面建成小康社会后，接继推进共同富裕，是全面建设社会主义现代化国家的必然要求，越来越多的企业、机构加入探索乡村振兴、积极老龄化、科教兴国等领域，发挥自身技术特长共同促进社会问题的解决。第二，共创，针对当前我国面临的诸多社会问题，单凭某一社会主体难以真正有效解决，因此需要各方在达成共识的基础上，积极发挥自身技术资源优势，共同参与创造新的应对措施与模式。腾讯可持续社会价值副总裁肖黎明认为，"共创是一种方法，也是一种模式，还是最大的生产力，它把个体与组织自身凝聚起来，也把社会各方凝聚起来，然后共同创造美好的社会"。第三，共建，即通过不同参与主体、不同社会问题领域、不同技术能力资源的整合，与企业共同致力于解决当前我国面临的严峻社会问题，在共识、共创的基础上，更加有条不紊地在不同层面进行社会建设，从制度、技术、资源等多个维度为实现社会目标提供保障。第四，共享，即在党和国家重大社会战略引领下，企业主体与其他社会主体共同参与可持续社会价值创新以满足人们的多层次、多样化需求，通过不同利益群体形成可持续社会价值创新命运共同体。这不仅有利于企业通过积极参与社会问题实践巩固企业发展底座，更有利于全体民众共享新时代社会发展成果。

二、社会环境制约企业可持续社会价值创新的因素分析

社会环境具有复杂性，数字时代公众社会价值观念的多元化取向、国

际国内市场竞争环境的复杂性、企业长期利益与短期利益之间的均衡,以及复杂的社会舆论氛围等因素均会对企业可持续社会价值创新实践产生不利影响。社会环境制约企业可持续社会价值创新主要源自以下几个要素:一是当前我国基本公共服务体系与民生保障体系还不够健全,公众对于一些基本公共服务的需求往往数量庞大,不同类型企业在践行可持续社会价值创新时往往面临选择困境,应当如何将有限的资源投入社会中使其发挥更大的社会效应是当前我国企业进行可持续社会价值创新面临的现实难题。二是企业商业性动机与公益性动机之间的平衡问题,企业在进行可持续社会价值创新过程中的商业性动机与公益性动机往往难以评判与区分。企业以盈利为目的,但在解决社会问题的过程中往往需要以社会责任、慈善、公益为出发点,如何防止企业利用公众的善心、善行来进行牟利或吸引流量,是未来相关法律法规应当予以明确的内容。换言之,可持续社会价值创新活动与商业性营利行为的边界应当通过政策法规的形式予以明确区分。可持续社会价值创新的本质是一种公益行为,具有"利他性",如果企业在此过程中脱离利他本质,任由资本市场主导,那么可持续社会价值创新便可能异化为商业逐利行为,可持续社会价值创新则可能变成一个噱头,本质仍然是为了追求经济效益。三是针对某些特殊性社会议题,单凭企业自身能力和资源进行可持续社会价值创新往往受到一定的条件约束,需要更多社会主体的介入,进行共创共建,仅依靠企业自身能力也难以解决更加复杂与多样化的社会现实问题。特别是在自媒体时代,复杂的舆论环境可能导致公众对于部分企业可持续社会价值创新实践的态度与评价莫衷一是,导致企业积极性受损,不利于政府相关支持性政策的出台与修订。

从现有实践来看,我国企业进行可持续社会价值创新,当前更聚焦于如何利用企业产品与核心业务能力解决社会问题,一是先进的科技能力,二是能够连接信息、物流、人才等资源的平台整合能力,三是直接提供公益基金资助的能力。可持续社会价值创新实际上更擅长于总结提升已有的工作模式,例如在教育领域,科技企业有更多作为的空间是如何提升当前的管理效率、教学技术手段升级问题,但难以替代教师对于学生的作用;在养老领域,科技产品能够提供的更多是一些辅助性的工作,例如送水、指路、辅助管理等,但针对老年群体的护理、照护服务等问题,距离能够替代人工还有相当长的路要走。在进行可持续社会价值创新过程中,应当在明确认识企业能力输出边界的基础上,积极联系其他社会主体,例如行政部门、专业化群体、项目受益群体等,深入挖掘项目运行过程中所需要的其他方面支持,对不同的社会需求与社会资源进行整合,共同促进可持续社会价值创新。

三、企业可持续社会价值创新的社会环境发展趋势

当前,我国社会为企业开展可持续社会价值创新提供了有利环境,但还应当进一步凝聚社会共识,不断为企业可持续社会价值创新创造良好的社会环境支持条件。有利因素主要表现为社会公众对于企业可持续社会价值创新实践的现实需求不断增大、民众认可度不断提升、技术条件持续升级、可动员的社会资源不断充足等特征。不利因素则包括社会价值观念的多元化取向、市场竞争环境的复杂性特征、自媒体时代舆论环境不理性因素增多等。对企业而言,是否选择进行可持续社会价值创新,最大的困难往往并不在于"能不能",而在于"想不想"。倘若企业在追求商业价值的过程中选择积极承担社会责任,践行可持续社会价值,那么当前我国公开、公正的社会环境对于企业应当是持敞开怀抱、积极支持的态度。

当然,广大民营企业与企业家群体也应当清醒地认识到社会环境的复杂性,要能够不畏艰险、排除万难,在公平正义价值理念与共同富裕目标导向下,积极利用自身资源与核心技术投身可持续社会价值创新实践,为建设中国特色社会主义企业文明新形态不断贡献力量。

基于现时期不同企业积极参与社会公益事业的现状来看,未来可持续社会价值创新将会更加包容与多元,将会有更多企业积极投身社会价值创新。虽然部分企业并未使用可持续社会价值创新的概念,但通过利用自身技术资源与公司核心业务能力参与社会问题解决,这本身就丰富了可持续社会价值创新的实践过程。例如,贝壳集团党委书记、高级副总裁林涛提出,为满足群众对美好生活的向往,推动"住有所居"向"住有宜居""住有美居"转变,贝壳自觉将公司发展与国家战略方向紧密结合,积极解决住房行业资源"不均衡"问题。企业积极利用自身核心业务能力与资源优势协助解决社会难点、堵点问题,提升社会信任,本身就是在进行可持续社会价值创新。因此,相信未来将会有越来越多的企业自觉加入可持续社会价值创新实践中来。

第三节　市场环境是企业可持续 社会价值创新的条件

一、市场环境支持企业可持续社会价值创新的因素分析

我国市场环境同样有利于促进社会主义市场经济发展,为推进企业进行可持续社会价值创新提供了良好的发展条件。从我国经济体制发展历程来看,党的十四大把我国经济体制改革目标确立为社会主义市场经

济体制,党的十四届三中全会确立了建立社会主义市场经济体制的基本框架。围绕这一目标,全面推进经济体制改革,现代企业制度、全国统一开放的市场体系、宏观调控体系和按劳分配为主体、多种分配方式并存的分配制度以及社会保障制度在探索中建立并不断发展。党的十五大第一次明确以公有制为主体、多种所有制经济共同发展,是我国社会主义初级阶段的一项基本经济制度。2000 年我国成功实现由计划经济体制向社会主义市场经济体制的转变,社会主义市场经济体制基本框架初步建立。

在我国以公有制为主体、多种所有制共同发展的基本经济制度确立过程中,国有企业与民营企业均承担着推进中国式现代化的重要任务。国有企业的发展历程是中国经济体制改革和现代化建设的缩影,从计划经济时期的全面主导,到改革开放后的市场化改革,再到新时代的高质量发展,国有企业始终在国家经济中扮演着重要角色。民营经济的发展经历了一段不平凡的发展历程。1978 年党的十一届三中全会开辟了改革开放的新纪元,民营经济从党的十二大、十三大的"有益的必要的补充",到 1988 年私营经济入宪、十四大确立社会主义市场经济体制的改革目标,再到十五大的社会主义初级阶段基本经济制度、十六大坚持"两个毫不动摇",个体私营经济等非公有制经济蓬勃发展。党的十八大以来,中共中央多次重申要坚持基本经济制度,坚持"两个毫不动摇"。民营经济在这样的环境里持续发展壮大,已成为我国经济高质量发展不可或缺的重要力量。

为创造公平竞争的市场环境,国家已通过一系列的法律法规、政策和机制建设,致力于维护市场的公正与秩序,促进市场主体之间平等竞争。例如,我国《反垄断法》的颁布为维护市场竞争秩序,防止和制止垄断行为,保障消费者和其他市场主体的合法权益提供了法律保障。通过对合并、垄断协议和滥用市场支配地位的严格监管,确保市场不会被少数企业或集团主导,保持市场竞争的公平性。我国《反不正当竞争法》则在保护市场经济秩序,确保企业之间的公平竞争,防止不正当竞争行为方面发挥了重要作用。国家还通过税收政策支持企业的发展,保障公平竞争。通过强化反腐败工作,杜绝政府部门和企业之间的不正当关系,确保政府和市场的公正运行。总之,我国在推动市场公平竞争方面已经采取了多项措施,包括完善法律法规、加强政策审查、加大监管力度、改善税收和信用体系等。这些努力旨在消除市场壁垒、减少不正当竞争行为,确保各类市场主体都能在一个公平的环境中参与竞争和发展。一些过去对民营企业有所限制的领域也逐步开放,体现了市场公平的不断提升。这种开放举措不仅降低了民营企业的准入门槛,也为其创造了更广阔的发展空间。在共享理念与共同富裕的政策目标下,市场环境的公平性是激发民营企业活力与促进经济可持续发展的重要前提。当前,我国经济规模实力持续上升,创新水平持续提升,国际竞争力、影响力迅速扩大,在不断发展壮大的过程中持续提升发展的规范性。

在可持续社会价值创新价值观念引领下,我国国有企业在主动承担社会责任方面表现出大国担当,在促进就业、环保、公益、政策执行、文化传承和创新等方面承担广泛的社会责任。民营企业在践行社会责任方面则展现出独特的灵活性和创新性,他们能够快速适应全球标准与本土需求的变化,并在此基础上发展出中国特色的多样化社会责任模式。从腾讯公司、新希望集团、蚂蚁集团等企业自觉践行可持续社会价值创新的实践中,我们能够看到中国民营企业在社会责任实践中所展现出的深度人文关怀、全产业链整合管理、绿色供应链的构建、科技向善的战略实施以及城乡共生的发展模式,也可以认识到不同类型的民营企业如何根据自身特点与所处行业环境找到可持续发展的最佳平衡条件,积极响应并支持国家重大战略政策落地与执行,促进公共政策落地。

我国市场环境对于企业可持续社会价值创新发挥着至关重要的作用。市场环境支持可持续社会价值创新的有利因素分析可以涵盖多个方面:第一,消费者需求对可持续社会价值创新具有引导作用。市场环境中的消费者需求对可持续社会价值创新至关重要,消费者选择最有效的消费方式和消费结构,实现使用价值最大化和最优化组合的刺激。可持续社会价值创新在根本上在于以人民为中心,为人民群众服务,积极致力于满足人民群众不断增长和演变的新需求。能否满足人民的生产、生活和工作需求,已经成为检验可持续社会价值创新有效性的重要标准。当消费者更加关注环保、社会责任和可持续性表现时,企业受到激励,不断寻求创新,实现商业价值与社会价值平衡,以满足这些需求并开发相应的产品和服务。不断适应并服务于人民的需求,推动了企业积极探索可持续发展的方式,提升了可持续社会价值创新的韧性和稳定性,为可持续社会价值创新发展提供源源不断的内在动力。

第二,在新发展阶段,民营企业与企业家的重要作用引起社会各界高度重视。政府应切实维护民营企业与企业家的自主权,防止可持续社会价值创新被异化为变相的强制捐赠或其他不合理要求,避免对企业正常发展造成过重压力。在实际推进中,应坚持循序渐进的原则,以优质企业特别是优质民营企业自愿先行示范,通过成功经验引导更多企业参与,逐步营造良好的社会氛围与政策环境,防止"一哄而上"或目标异化的现象。在从"中国制造"到"中国创造"过程中,民营企业与企业家要继续坚持与人民同呼吸、共命运的价值理念,在经济、社会和创新领域继续发挥不可或缺的重要作用。民营企业为国家创造了大量的就业机会,减轻了社会的就业压力。社会各界纷纷认识到,民营企业和企业家的活力和创新精神不仅为自身企业的竞争力提升作出了巨大贡献,还可以推动解决社会和环境问题的创新解决方案。企业运用自身在技术和产品上的优势,以企业自身的主营业务领域为依托,在兼具产业性和事业性的行业和领域尝试将商业化与公益性相结合,以新的方式来减少资源浪费、提高效率、提供社会服务,确保可持续社会价值创新的有效性和可持续性。

第三,不断完善的社会主义市场经济体系为可持续社会价值创新提供了有力制度保障。可持续社会价值创新通过商业和社会创新来解决社会和环境问题,同时实现经济增长和盈利。政府和监管机构采取各种政策、法令、法规在市场中引导企业朝着可持续方向发展,不断推动和强化市场供给侧服务社会环境的作用,来支持可持续社会价值创新。例如,税收激励、补贴、减少监管限制等,以鼓励企业采取可持续性举措,同时降低可持续社会价值创新的风险。同时为生产者和消费者提供商品稀缺状况的足够信息,尽可能以较低的成本、便捷的信息传输渠道和方式给交易双方提供尽可能全面、客观、及时的信息,提高可持续价值创新的效率和效益。

第四,市场机制具有优化企业效率结构和企业组织结构功能。通过市场机制可以优化产业结构、产品结构、企业组织结构、技术结构等。市场具有协调商品供求结构的功能,在价格和利润诱导下资源的自由和充分流动,资本市场对于支持可持续社会价值创新的企业越来越感兴趣,通过丰富创新型金融产品、引导多种创新投资模式、支持市场激励机制等方式,进行合理的资产配置以实现和提升经济主体的经济、社会和环境的综合价值,致力于用商业化的模式积极解决社会问题。这意味着有更多的资金可用于支持这些企业的发展,不断优化的投资和融资环境促进资本和科创要素有效对接,包括创新和扩大其可持续性倡议,努力推动资本和支持可持续社会价值高水平循环,可使产业结构、部门结构趋于均衡化、合理化,更好助力可持续社会价值创新。

二、市场环境制约企业可持续社会价值创新的因素分析

企业在追求商业价值的过程中,仅能够依法合规承担企业社会责任谓之第一重境界;若能够兼及社会价值或者主动投身公益慈善,谓之可持续社会价值的第二重境界;如若企业能够主动利用自身技术优势与核心资源能力探索解决社会公共问题、积极承担社会责任、投身可持续社会价值创新,则谓之第三重境界。在我国社会主义市场经济条件下,企业践行可持续社会价值创新可能面临以下不利因素。

第一,外部性存在与公共产品属性是市场价格机制难以处理的问题。企业的可持续社会价值区别于产品本身的属性,是企业商业价值和社会价值的交融,在价值链过程中创造的额外价值,具有外部性的产品的市场价格是不完全的市场价格。市场配置往往只关注短期利益,容易出现外部不经济,市场行为的外部性可能产生负面的外溢效果,因为向市场释放错误的价格信号,或者不通过市场价格信号实现社会资源的有效配置,市场价格信号起不到优化资源配置的作用,反而会阻碍行业进步,使优胜劣汰的竞争机制失效,造成国民经济损失大于由竞争所获得的国民经济利益时,这就容易产生市场失效状态。可持续社会价值项目的发展以及升级都同创新有关,可持续社会价值具有联合的、共同的、公用的消费性质,其产权无法清晰地界定,特定的个人和他人能够同时消费,新增消费者不会减少既有的公共产品的数量和效用,也不增加公共产品的消费成本,并且不能把拒绝为公共产品付费的人排除在消费范围之外,这就难以形成

市场价格。可持续社会价值的产生和传播也具有公共物品的特征,单纯依靠市场机制的运作难以促使其有效供给,很难保障可持续社会价值生态体系合作收益分配的合理化。

第二,可持续社会价值供应需求与预测无法有效掌握。个人与小众市场的形成产生多样化可持续社会价值的需求,市场经济行为主体的独立性和分散性,使之不能在任何时候,任何情况下都获得充分和全面的信息,信息不对称将导致可持续社会价值项目具有一定的盲目性,很难自动有效调节企业的可持续社会价值项目活动。可持续社会价值需要大量长期性资金投入,且技术研发和成果转化前景存在不确定性,如果处于企业初创期或者资金没有全部到位,或者竞争程度较低、知名度较低,配套设施不齐全等,就难以获得银行贷款支持,其他外源性融资可获得性也很低。市场环境的不确定性和经济波动可能导致资金的不稳定性,这可能阻碍企业进行高风险、长期的价值创新项目。且可持续社会价值创新可能需要额外的研发和实施成本,在竞争激烈的市场环境中,企业可能会感到压力,不愿意承担这些额外成本,从而影响实现商业价值与社会价值共建共享。同时,消费者对可持续社会价值不具有充分知识时,往往难以实现效用最大化。

第三,市场竞争的负向效应对可持续社会价值创新具有一定的约束作用。40多年改革开放中形成的竞争思维、竞争机制极大地解放和激发了生产力,但竞争中所产生的问题也阻碍了生产力发展并且形成了新的亟待破解的难题。过多追求自由,追求过度竞争可能导致企业更加注重成本控制和产品性能提升,更加注重短期利润,企业可能会采取传统的、以短期回报为导向的方法,不愿意投入时间和资源来开发新的可持续社会价值项目,会造成鞭打快牛、劳资冲突等新的问题,不利于构建良好的竞争生态,甚至可能导致社会达尔文主义的盛行。仅仅有良好的财务绩效并不意味着企业在产品市场和资本等要素市场中具有较强的竞争力，还需要在国内、国际两个市场竞争中都取得持续优势。目前品牌创新、市场创新不足、缺乏团队意识与合作精神的问题仍较为突出，大而不强、核心竞争力不足导致企业市场竞争力弱和发展后劲不足的问题。对企业来说，资源环境约束趋紧，人口红利边际递减，企业可能会较少关注企业生态，忽视与其他业态相融合，削弱了不同产业和环节间的相互衔接，有可能导致过度竞争、市场碎片化等问题，导致企业可持续社会价值不稳不优不强的问题愈加凸显。

第四，从市场竞争的公平角度来看，政府在市场经济政策导向上还应当更加注重为不同类型的企业创造平等的竞争环境。国有企业在履行社会责任方面缺乏相对统一、能够赋予企业活力的政策指引。这种局限性导致部分国有企业在社会责任的履行上表现出形式化、低效化的问题，未能充分释放其经济与社会价值。民营企业在发展中仍然面临一定程度的政策歧视现象。尤其是在金融政策方面，民营企业往往难以获得与国有企业同等的融资支持。高融资成本与融资渠道受限的问题在一定程度上削弱了民营企业的竞争力。因此，一方面，应当通过金融支持、税收优惠等手段平衡民营企业与国有企业之间的资源获取差距；另一方面，应建立统一的政策框架，激励国有企业在履行社会责任的同时保持竞争活力。

三、企业可持续社会价值创新的市场环境变化趋势

我国社会主义市场经济为企业积极承担社会责任、践行可持续社会价值创新提供了一定有利条件，然而未来市场环境的优化还应当将创造公平竞争环境作为首要目标。在公平竞争中，国有企业与民营企业被共同激励参与可持续社会价值创新。这不仅是推动经济高质量发展的内在

要求,也是促进实现共同富裕的重要路径。对于国有企业而言,公平竞争环境有助于其通过市场压力提升效率与创新能力,同时更加积极主动地承担社会责任。对于民营企业而言,消除政策歧视与金融壁垒,能够释放其市场活力,推动技术与商业模式的创新。这种竞争与协同机制,不仅能够促进企业自身发展,也能够为推进中国式现代化提供持续动力,为实现全体人民共同富裕奠定坚实基础。因此,政府在未来的政策设计中需要更加注重构建公平的市场环境,通过合理的监管与激励机制确保企业在健康有序的竞争中共同成长与创新。为了给我国企业创造更加优越的市场条件,鼓励其积极利用自身核心技术、资源能力或其他要素进行可持续社会价值创新,还应当把握以下几点发展趋势。

第一,遵循共生—共创—共富—共享的基本逻辑,构建相互依赖的系统。由于资源的相对有限性,即便是在万物互联的环境下,公益领域依然普遍存在竞争。公共价值的多向性、公益目标的多元性和公共组织的复杂性等,如何在可持续社会价值创新的实现过程中,基于增进合作收益的目的,为实现社会成员的合作收益共享与社会和谐,让市场环境变成推动可持续社会价值创新的力量,便成为当前环境下企业需要解决的问题。市场环境支持可持续社会价值创新的重要逻辑是共生而非竞争,如果以竞争为主要战略导向,那可持续社会价值创新是不可持续的,这可能限制了创新的空间。不同企业、产业以及社会公益组织之间的相互合作行为由此而产生合作收益。企业之间的竞争必须变为基于合作的竞争,甚至需要转变为基于合作抛弃竞争的模式,强调在新能级和新结构上形成新竞争壁垒,促进可持续社会价值创新的集成与共享。在传统企业的实践中,企业习惯以竞争思维来制订企业战略与行动计划,因而它们往往以自我利益为中心,追求本企业股东利益最大化。共生关系以长期的、合作的思维促进生产要素流动,过程中一切都是流动的,通过市场需求引导创新资源有效配置,促进创新要素有序流动和合理配置。其指向通过自主建设、并购、合作或其他方式,以连接、交互更多的资源,集聚更多的能量,来提高资源配置效率与推动提高创新价值。

第二,营造公平公正、稳定透明、可预期的市场环境。我国经济延续恢复态势,各项稳增长政策持续发力。在全国统一大市场这种重大战略转向的背景下,如何避免简单重复的低质量竞争、过度竞争乃至恶性竞争,让可持续社会价值创新力得到进一步解放、发展,形成可持续社会价值创新的新势能,离不开稳定透明可预期的市场环境。市场环境与可持续社会价值创新资源的聚集息息相关,市场规则开放透明,有利于市场主体持续合规交易,促进要素资源自由流动,提升可持续社会价值创新的开放共享水平。未来政策的变化调整具有可预期性,不会因为政策变动引发市场急剧波动。不同地方的发展禀赋、态势不同①,应当根据实际情况,因地制宜地积极培育和争取各类创新资源,稳妥处理好资本市场运行中的问题,为各类市场主体营造稳定、透明、可预期的发展环境。改善市场环境和创新环境,让市场主体有所遵循,保证可持续社会价值创新的外部环境,是可持续社会价值在新发展格局、新发展阶段、新发展条件下的使命方向。

第三,以数字技术服务可持续社会价值创新。当下,数字经济正在释放发展的新动能,随着数字技术与实体经济深度融合,技术带来的数字化商业模式周期更短,可持续社会价值据此创新与重构,可持续社会价值创新是整体性向更高水平演进的。随着知识、技术、政策、资本等要素以及

---

① 许可、郑宜帆:《中国共产党领导科技创新的百年历程、经验与展望》,《经济与管理评论》2021年第2期。

创新主体的互动,创新系统呈现出动态演进特征。① 这就带来非连续、不可预测和非线性思维,封闭、孤立的企业管理模式开始无法适应可持续社会价值创新的环境。全面提升数字化能力,推动可持续社会价值创新进行数字化管理,为企业提供了更大的动力,通过商业模式创新发挥市场丰富应用场景和放大创新收益的优势,为提升可持续社会价值创新整体效能提供巨大的机会。数字技术和物联网也可以用于监测和改善市场资源配置效率,完善促进可持续社会价值创新成果市场化应用的体制机制,为社会和市场环境带来积极的影响。

不仅如此,在市场环境中还需要强调国内大循环的重要性,并将其与建设全国统一大市场相结合。通过构建高效、规范、开放、竞争有序的全国统一大市场,不仅能够进一步释放国内需求潜力,还可以提升资源配置效率与市场活力。国内大循环的核心在于增强内需驱动力,优化供应链和产业链布局,以强大的国内市场支撑经济韧性,为企业可持续社会价值创新提供良好的市场环境支持条件。

第四节 国际环境对企业可持续社会 价值创新具有重要影响

一、国际环境支持企业可持续社会价值创新的因素分析

自由、平等与开放的国际环境将有利于促进民营企业践行可持续社会价值创新,相反,地缘冲突、民粹主义抬头、贸易保护主义兴起、逆经济

---

① Uyarra, Elvira. "What is evolutionary about 'regional systems of innovation'? Implications for regional policy." *Journal of Evolutionary Economics* 20 (2009): 115–137.

全球化等消极国际环境秩序则有可能会削弱民营企业积极践行可持续社会价值创新的能力与积极性。国际社会对于可持续发展、合作共赢的呼声日益高涨,中国在国际舞台上积极倡导公平正义与和平发展的理念,通过参与全球治理、推动多边合作,为企业的可持续社会价值创新创造了有利条件。

从当前国际环境来看,可持续发展已成为全球共识,可持续发展与可持续社会价值创新在核心理念和实践路径上呈现出融合统一的趋势。联合国提出的可持续发展目标(SDGs)涵盖经济、社会与环境多个维度,倡导全球共同应对贫困、环境保护与经济公平等挑战。这一框架为企业提供了明确的行动方向和全球合作的机会。在参与全球产业链和绿色技术研发方面,中国企业受到广泛支持,也能够通过价值链提升实现社会责任与经济效益的双赢。通过科技创新、商业模式创新和社会责任的履行,企业可以在追求经济效益的同时,也为社会的可持续发展做出贡献。例如,2025 年初中国 DeepSeek 全球爆火,为公众提供廉价、普及、便捷的人工智能应用。这一突破推动了 AI 技术的大规模应用,使全世界企业和个人能够更加高效地获取信息、提升生产力,并促进产业升级。与此同时,Deep-Seek 的崛起也加速了人工智能与各行业的深度融合,为数字经济和智能社会的发展注入了新的活力。同时,政府的政策引导和支持也是推动这一融合进程的重要力量。未来,随着全球化和数字化的不断发展,可持续发展与可持续社会价值创新的融合将更加紧密,为构建一个更加繁荣、公正、可持续的未来提供有力支撑。

中国积极推动习近平总书记提出的"人类命运共同体"理念和"一带一路"倡议,将公平正义、和平发展等理念融入世界发展进程,为企业在国际市场上开展可持续社会价值创新创造了良好环境。这一系列主张推动企业从单纯的经济活动向综合价值创造转变,通过基础设施建设、国际贸易合作与文化交流,不断增强企业的社会责任感和国际竞争力。同时,中国在国际环境中日益成为"稳定器",为企业在全球不确定性中提供了更加可预测的经营环境,助力中国式现代化建设和共同富裕目标的实现。其中,人类命运共同体理念与可持续社会价值创新在理念和实践层面都具有紧密联系。一方面,二者都强调共同发展和繁荣的重要性。人类命运共同体理念倡导各国之间的合作与共赢,可持续社会价值创新则强调通过创新手段实现经济、社会和环境的协调发展,为社会创造更多价值。另一方面,人类命运共同体理念需要各国之间的合作与创新来推动全球治理体系的完善和发展,而可持续社会价值创新则需要依靠企业核心能力、技术和资源等要素、手段的组合创新来推动社会可持续发展。因此,当前国际环境从大的发展理念层面仍然有利于促进我国民营企业可持续社会价值创新。

具体而言,国际环境为支持可持续社会价值创新提供了丰富的机会和资源,全球社会可以更好地应对可持续发展挑战,促进社会价值创新。国际环境支持可持续社会价值创新的有利因素包括:

第一,国际合作与知识共享。可持续社会价值是基于全球价值链的一体化体系,既是国际分工深化的必然产物,也是几十年来经济全球化的重要标志。在国际经济社会发展的整体格局中,唯有价值共享才能实现经济效益和社会效益的有机结合。目前,国际合作的态势前所未有,随着网络技术和人工智能的发展,国际合作与知识共享可以加速社会价值研究进程,促进理论创新,已经成为可持续社会价值的一种重要模式。联合国可持续发展目标(SDGs)是一个全球性的框架,吸引了国际层面的合作和创新。跨国研究合作与知识共享有利于传播可持续社会价值,启发可持续社会价值创新,有助于解决全球性挑战,如气候变化和粮食安全。国际社会已经认识到可持续发展的紧迫性,各国之间积极合作,分享最佳实践和创新解决方案。这种国际合作有助于将创新的思想和实践传播到更广泛的社会,提升国际合作水平,从而促进可持续社会价值创新。

第二,跨国企业和国际组织的参与。作为驱动可持续社会价值创新的主要力量,跨国企业和国际组织在全球范围内具有广泛的资源和网络,它们可以推动可持续社会价值创新。新兴经济体的跨国企业还可以利用企业社会责任战略缓解母国制度空白带来的原产地劣势。跨国企业和国际组织不是生活在真空中的,它们的可持续社会价值创新活动是在特定环境条件下进行的,通过与多方利益者、社会公众、政府、消费者等相关者的可持续良性互动,他们在技术、资金和人力资源方面的投入,以及跨文化的视野,推动社会各界相关利益者形成一种良性有效的互动和交流模式,都有助于推动可持续发展目标的实现。国际金融机构和投资者越来越关注可持续发展和社会责任投资。当跨国企业和国际组织的战略方向与国际环境条件保持一致时,更多的资金可用于支持那些追求可持续社会价值创新的项目和企业,这为创新者提供了更多的融资渠道,从而助力跨国企业和国际组织将可持续社会价值创新付诸实践。

第三,第四次工业技术革命推进。国际大环境下资本、知识和技术的全面融合,第四次工业技术革命不仅是数字化和技术的飞跃,也是商业和社会范式的深刻改变,这些技术正在彻底改变经济和社会,影响着各个行业,从制造业到金融、医疗保健和能源等领域。近年来,大数据、云计算、人工智能、区块链等技术逐渐成熟,必然会极大缩短可持续社会价值创新的创新周期、加速创新进程,总体上有利于跨国公司及其主导的全球价值链的快速发展。可持续社会价值最核心的创新是议题创新,现代技术和创新方法可以帮助企业降低资源消耗、减少环境影响等社会问题,例如,清洁能源技术、可再生能源、智能城市技术。着眼于新一轮科技革命浪潮带来的冲击,企业积极迎接科技的挑战,不断探索前沿技术,采取可持续的商业模式,鼓励社会价值创新,以在国际市场中保持竞争力。这种综合性的革命正在塑造着未来,为创新驱动的企业带来了巨大的机遇,同时也要求它们在不断学习和适应中不断前进。

第四,中国和平发展经验。中国特色社会主义经济发展模式在过去几十年中取得了巨大成功,使中国成为世界第二大经济体。气候变化、生物多样性丧失、荒漠化加剧、极端气候事件频发,给人类生存和发展带来严峻挑战。中国秉持人类命运共同体理念,坚定践行多边主义,提出全球发展倡议、全球安全倡议,深化务实合作,积极参与全球环境与气候治理,表明了中国特色的可持续发展模式在提高人民生活质量方面的潜力。随着中国与全球经济联系日益紧密,中国特色可持续社会价值对国际环境需求更加多元化。中国特色可持续社会价值创新模式注重人民幸福和社会和谐,强调社会公平和公正。这一模式推动着政府和企业在可持续发展、环境保护、社会公益等领域的投入,以提高人民的生活水平,提供了一个值得其他国家学习的案例,可以为国际社会合作和经验交流提供有益的参考。这一模式强调了可持续发展、社会价值和人民幸福,具有广泛的应用潜力,可以为国内外社会的可持续发展做出积极的贡献。

二、国际环境制约企业可持续社会价值创新的因素分析

尽管国际环境在理念层面仍然强调可持续发展与人类命运共同体主题,但在实际层面,当前国际环境仍然面临众多不确定性因素,增加了全球局势的复杂性和不确定性,不利于我国民营经济发展,在损害企业实现

商业价值能力的同时,也对其可持续社会价值创新能力存在深刻影响。中美贸易摩擦、全球产业链重构,以及美国在经济全球化进程中频繁制造障碍,都是导致全球经济动荡的重要因素。这种不确定性不仅加剧了国际市场的竞争风险,也通过贸易、投资等多渠道传导到国内,影响企业的经营决策与可持续社会价值创新。国际环境的动荡迫使企业在资源配置、市场拓展和技术研发等方面承担更大的不确定性,阻碍其实现长期的社会价值创造与创新发展。因此,在构建中国式现代化与推动企业参与全球合作的过程中,必须正视国际环境的不确定性,加强政策支持与市场应对能力,推动企业在复杂环境中持续创新与发展。具体来看,当前国际环境制约我国民营企业可持续社会价值创新能力主要包括以下几点要素:

第一,贸易壁垒和关税。西方国家在处理对华经济关系时不断将经贸科技问题政治化、工具化、武器化,不仅损害西方国家和中国的利益,还严重破坏国际经贸秩序,严重扰乱全球产业链供应链稳定,损害的是整个世界的利益。西方国家金融霸权施加的结构性压力、对于新机制运营政策标准的质疑和新机制的金融公共物品供给能力较弱等问题也是国际环境制约可持续社会价值创新的主要现实挑战。高昂的进口关税或贸易壁垒可能使产品或服务的成本增加,从而降低了其在国际市场上的竞争力。国际贸易保护主义"抬头"和高关税可能导致某些国家或地区的法律法规发生变化,要求外贸参与者调整经营策略或者遵守新的法规,使得经济全球化进程及可持续社会价值创新充满不确定性。不同国家和地区有不同的法律法规和政策,这种不一致性可能会导致跨国合作的复杂性和不确定性,这可能会对国际社会价值创新项目产生制约,从而增加合规成本和法律风险,可能会对可持续社会价值创新项目的国际扩展产生不利影响。

第二,全球南北不平衡与原有利益分配格局失衡。经济全球化的不平衡和利益分配的不均衡,造成了各国人民对全球化认知的严重分歧。国际社会面临着日益严峻的全球性问题,包括气候变化、生态环境恶化、资源枯竭、贫困与不平等。这些问题不仅对世界各国的社会经济造成了直接和间接的影响,也威胁到了全球的可持续发展。发展中国家即使从经济全球化中收获了实际的经济利益,但很多生活在赤贫中的全球人口仍然对自身在国际生产体系中相对不利的地位不满意,不同国家和文化的价值观之间的冲突,以及对人权、劳工权益和环境保护等问题的考虑,因此对跨国公司可持续社会价值也不乏敌意的抵制。不同国家和地区对环境保护和社会责任有不同的法律法规和政策,这可能会对国际社会价值创新项目产生制约,这种不一致性可能会导致跨国合作的复杂性和不确定性。

第三,全球经济下行趋势明显。从国际形势看,经济全球化遭遇逆流,单边主义、保护主义抬头,特别是一些西方国家对于我国民营企业的无端打压与破坏严重损害了我国民营企业在全球的可持续发展,使得原本正常的投资贸易自由化便利化进程受阻,传统安全和非传统安全风险交织,西方国家人为阻碍全球经贸交流与合作,极力拉拢、威逼盟友打造对华科技封锁线。一些核心技术的国外垄断与封锁对我国重要行业和关键领域提出了挑战,持续社会价值创新面临诸多不稳定、不确定因素。国际经济下行通常伴随着货币汇率的波动,汇率波动可能会对项目的成本和定价产生不利影响,特别是对跨境交易项目。

总之,未来全球市场将呈现融合与分割并存的趋势,国际格局的多极化和地缘政策的分化带来诸多挑战。在此背景下,国内大循环的重要性进一步凸显,需要以强大的国内市场为基础增强经济韧性,确保供应链、产业链的稳定。同时,国际大循环仍是提升经济开放水平与技术合作的重要支撑,通过扩大高水平对外开放、深化国际经贸合作,中国企业可以更好融入全球价值链,提升国际竞争力。通过国内国际双循环相互促进,企业在应对全球市场风险的同时能够实现可持续的社会价值创新。数字经济与绿色转型推动了跨国合作与市场融合,但地缘政治博弈、贸易壁垒和供应链本土化趋势也加剧了市场分割与竞争的不确定性。地缘冲突频发、政策保护主义抬头使得能源、科技与原材料供应链面临安全风险,国际规则的调整也对企业的合规与战略布局提出更高要求。虽然国际环境并非企业面临的直接影响因素,但通过金融市场波动、供应链中断和规则变化等渠道对我国企业可持续社会价值创新产生隐性影响。

三、企业可持续社会价值创新的国际环境变化趋势

国际国内形势呼吁可持续社会价值创新模式,从现有国际环境来看,尽管当前所处国际环境并不利于我国企业实现商业价值与社会价值的融合统一,但就长期而言,和平与发展仍然是当今世界的主题,国际环境对我国民营经济发展产生有利影响的基本盘不会改变。因此认为,未来国际环境支持我国可持续社会价值创新的主要趋势包括以下几个方面:

第一,构建人类命运共同体为我国企业更好地参与国际竞争提供重要基础。全球化使得经济、社会和环境等方面的问题变得紧密相连,一个国家的行动可能对其他国家产生深远影响,每个民族、每个国家、每个人的前途命运都紧紧联系在一起。基于共同利益和相互依存,人类命运共同体强调全球社会的相互了解和合作,而非零和博弈。无论国家大小、经济水平如何,每个国家和人民都应该在国际事务中拥有平等的发言权和

参与权。不同文明之间的对话和理解促进国际合作和联合行动,有助于促进可持续社会价值多样性,促进每个国家的价值创新向善共赢,拓展人类可持续社会价值,推动建设持久和平、普遍安全、共同繁荣、开放包容、清洁美丽的世界。构建人类命运共同体,在国际事务中寻求共同社会价值,通过对话和协商解决争端,以及共同努力开展全球可持续社会价值创新。

第二,践行开放发展理念为企业可持续社会价值创新提供重要支撑条件。习近平总书记指出,开放发展要着力解决"如何提高对外开放的质量和发展的内外联动性"①问题,开放理念充分运用了马克思世界历史理论和人类普遍交往理论,并赋予其更多的时代化特征。可持续社会价值创新需要坚持以开放理念为引领,促进关键技术、人才、资本等多种创新要素的相互驱动、融合发展,构建新型国际关系。在开放包容中谋求合作共赢,创造价值,共同推动全球经济社会可持续发展。在经济社会发展的整体格局中,唯有价值共享才能更好地实现全球经济效益和社会效益的有机结合。这要求以全球社会公共问题为关注点和切入点,继续改善国际投资和市场环境,加快对外开放步伐,拓展可持续社会价值的边界。同时降低资本市场运行成本,抓紧推动企业境外上市监管新规落地,着力促进平台经济规范健康发展,探索社会价值和商业价值同时实现的创新路径,在实现高质量发展过程中不仅创造经济效益,而且创造社会效益,体现创造价值的正外部性。

第三,坚持可持续发展理念是企业可持续社会价值创新的重要核心。国际环境支持可持续社会价值创新体现在对可持续发展目标的共同承诺

---

① 习近平:《论坚持人与自然和谐共生》,中央文献出版社 2022 年版,第 106 页。

上,可持续发展是当今的重大挑战,也是重要机遇,每一家负责任的企业都有义务为此做出积极的努力。提出一个具备可持续社会价值问题的难度并不亚于解决一个具备可持续社会价值难题,问题承载着国内外社会价值研究者对可持续社会价值科学前沿的深度把握和理解。从朴素的公益慈善到确立可持续社会价值创新,可持续发展倡导社会的公正和包容,解决共同的可持续发展问题,例如减少贫困和不平等、改善教育、提高医疗保健水平,以及促进社会中各个群体的平等参与和机会,以确保当前和未来世代都能够享有人权和良好的生活条件。可持续发展理念有助于建立更加环保、社会责任和经济可持续的体系,推动各方维护多边共识、聚焦务实行动、加速绿色转型,为共同建设良好国际环境注入信心和力量。

第四,遵循绿色发展理念能够为企业可持续社会价值创新提供思想引领。全球范围内,要想在市场竞争中始终保持优势,就不能再走依靠初级生产要素的老路,而是要依靠绿色发展和创新来获得超额收益、高附加值。近年来,许多国家和地区把"绿色发展"作为经济发展的关键驱动力,包括可再生能源、清洁技术、绿色基础设施和可持续农业等领域的投资,这种趋势有助于可持续社会价值的深化。全球环境治理涵盖的领域非常宽泛,涉及地球生态系统各个组成部分。凡是生态环境出现了恶化、退化等严重问题,且其影响超出一国范围并需要国际合作予以应对解决的,都属于全球环境治理的范畴。国家和地区越来越关注环境、社会和治理(ESG)标准,这些标准强调环境保护、社会责任和良好治理,这有助于推动国家和地区采取可持续的绿色发展实践,不断增强可持续社会价值创新的内生活力。

第五节　小结:改善环境至关重要

通过对我国企业可持续社会价值创新所面对的政策环境、社会环境、市场环境与国际环境的详细分析,不难看出,整体上我国国内和平、稳定的政策环境、社会环境与市场环境为企业高质量发展、实现商业价值与社会价值融合统一提供了有力支持,使得我国企业虽然在遭遇国际政治环境恶化、贸易保护主义抬头、地缘战争加剧的外在环境,仍然能够保持自身核心竞争力与盈利能力,积极履行社会主义民营企业社会责任,部分企业甚至能够创新性地应用自身核心能力实现可持续社会价值创造。

尽管如此,也应当清醒地认识到,当前的政策环境、社会环境与市场环境对于促进不同类型企业实现可持续社会价值的影响作用存在差异。对于国有企业而言,其掌握着更加丰富的政策、社会与市场资源,理应更加积极地践行可持续社会价值创新;对于民营企业而言,其在网络平台、服务民生、数字科技等领域的优势为其进行可持续社会价值创新实践提供了先天有利条件,然而在政策资源、社会环境等资源维度却存在一定短缺,导致企业往往只能以助力者的角色协助政府或慈善机构进行可持续社会价值创新。因此,对于国有企业而言,未来应当积极利用自身在政策资源、社会资源与市场资源方面的优势,面向国家重大战略导向问题,积极进行可持续社会价值创新实践探索;对于民营企业而言,应当积极通过与政府公共部门联系,主动发掘当前亟待解决的重大社会现实问题,积极利用自身核心能力,发挥自身平台、技术、资源等核心优势,创新性地在乡村振兴、老龄化、少子化、教育、医疗健康等领域进行可持续社会价值创新实践探索,共同形塑出中国特色社会主义企业新特质,共同创造出打上中国烙印的企业文明新形态。

目前,我国正在构建以国内大循环为主体、国内国际双循环相互促进的新发展格局。企业在进行可持续社会价值创新过程中亦有内外之分,即应当在国内社会积极践行企业社会责任、发挥自身核心优势进行可持续社会价值创新,而在国际社会则应当入乡随俗,尊重他国经济政治制度安排、宗教文化习俗等,在遵循平等互利原则的基础上,通过适当手段、途径参与企业所在地社会经济建设,以国际企业的身份承担企业责任,塑造社会主义企业在国际社会中的良好形象。鉴于国际环境对于企业可持续社会价值创新的影响既是间接的,也是直接的,通过市场波动、贸易规则调整和地缘局势等多方面对国内企业发展产生深远影响。我国企业开展可持续社会价值创新应立足于中国的综合国力与市场优势,以增强自身的核心竞争力和应对国际环境变化的能力。值得强调的是,中国不输出社会主义制度,也不强行推广社会主义企业的制度文明新形态,而是通过实践为世界提供可供借鉴的企业治理与发展经验。这种文明新形态不仅展现了中国企业在社会责任与价值创造方面的创新探索,也为全球不同国家、不同发展阶段的企业发展提供了更加文明、多样的"中国案例",助力世界经济更加包容、可持续地发展。

第五章　企业可持续社会价值
创新的实践路径

　　企业可持续社会价值创新,就是企业运用自身在技术和产品上的优势,在兼具产业性和事业性的行业和领域尝试将商业化与公益性相结合,以企业自身的主营业务领域为依托,用商业化和自身核心能力积极解决社会问题的过程①。在政策、社会、市场和国际环境的综合背景之下,互联网企业、科技企业和传统企业以用户、产业和社会三位一体的产品交互模式,以"共生—共建—共富—共享"的发展逻辑,努力探索可持续社会价值创新的实践路径。与此同时,数字经济的迅速发展,数据、算法和算力等要素对生产力和生产关系的变革,也给可持续社会价值创新带来了全新的问题和挑战。总结既有探索,定位问题挑战,有利于在未来探索可持续社会价值创新的新模式、新路径、新发展。

　　基于企业的发展阶段和对企业经营生态的认知,可持续社会价值创新的路径可分为传统路径和创新路径。无论是传统路径还是创新路径,都遵从着可持续社会价值创新的基本逻辑,即在企业的多元生态条件下,

---

　　① 《你好,代表|全国人大代表郑功成:倡导企业进行可持续社会价值创新》,央视网,2022年3月11日,https://news.cctv.com/2022/03/11/ARTIH07jjMw04DBdxAv6ij19220311.shtml。

如何通过内外资源的整合和多元社会主体的合作实现惠及社会的合作收益，形成"共生—共建—共益"的利益实现机制。传统路径和创新路径的共性之处在于，通过社会价值的创造，在实现企业商业价值的同时实现社会价值，即力图通过可持续商业价值的追求实现社会价值的可持续，通过社会价值的可持续创新实现企业商业价值的可持续。这种"双价追求""双可持续"目标是传统路径和创新路径的共同之处。传统路径和创新路径的不同之处在于：传统路径是在企业的商业价值之外实现社会价值，是一种"外在与共"，而创新路径则是从企业发展战略中在商业价值追求中融入社会价值的实现，是一种"内外与共"，即通过"双价融合""双轮驱动""双可持续"机制，实现企业商业价值和社会价值的共同实现。

传统的实践路径具有主体合作的基础优势，为新实践路径的拓展奠定基础，与此同时传统的实践路径具有商业模式和社会服务模式的积累，有效性较高，风险性较低，有助于企业在社会价值实践中更好地平衡好社会价值和商业价值。但传统的实践路径也有路径依赖、迁移失灵的局限：一方面，传统的实践路径经过众多企业的实践验证和政、企、社各主体的合作协同，但对于社会经济的发展变化未必能够积极地应对，对于社会需求的发现和切入可能具有滞后性，因此企业若仅仅依赖传统路径，有可能难以在数字经济的新经济形态之下厘清最迫切的社会和市场需要，进而采取传统方式进行社会价值创造时所提供的产品和服务供给精准度和规模性不足。另一方面，企业主体往往是在与核心能力高度相关的领域进行价值创造，运用传统实践路径时，若没有新理念、要素、关系、机制的加持，作用领域往往受到局限，在其他企业进行迁移和运用时受到的局限较大。

不可否认的是，创新的实践路径的基础在于传统实践路径，创新的实践路径是传统实践路径长期积累之下的涌现,是企业在商业价值和社会价值创造实践量变之下的质变。创新的实践路径注重科技与连接的创新,能够有效解决传统实践路径的路径依赖、迁移失灵的问题,基于新理念、要素、关系、机制的科技创新与连接创新,能够最大化地实现协同创造,并通过数字化、智能化的社会经济场景推动企业高质量、可持续地实现商业价值和社会价值的发展,从而使企业战略更好地响应国家战略和国家利益,服务于国家社会经济大局。但与此同时,创新的实践路径也面临着数字经济之下前所未有的社会风险与难题,亟待企业同社会共同发展、共同应对。

第一节　企业可持续社会价值
创新的传统实践路径

可持续社会价值创新的传统路径是在企业承担社会责任,以捐款捐物等公益慈善行动基础上,通过对社会领域的积极投入,创造社会价值的创新行为。因此,无论传统企业还是以网络、技术为产品特点的新兴企业,都可通过传统实践路径,实现社会价值的创造。传统企业所提供的产品和互联网企业、科技企业的产品不同,更多聚焦于传统的工业、农业领域。传统企业通过公益慈善的创新,通过与地方政府、城乡居民及其他领域的合作、与新技术、新消费、新商业、新营销的融合中努力将自身产业与具有社会价值的事业相结合,有针对性地探寻实践的切入点并不断落地,以自身专注与擅长的产业领域为核心向合作对象辐射价值,带动整体合作链条的发展,实现社会价值的生产,同样是可持续社会价值创新的重要路径。企业可持续社会价值创新的传统路径主要包括"合作"模式创新、

"合作"业态创新和"合作"领域创新。

一、"合作"模式创新：探索政企社合作的新模式

企业在传统路径中通过与政府、社会力量联合，努力达成可持续社会价值创新的共识，实现社会价值的共创。以新希望集团为例，新希望集团通过政企合作、村企合作等方式，将可持续社会价值创新嵌入脱贫攻坚、乡村振兴的实践中，以自身产业发展优势带动乡村的当地产业发展，创造乡村发展群众增收新模式。新希望作为以现代农牧与食品产业为主营业务的传统企业，在实现社会价值的过程中进行"合作"模式的创新，探索政府、企业和社会合作的新模式。新希望集团所创新的"公司+合作社+家庭农场"的新农村建设模式，帮助百余村走上致富之路；"政府+扶贫单位+龙头企业+村集体+N个贫困户"的昭觉模式，成为当地脱贫摘帽的重要发展模式；"一套标准流程、两版专业教材、三类精品课程、四个支持机构、五种师资来源，以及N个特色示范培训基地"的特色培训模式，在全国20余省份达到了新农人人才培养的效果。许多传统企业以合作创办的公益基金为基础，开办为民驿站项目，依托社区建立居家爱老服务平台，通过构建政、企、社多主体合作的创新模式，项目在政府的支持引导下，企业发挥品牌优势积极承担社会责任，构建起以社区服务站为载体的爱老服务网络，推出老年课堂、社区陪伴、社区交流、社区休闲、企业创新服务等服务内容，发挥了合作收益效能。传统企业基于自身产业特点，充分探寻"合作"模式，努力实现政、企、社联动，发挥政府、企业、社会、个人的合作效能，实现社会价值的最大化。

企业传统路径的"合作"模式创新，以自身擅长的领域为中心，落地性强、效果明显。通过充分降低合作成本，增大合作生产力，最终使得合

作收益最大化。传统企业通过"合作"模式创新,整合了合作参与主体的优势和特点,强化政府引导,激发市场活力,构建社会网络,探索创新模式,实现了合作的社会价值,促成了多主体共赢,进而促进了可持续社会价值创新。

二、"合作"业态创新:开发释放活力的新业态

企业的传统路径还可以通过与新技术、新消费、新商业、新营销等进行业态整合和产学研融合,实现可持续社会价值创新的闭环。根据我国《国民经济和社会发展第十四个五年规划和 2035 年远景目标纲要》,要强化企业创新主体地位,促进各类创新要素向企业集聚,形成以企业为主体、市场为导向、产学研用深度融合的技术创新体系。而传统企业在其中也有广阔的作为空间。传统企业具有本领域产业运营的成熟优势,通过挖掘新的技术结合方式、新的消费需求、新的商业模式和新的营销方式,延长产学研链条,实现产业新发展的同时也能够促进社会价值的新发展。以新希望集团为例,在新农人培训中,整合政、产、学、研等各领域优质资源,扩大培训规模与深度,在培训中突出需求导向,做服务式培训,培训技术、市场、新商业模式、新消费趋势、新营销方式、产融结合、合作组织运作等知识,从人才培养端就释放新业态的思维活力和所蕴含的创新价值。海尔集团通过其日日顺供应链与中国物流学会和高校合作,开展日日顺创客训练营这一在校大学生创新创业共创平台,与时俱进地关注与行业、社会发展紧密相关的课题领域,促进优秀课题快速落地并持续创造价值。这一实践释放了创新活力,深化了场景服务理念,形成了产学研融合的良好机制,促进了企业发展新业态的形成。

企业传统路径的"合作"业态创新,在发展新业态和产学研融合中开

发人力资源、孵化创新项目、完善闭环机制,通过激发创新创业活力,促进创新项目落地,实现可持续社会价值的不断创新。此路径相比于"合作"模式的创新,周期更长,所产生的效果更加内化,但从长期看对于传统企业的商业价值实现、社会价值实现具有可持续性的业态发展价值。

三、"合作"领域创新:关注多领域的社会价值实现

企业在传统路径中进行可持续社会价值创新,还体现在对于可持续社会价值所关注领域的不断创新。在社会价值实现方面,传统企业门类众多,能够与社会价值相结合的空间就十分广泛,能够产生专门化、特色化的社会效应。传统企业将视野拉大,将实践融入公益、科技、教育、文化、环保、就业等方方面面,多方位地实现了社会价值。如:茅台企业将商业价值和社会价值的切入点定位于传承,在突出产品历史底蕴的同时,建立文物保护基金会,助力文物修复、文物保护科普宣传和专业人才培养,在文化遗产保护方面实现社会价值,此外关注全民健身,开展相关项目活动,促进健康中国的建设;香飘飘关注流浪小动物的保护,注重人与自然和谐共生理念的宣传;海尔集团建立碳中和灯塔基地关注环保;新希望集团关注乡村振兴新农人培训,助力高质量就业;白象集团促进残障人士就业,使"自强员工"实现体面劳动等。传统企业突出自身合作优势,突破大众传统印象中的企业公益领域,在涉及用户、产业和社会的众多领域进行可持续社会价值创新。一方面,通过创新领域的跨界合作,促成了不同领域内的善治,达到了社会价值实现的良好效果;另一方面,在合作中宣传了不被大众所广泛关注的公共利益领域,也提升了社会整体的公共认知,凝聚了社会共识,为可持续社会价值创新打下社会认知的基础。

企业结合自身产品涉及领域、品牌发展定位和社会责任理解,选择适

合的领域,通过与政府、学校、媒体等合作的形式开展项目与活动,在合作领域上体现可持续社会价值创新。该路径通过领域挖掘和相关项目活动的落实,有重点、有特色地进行企业社会责任的承担和社会价值的实现,有效实现了可持续社会价值创新。

　　企业传统路径中的可持续社会价值创新,是"合作"模式创新、"合作"业态创新和"合作"领域创新的百花齐放。企业充分发挥自身优势特点,创新模式、形成业态、开发领域,不断达成众多细分领域的社会价值实现,共同促成了可持续社会价值创新路径。

第二节　企业可持续社会价值
创新的创新实践路径

　　创新是社会价值实现的重要手段,是可持续社会价值实现的主要动力。通过科技创新和科技进步,是企业提高生产效率、节约成本、提高产品质量、扩大市场和增强竞争力,实现商业价值的基础;通过管理创新和技术创新,开发新能源、提高能源利用效率、减少环境污染、开发新的医疗技术和药品,提高医疗水平和人民健康水平,解决社会问题、提供就业、创业机会,提高人民生活水平。通过管理和治理创新,推动社会制度和管理机制的改善,提高社会治理能力和公共服务水平。

　　互联网企业、科技企业和传统企业具有不同的商品生产特点,商业价值与社会价值的交叉结合点存在差异,这就使各类企业在实现可持续社会价值创新的方式上具有异质性。总体来看,互联网企业通过"连接"进行可持续社会价值创新,科技企业通过"科技"赋能可持续社会价值创新,而传统企业通过"合作"达成可持续社会价值创新。互联网企业"连接"赋能,科技企业"科技"向善,传统企业"合作"共享。以腾讯所提出的可持续社会价值创新为典型,在当下这个数字经济时代,不论是互联网企业、科技企业,还是传统类型的企业,都正在以不同的路径践行着可持续社会价值创新,探索着用户、产业和社会"三位一体"的发展之路,积极推动着商业价值和社会价值的可持续实现。

可持续社会价值创新是具有中国式现代化特征和新时代意涵的新事物,基于可持续社会价值创新需要具备的理念重塑、要素重组、关系重建和机制重构的四个要素,以网络资源整合与服务提供为特点的互联网企业,以互联网产品为始端,通过与其他社会主体进行"连接"实现着可持续的社会价值创新。互联网企业一方面直接提供具有"连接"功能的互联网公共产品;另一方面为其他互联网公共产品提供"连接"支撑,进而连通同行,连通经济组织、政府组织、社会组织和个人终端,为各类用户价值实现提供平台,并通过整合资源、流程再造和质量控制,实现互联网时代公共产品的生产与再生产,从而实现可持续社会价值创新。具体来看,互联网企业可持续社会价值创新的"连接"创新路径主要包括"连接"战略创新、"连接"平台创新和"连接"生态创新。

一、基于理念重塑的"连接"战略创新

企业通过提出可持续社会价值创新的战略架构,为各类企业商业价值和社会价值的创造提供战略思维。互联网企业发挥产业思维优势,将与可持续社会价值相关的关键领域进行战略架构,从布局和实践中体现创新。企业战略的导向选择关乎企业发展定位,对企业发展具有重要作用。[①] 而

---

① 张黎明、徐静:《环境不确定性、战略能力与企业战略导向选择》,《经济问题》2008 年第 3 期。

将可持续社会价值创新纳入战略之中,标志着企业对于所处市场环境、社会环境的认识进一步深化,对于企业社会责任承担能力的充分评估,对于应用价值、网络价值和跨界价值的综合思考,以及对于企业发展方向的升级变革。这些战略创新为众多企业的社会责任发展模式提供了思维参考。以腾讯为例,腾讯在 2015 年切入互联网企业对于互联网公共产品的"连接"赋能点,提出"连接与内容"是未来关注重点,并围绕此开展了各类产品生产、服务和项目。2021 年,腾讯将"可持续社会价值创新"作为第四次战略升级底座之一,以联合国 SDGs 与中国的高质量发展为指引,运用企业的核心能力,更加主动、更加规模化地创造社会价值。① SSV 不只是以责任视角来规范自身的 CSR,也不只是注重环境、社会与公司治理的 ESG,而是在此基础上再往前迈出了一大步——SSV 把价值创造融入了公司发展的核心战略,把社会价值的创造作为商业增长的土壤与最终目标指向,认为社会价值与商业价值可以共生发展,社会价值的创造将牵引商业增长,最终实现总价值的倍增。腾讯追求可持续的用户服务,带动可持续的产业发展,创造可持续的社会价值——这种主动创造社会价值的模式与观念,已形成一定的引领,正在被更多关注、讨论与借鉴。以美团为例,2023 年美团发布的《美团 2022 企业社会责任报告》,介绍了 2022 年美团围绕个体发展、产业、社会三大方向履行企业社会责任的行动和成果,而这也体现了美团对于可持续社会价值创新所包含内容的关注和作为。

互联网企业锚定"连接",通过战略创新的方式,加强全社会企业的价值连接,加深对商业价值和社会价值深度融合的理解,进而使得互联网

---

① 腾讯可持续社会价值事业部副总裁肖黎明在"公共关系与中国企业 ESG 发展专题论坛"上的分享。

企业更好地提升实体类公共产品、服务类公共产品和知识类公共产品的可及性和融合度，实现可持续社会价值创新。第一，在战略中体现互联网企业在整个社会所起到的"连接"作用，在宣传互联网企业价值的同时，也推动了同类企业和增强了大众对可持续发展的认知。第二，在战略中重视可持续社会价值创新，能够使得企业在实践的方方面面贯彻战略思想，推动互联网企业在提供互联网公共产品时可持续地发挥好"连接"功能，而非仅仅是项目式、运动式的短暂实现。第三，在战略中提出具有互联网企业自身特色的理论内容，有助于搭建有关社会责任、社会价值的知识链，为可持续社会价值创新的落地实现提供战略支撑。"连接"战略创新，是平台创新和生态创新的战略设计和布局指南。互联网企业通过战略创新的发布和实践，使得平台创新不断涌现、生态创新不断优化。

二、基于要素重组的"连接"平台创新

企业通过搭建个性化、专门化的互联网平台，为各领域社会价值的实现提供平台支撑。在战略设计的基础上，互联网企业探索具有"连接"功能的平台创新，搭建个性化、专门化的互联网平台，从而为各领域社会价值的实现提供平台支撑。平台化是社会价值得以持续的软件保障，平台创新能够提升生产要素的作用效能。而互联网企业具有"互联网+"的平台优势，在其中注重发挥"连接"功能，能够有效促进可持续社会价值创新的实现。2021年12月，《国家发展改革委等部门关于推动平台经济规范健康持续发展的若干意见（发改高技〔2021〕1872号）》提出：鼓励平台企业在依法依规前提下，充分利用技术、人才、资金、渠道、数据等方面优势，发挥创新引领的关键作用，推动"互联网+"向更大范围、更深层次、更高效率方向发展。鼓励基于平台的要素融合创新，加强行业数据采集、分

析挖掘、综合利用,试点推进重点行业数据要素市场化进程,发挥数据要素对土地、劳动、资本等其他生产要素的放大、叠加、倍增作用。互联网企业进行"连接"平台创新,就发挥了创新引领的关键作用,推动了"互联网+"与各领域的深度融合,促进了合作收益的更高水平实现。

互联网平台企业致力于为各领域社会价值的实践提供支撑。以腾讯为例,在乡村振兴的人才培养中搭建"为村耕耘者"知识分享平台,促进人才培育和知识共享;在乡村振兴的基层治理中搭建"村级服务平台",促进及时高效进行村务管理;在乡村振兴的智慧乡村打造中搭建线上线下相融合的"云稻米小程序",以数字化助力农耕生产现代化;在公益慈善的数字化过程中搭建"乐捐平台",促进救助者与施助者之间的信息对称等,这些互联网平台都为腾讯在人才培养、基层治理、乡村建设、公益慈善等具体场域的社会价值实现提供了可持续的创新平台,并已达到了良好效果。

互联网平台的不断搭建,带来了"每个人都可以在任何时间与世界范围内任何人保持通讯联系"的可能性,改变了商业中供方与需方之间的关系、商业的管理方式、生产过程、与其他企业的合作、财政状况以及金融市场中股票的价值等,以万物互联的方式实现互联网产品与实体产品的物理连通,极大地降低了社会互动的阻碍,以趋零的信息成本改变了人类社会的生活生产方式,形成了全新的数字经济形式,使得个体的需求能够接近无损耗地传递给生产者,并由生产者快速反应满足个体需求。[①]若缺乏互联网及嵌套于互联网平台的移动支付平台、连接平台等作为基础设施,数字经济将不再可能。不论是物的生产还是服务的提供,在互联

---

① 曼纽尔·卡斯特:《网络星河:对互联网、商业和社会的反思》,郑波、武炜译,社会科学文献出版社 2007 年版,第 71 页。

网产品的加持下,对于消费者需求的满足程度不断提升,从而为生产者的获利提供了更大的可能性,促进了社会价值的实现与可持续创新。

三、基于关系重建的"连接"生态创新

企业通过开创企业服务社会的新板块、新模式,为政企社的合作收益提供合作样板。互联网企业不断延伸场景触角,打造可持续社会价值创新的生态圈、生态链,开创企业服务社会的新板块、新模式,为政企社的合作收益提供合作样板。以腾讯为例,在自身产业上,将 QQ 和微信作为两大超级入口,创造影音、音乐、社交、咨询、支付等场景,链接旅行、餐饮、电商、医疗服务、出行等场景,打造了覆盖生产生活服务多领域的互联网自生态,推动了"连接"功能在生产生活领域的有效实现。其中,以腾讯打造的产融生态圈为例,腾讯促进产业金融的发展,通过深入产业链和场景,利用云计算、区块链、大数据风控等金融科技能力构建产业与金融的数字化新连接,将产业价值链关键环节进行场景化呈现,有效结合金融资源,服务中小微企业融资,助力实体经济发展,践行普惠金融。腾讯产业金融解决方案通过对资产场景和资金供给两端的有效赋能和充分"连接",打造共赢的产融生态圈,助力实体经济发展新引擎。在金融侧,腾讯金融云凭借多年的技术积累,为金融机构提供涵盖 AI、大数据、产融风控在内的 IaaS、PaaS、SaaS 等不同技术能力,连接金融场景。而在产业侧,腾讯金融云聚焦数字化营销、风控管理以及生态链接等场景,构建"一横三纵"的产融数字化体系,为各产业链核心企业及其上下游,输出完整的金融科技能力,助力打造产业金融平台。① 腾讯以自身生态圈的构建,促

---

① 产业金融 3.0 阶段,腾讯云打造共赢的产融生态圈,助力实体经济高质量发展。

进服务产业发展、服务社会发展的新模式开发，为可持续发展提供生态基础。

与此同时，以自身互联网生态为基础，在可持续社会价值创新中，腾讯企业坚持"共生—共建—共富—共享"的发展逻辑，通过科技赋能和持续创新，形成腾讯"生态链—业态链—价值链—风险防范链—知识链"的发展机制，回应国家与时代需要，实现商业价值与社会价值共建共享，企业与社会共生共荣。其中，生态链是基础，业态链是关键，价值链是核心，风险防范链是保障，知识链是支撑。对网络社会命运共同体构建的不断努力，促进了政府、企业、社会的不断合作，实现了可持续社会价值创新的大生态。产业生态和发展机制生态，共同体现了互联网企业的"连接"生态创新。

互联网企业可持续社会价值创新的"连接"实践路径，是"连接"战略创新、"连接"平台创新和"连接"生态创新的螺旋式组合。通过战略创新、平台创新和生态创新的不断迭代，互联网"连接"产品的功能不断发挥，可持续社会价值创新得以不断实现。

科技企业主要通过"科技"赋能实现可持续社会价值创新。科技企业的核心是科学技术，其可持续社会价值创新就是要以科学技术实现对商业价值和社会价值的赋能。当下科技企业的可持续社会价值创新主要体现在以数字技术要素实现当前数字经济时代互联网产品与实体产品的物理连通，为经济数字化和数字经济化的高质量发展创造条件，从而实现可持续社会价值创新。科技企业运用"科技"进行可持续社会价值创新的路径主要包括"科技"价值创新、"科技"格局创新和"科技"工具创新等方面。

四、基于机制重构的"科技"价值创新

企业通过全方面理念重塑和战略格局变革,建立企业科技向善理念,从产品设计到服务模式,全部融入创新元素,以实现可持续社会价值创新。科技企业所掌握的科学技术及其运用本身就能够带动价值理念的创新。以腾讯为例,2019 年,腾讯提出"科技向善"的使命愿景,即"科技是一种能力,向善是一种选择",扩展了科技企业对于社会价值的实现可能。对于科技企业来说,社会价值不单单是项目式的实现,更包含着对于社会价值的"底盘式"规划和投入。2021 年,腾讯所提出的"可持续社会价值创新",进一步将"扎根消费互联网,拥抱产业互联网,推动可持续社会价值"作为腾讯发展的底座。"可持续社会价值创新"纳入公司核心战略后,用户价值、产业价值和社会价值,正在逐渐融合成腾讯"三位一体"的长期价值(Long-term Value)。① 可持续社会价值创新的理念扩展,是科技企业做大做强的根基设计,是科技企业发展使命的社会价值思考,也是对可持续发展规律的周期特点把握。此外,以京东为例,2020 年,京东提出了全新使命:"技术为本,致力于更高效和可持续的世界"。"技术""高效""可持续"三个关键词,体现了京东以供应链为基础的科技赋能社会的理念。以华为为例,2022 年,华为围绕数字包容、安全可信、绿色环保、和谐生态等方面推动可持续发展。其中,2019 年华为提出 TECH4ALL 数字包容的倡议和行动,在公平优质教育、保护脆弱环境、增进健康福祉、推进均衡发展四个领域,用技术、应用和技能助力联合国可持续发展目标。华为的数字包容理念提倡"技术普惠,接力致远",体现了科技企业对科

---

① 腾讯可持续社会价值报告(2022)。

技社会价值的深入认识。在该理念引导下,华为广泛合作开展项目,利用数字技术助力世界更平等、可持续地发展。这些与可持续社会价值创新高度相关的理念,都为企业在未来实现社会责任提供了价值结构方面的创新,为市场提供了社会责任发展的价值导向,能够促进数字经济、平台经济的健康发展、可持续发展。

大数据、云计算、物联网、人工智能等科技发展浪潮下,众多典型科技企业从价值起点之初就把握科技哲学和科技伦理的关键,让科技发挥向善的效能,使商业价值与社会价值同频共振,将科技所承载的价值理念不断拓展,推动科技企业在可持续社会价值创新之中思路清晰、路径明确、效果可及。科技以其价值理性,成为推动企业商业价值、社会价值构建的价值链纽带。从挖掘科技的价值可能点,到运用科技的价值可及性,再到实现科技的价值贡献度,科技正在成为可持续社会价值创新的强大引擎。而科技企业重视科技对用户价值、产业价值和社会价值的实现意义,正发挥其独特的科技优势,在可持续社会价值创新中发挥价值引领的重要作用。

五、基于关系重建和机制重构的"科技"格局创新

科技能够助力公益实现的共享格局改变,使得公益实现更加惠及大众。科技以其独特的优势,赋能各行各业和社会发展,变革其核心概念模式,推动各行各业的跨越式发展。以腾讯为例,应急救援方面,在腾讯数字急救系统支撑下,社会应急救援从"偶遇式急救"向"网约式急救"转变。科技企业力量发挥了加速度、减环节、扩覆盖、强精准的作用,改变了公益事业的进行格局;互联网公益方面,腾讯几年来在互联网公益领域的探索与实践,不断降低了公益的参与门槛,丰富了公益的交互方式,也提升了公益行业的效能和透明度,使得"线上筹款"和"行为公益"从新鲜词

汇，变成了人们日常生活的一部分，使得"难以触及的公益"变为了"就在身边的公益"；就业促进方面，腾讯数字技术的发展创造了大量的就业机会，仅在 2022 年，微信数字生态通过公众号、小程序、视频号、微信支付、企业微信等多应用场景衍生的就业收入机会近 5017.3 万个，其中视频号衍生的就业收入机会达到 1894 万个，小程序衍生的就业收入机会达到 1163 万个，促进数字经济之下的就业格局从单一雇主向多雇主、自雇主不断发展。以美团为例，环保减碳方面，在用户端运用 APP 内"无需包装"和"不需要一次性餐具"选项，有效减少了塑料废弃物的产生，从源头减少外卖包装；在商家端美团外卖上的餐饮商家可以通过 APP 发布用户可见的环保档案，使得环保行为档案化、习惯化，科技助力环保行为习惯养成和档案生成，促进了整体外卖环保格局的改变。因为科技的嵌入，实现公共利益的具体领域的概念格局产生潜移默化的变革，促进了公益事业发展的进程。不仅是慈善捐赠的慈善公益，还包括应急救护的健康公益、就业增收的民生公益、节能减排的环保公益等，科技力量的介入促进了多种公益事业格局的广泛而深入的变化，而这些变化将有力促进社会的可持续发展。

科技的巧妙融入与嵌入，带来的将是全局性的创新。"科技"格局创新，一定程度加快改变了各领域发展的速度和所处阶段，所带来的机遇也将更加促进各个领域的创新发展。从更加广义的角度，科技创新，必将带动新质生产力的形成，也必将促进企业产业格局、产业体系格局的深层变革，从而促进可持续社会价值创新。

六、基于要素重组、关系重建和机制重构的"科技"赋能创新

科技企业能够为可持续社会价值创新提供工具价值。在促进用户、

产业、社会深度融合发展上,科技企业提供了具有便捷性、广泛性的工具和媒介。以腾讯为例,各行各业以由企业微信、腾讯文档、腾讯会议组成的"一门三杰"等数字技术为工具提高产业效率,强化企业的核心竞争力,这对推动经济增长具有重要意义。首先,在用户端,腾讯不断探索便捷、即时、融合的产品,通过创新用户使用模式,提高用户使用效率,为用户带来全新、高效和场景丰富的数字化体验。其次,在产业端,腾讯以智慧产业工具的研发为基础,全面推动产业智慧转型,综合提升产业核心竞争力,助力产业创新发展。最后,在社会端,科技工具的运用提升了社会经济运转效率,降低了社会成本,带来了环保效益。数字技术为用户端、产业端和社会端都提供了发展工具,科技作为促进经济发展和社会发展的工具,成为撬动社会价值实现的有力杠杆。在基础教育领域,以华为为例,华为运用多种科技产品的组合提供智能教育应用解决方案,主要运用多功能智真、视频会议终端、云化 MCU、桌面虚拟化技术、防火墙及应用安全网关等软件和硬件科技产品,实现远程教育、云课堂、校园网络和教育云数据中心等的组合解决方案,充分发挥连接与云计算等技术的优势,弥补数字鸿沟,推进教育公平,加速我国的教育信息化进程。科技作为缩小经济社会发展差距的工具,赋能教育事业,成为促进基本公共服务均等化、实现共同富裕的重要杠杆。

"科技"工具创新,对于社会价值的实现具有"事半功倍"的效能。在促进效率方面,科技企业推出效率性高、协同性高的生产力工具,能够为各行各业提高工作效率、降低生产成本提供发展杠杆;而在促进公平方面,科技企业推出效果好、可持续性强的组合型方案,为促进基本公共服务的均等化发展,促进共同富裕的实现提供平衡杠杆。"科技"工具创新以效率和公平的推动,实现商业价值和社会价值的共同实现,同时"科技"工具创新以工具理性回应价值理性,以其突出的有效性促进着可持续社会价值创新的实现。

科技企业可持续社会价值创新的"科技"实践路径,是"科技"价值创新、"科技"格局创新和"科技"工具创新等方面的深度协同。从价值理念,到格局赋能,再到工具嵌入,"科技"作为可持续社会创新价值的路径,已形成价值理性到工具理性的逻辑闭环和实践循环。

企业可持续社会价值的创新路径实际上是企业在可持续商业价值的追求过程中,基于国家战略需求、民生发展需求而适应性实现可持续社会价值创新的应然选择,是基于企业自身的支持条件(技术优势、核心能力、平台优势)和商业价值与社会价值"双可持续"的"双价融合"的目标约束而进行的适应性选择。无论哪种类型的企业,只要有"双价融合"的目标导向,有对国家战略需求、民生发展需求积极回应,有企业自身核心能力的支持条件,企业都会积极探索可持续社会价值的创新路径。

第三节　企业可持续社会价值创新实践的问题与挑战

可持续社会价值创新是中国具有社会责任的企业,顺应数字经济时代的历史潮流和企业经营环境的变化,以企业发展创造全体社会成员共享福祉的创新发展方式,彰显了中国企业与企业家的责任与担当。但在这个全新的数字经济时代和百年未有之大变局中,大到国家,小至个人都是在大潮中摸索前行。因此,任何一种创新发展方式都不可避免地遭遇问题与挑战。

一、数字经济时代可持续社会价值创新的新问题

已有的可持续社会价值创新的探索提供了可供借鉴的经验、可供选择的路径,但也暴露出一些存在于数字经济时代的新问题。这些问题影响着企业创造社会价值创新的效能,更影响着其可持续性。首先,适应数字经济特征的法治体系尚未健全;其次,由法治体系不健全所导致的信息安全隐患和信息安全风险;最后,在数字经济的环境下,传统的劳动者权益保障体系如何融入新的经济形态中,保护数字经济从业者的劳动权益,减少职业伤害,给从业者安全稳定的从业环境也是需要重点关注的问题之一。

1. 网络法治体系仍不健全,网络执法难度大

伴随互联网的广泛应用,网络也构成了企业开展可持续社会价值创新的要件。我国始终把依法治网作为加强数字生态建设、构建规范有序网络环境的基础性手段,坚定不移推进依法管网、依法办网、依法上网,推动互联网在法治轨道上健康运行。目前,我国网络立法的"四梁八柱"基本构建,基本形成以宪法为根本,以法律、行政法规、部门规章和地方性法规规章为依托,以传统立法为基础,以网络内容建设与管理、信息化发展和网络安全等网络专门立法为主干的网络法律体系。① 党的十八大以来,我国网络立法、网络执法、网络司法、网络普法、网络法治教育一体推进,网络法治建设取得积极进展,互联网法治化水平显著提升。②

但面对发展如火如荼的数字经济,其在整个行业生态中仍是一个新

---

① 中华人民共和国国务院新闻办公室:《携手构建网络空间命运共同体白皮书》2022 年 11 月 7 日。

② 国务院新闻办就《新时代的中国网络法治建设》白皮书举行发布会,2023 年 3 月 16 日。

兴的领域,具有发展速度快、演化样态多的特点,新技术新应用是互联网蓬勃发展的引擎,也一直是互联网治理的难题,与之相匹配的健全的法治体系仍比较缺乏,相应的网络执法难度较大,给依法治网的工作带来了挑战。当前,电信网络诈骗、网络赌博、网络传销、网络谣言、网络暴力、网络水军等违法犯罪行为仍然比较常见,但网络犯罪定性、惩戒、赔款都比较困难,例如网络谣言追责难度大,电信诈骗防不胜防且资金损失难以回溯,网民对遵守网络法律以及用网络法律维护自己合法权益的意识仍然不足,这些都意味着中国特色的依法治网之路仍然路漫漫,需要不断创新技术手段实施网络监管、完善法律体系强化有法可依、开展网络普法培养网络法律意识等。

2. 信息安全隐患与个人隐私保护

与法治体系不健全相伴随的,便是数字经济时代的信息安全隐患,即信息安全风险。安全有序是互联网健康发展的保障。互联网及其衍生产品让大众从中获益的同时也造成了对网络安全性的挑战,互联网产品及其使用者面对这些风险时亦不能独善其身。目前,消费者在享受移动互联网快速发展带来的各种利好时,在智能手机等终端、网络环境下个人信息被过度收集、违法获取、盗用甚至非法买卖等事件时有发生,骚扰、诈骗电话和邮件仍然肆虐,成为全社会和广大消费者普遍担忧的问题,迫切需要加强个人信息保护、网络信息内容管理、网络安全和数据安全保护。

中国消费者协会曾于 2018 年 7 月 17 日至 8 月 13 日组织开展"App个人信息泄露情况"问卷调查①,发现超八成受访者曾遭遇个人信息泄露问题,当消费者个人信息泄露后,约86.5%的受访者曾收到推销电话或短

---

① 《App 个人信息泄露情况调查报告》,中国消费者协会,2018 年 8 月 29 日, https://cca. cn/jmxf/detail/28180. html。

信的骚扰,约 75.0% 的受访者接到诈骗电话,约 63.4% 的受访者收到垃圾邮件,排名位居前三位。此外,部分受访者曾收到违法信息如非法链接等,更有甚者出现个人账户密码被盗的问题。然而,个人信息泄露后,受访者虽然会采取多种措施手段维护自身权益,如向消费者协会和有关行政部门投诉等,也有受访者会选择与服务商协商和解,向有关行业组织进行反馈,但最终有大约三分之一的受访者选择"自认倒霉"。调研发现,在腾讯公司及其他企业的社会价值创造探索实践中,因使用数字化工具如各种小程序,如何更加有效地保护相关利益方与受惠公众的隐私等亦已成为实践中需要妥善解决的现实问题。

总之,信息技术革命的迅猛发展在为人类社会生活带来便利的同时,也增大了人们的信息安全风险,如何通过有效的风险防范机制保证用户的信息安全,是当前信息企业与政府需要共同努力化解的难题。可持续社会价值创新需加强安全与秩序建设,为其健康发展提供保障。

3. 数字经济从业者的权益保障问题

新技术、新经济的进步,产生和发展了以共享经济、平台经济、互联网经济为代表的新就业形态,我国新业态从业人员的规模不断壮大,成为劳动就业领域前所未有之大变革。与之伴生的从业者社会风险也日益成为影响新业态、新经济高质量发展的重要问题,这就要求我国社会保障制度体系必须不断完善。总的来说,伴随着新业态的蓬勃发展,新业态从业人员面临着更为严峻的职业替代风险与职业伤害风险、疾病风险与养老风险。但相应地,这种灵活化、弹性化和松散化的就业形态与以雇主责任为基础、以月薪为基数的社会保险制度之间的"错位",导致了新业态从业人员社会保险制度的参保困境和权益保护困境。

在从业者面临的众多风险中,职业伤害风险尤其严峻。在新业态背景下,许多线下或户外劳动者受平台"赶工式"规则的约束,往往希望在有限的时间内达成工作目标,从而使工作的规范性降低,职业伤害事故增加;另外,作为管理方的平台企业,无论是采取"鼓励性"规则还是"惩罚性"规则,都会导致许多户外劳动者(如外卖、快递小哥)将自己的人身安全置于更加危险的交通环境中,如闯红灯、超速行驶或通宵上班,从而变相地增加了从业人员的职业伤害风险。对于众多线上工作的新业态从业人员而言,无论是为了获得更多收入进行的主动加班,还是被动强制性加班(如程序员),都是在以过度劳动换取收入,职业伤害也是不可避免的。而当这种职业伤害发生之后,我国现行的工伤保险制度却很少能将他们纳入赔付范围,即使一些平台企业或者雇主为他们购买了商业意外保险,也只是杯水车薪。一个不能忽视的事实是,当前很多新业态人员与平台企业,比如送餐人员与外卖平台企业,并没有签订正规的劳动合同,外卖公司总是要规避自身的风险,有的企业会每天扣3—5元为外卖小哥购买意外险,从而将其权益保障推给了保险公司,但意外发生之后,赔付额不过几万元。值得指出的是,这些意外险还在很大程度上存在着赔付难的问题。外卖小哥一旦发生重大职业伤害事故即造成因伤致贫、返贫的例子并不鲜见。

就社会保险制度而言,其与数字经济从业者的不适应性包括:依托单位的参保规定难以适用于无雇主、多雇主的新业态从业人员;属地化的社会保险管理体制难以适用于流动性的新业态从业人员;以工资为基数的供款方法难以适用于收入波动性的新业态从业人员等。

数字经济从业者流动性强,劳动关系灵活,既是多雇主又是无雇主,"寻找雇主"的难度高,固化的社会保险制度与流动性的数字经济从业者之间存在不匹配性。而完善数字经济下劳动者的权益保障体系,既是企业发挥社会价值的表现,更是数字经济可持续发展的必然要求。

二、百年未有之大变局中可持续社会价值创新的新问题

企业可持续社会价值创新还面临着环境约束与支持。当前,世界正在经历各方面深刻而广泛的变化,这使企业可持续社会价值创新面临一系列新的问题。党的十九大以来,习近平总书记多次指出,当今世界正经历百年未有之大变局。这是我们党立足中华民族伟大复兴战略全局,科学认识全球发展大势、深刻洞察世界格局变化而作出的重大判断,对于指导我们开启全面建设社会主义现代化国家新征程、夺取新时代中国特色社会主义新胜利,具有重大而深远的意义。① 企业可持续社会价值创造的实践嵌入于百年未有之大变局的宏观背景之中,因此需要积极主动地应对百年未有之大变局所引发的各类问题,以把握社会价值创造的实践路径。

1. 国际局势之变使企业面临新的竞争态势

企业经营面对着宏观经济的不确定性和市场需求的多变性。全球经济面临逆全球化思潮的冲击,以美国为代表的发达国家不断强化贸易保护主义,联合欧盟、日本等实施贸易限制措施,导致全球产业链和供应链的布局不再遵循效率和成本的市场原则,增加了企业的经营成本。在大国博弈之下,中美关系的不确定性依然存在,给企业经营带来了诸多问题和制约。在企业分工与合作方面,也面临着市场分工的复杂多变、能力优势保持的难度增大等问题。产业链分工的日益细化,使得企业在全球供应链中往往只承担其中的部分环节,企业就需要与供应链中的众多供应商和合作

---

① 《百年未有之大变局,总书记这些重要论述振聋发聩》,求是网,2021 年 8 月 27 日,ht-tp://www.qstheory.cn/zhuanqu/2021-08/27/c_1127801606.htm。

伙伴进行协调,增加了经营成本。日新月异的市场需求和技术变革不断推动产业链分工的动态调整,企业需要根据市场变化和技术进步,及时调整自身的分工定位和业务布局。然而,市场分工所需动态调整往往面临诸多问题,如技术升级的风险和成本、用工招聘的难度和成本大幅增加等。

2. 市场和社会环境之变使企业面临新的经营生态

企业的市场竞争加剧,特别是面临着颠覆性的技术冲击。新兴技术的不断涌现和颠覆性改变对企业的竞争优势构成了巨大威胁。人工智能、大数据、区块链等技术的应用可能彻底改变企业所在行业的竞争格局。如果企业不能及时跟上技术变革的步伐,其原有的竞争优势将迅速丧失。在资源配置方面,企业在激烈的国际国内市场竞争中需要不断优化资源配置,将有限资源投入最具价值的环节。但在实践中,企业往往难以准确判断哪些环节最具潜力,哪些环节需要削减投入。在当前行业分工合作的交叉融合背景下,企业经营经常需要通过跨界赢得优势,企业如果不能及时调整和提升能力结构,就会面临生存发展的危机和限制,企业优势也在动态的市场中难以长期保持。此外,企业还面临着经济下行的长期影响等问题,企业内生动力和创新活力有待进一步激发。

3. 社会心理之变使企业面临新的发展问题

在经济全球化、政治多极化和文化多元化的背景下,人们的社会心理正在经历着前所未有的洪流冲击。在西方"普世价值"论的冲击之下,人们对于中华优秀传统文化、中华传统美德、社会主义核心价值观的认同和践行仍存在诸多问题。多种文化、亚文化的价值导向和追求之下,人们的利益诉求所隐含的冲突增多迭变、利益纷争加剧。

此外,人们的社会心态更加复杂多元,与新冠疫情相关的消极心理尚未彻底消弭,经济压力引发的焦虑加剧,社会风险与不确定性导致的不安全感增加,传统与现代观念交织之下的理念冲突存在,种种因素下人们对社会生活的价值目标和价值追求呈现出多元与冲突。这对企业可持续社会价值创新是一种不利的社会心理因素。

三、数字经济与百年变局中企业创造社会价值面临的新挑战

数字化、网络化、智能化在经济社会各领域加速渗透,深刻改变人们的生产方式和生活方式。而在这样全民全社会被数字智能覆盖的背景下,数字经济时代可持续社会价值创新的高质量发展也面临着来自自身特征、价值取向和外在的行业形态等多方面的挑战。首先,由于算法设计的特征,作为算法参与者的个体,往往更多局限在自己想获取和熟悉的领域内,长期以来便形成了个体的信息茧房和群体间的数字使用鸿沟与认知鸿沟。其次,可持续社会价值创新固然以社会价值为导向,但企业作为市场主体,利润是其生存的基础,私有价值与盈利价值不仅无可厚非,而且是必须存在,价值是行为的先导,二者间的冲突能否有效调节也至关重要。最后,大规模的企业既是技术创新和进步的主体,又带有垄断经济的特征,也是反垄断的重点对象,数字经济时代可持续社会价值创新需要关注如何在支持技术发展与反垄断之间寻得平衡。

1. 信息茧房与数字鸿沟的技术困境

桑斯坦在其《信息乌托邦——众人如何生产知识》一书中首次提出了"信息茧房"这一概念,意指在信息传播中,因公众自身的信息需求并非全方位的,公众只注意自己选择的和使自己愉悦的领域,久而久之,会将自身像蚕茧一般桎梏于"茧房"中。信息茧房既包括算法推荐造成的茧房,也包括用户的自身选择将自我陷入茧房之中。由于消费者自身具有一定的偏好与局限性,现代信息技术能够非常容易地满足公众对于特

定信息的需求,使得用户愿意花更多的时间和精力去获取自己想获取的信息,从而影响了用户对于信息多元化、真实性的反思,由此产生信息茧房风险。

一方面,算法推荐所想达到的目标是实现用户的个性化体验,从信息供给方的角度,在算法推荐技术的推动下,终端的信息变成了"千人千面"的状态,满足了用户的偏好;但对于单个用户来说,其接触的信息持续性地处于"单人单面"的状态,导致用户深陷信息茧房而不自知。另一方面,个体的主观偏好自然而然地引导人们尽量接触与自己观点相吻合的信息,同时竭力避开相抵触的信息,这种选择性接触实际上造成的是一个又一个的信息茧房,固化了自我的认知而形成信息壁垒。

与信息茧房相伴随的另一个挑战便是群体间的数字鸿沟。算法推荐在一定程度上限制了公众接触新知识和新观点的范围和途径,使得公众无法接触到完整的信息。而"茧房"内的信息主要迎合了用户的偏好,更多地是站在用户赞成、支持的立场,缺乏一定的对抗和思辨,也并未考虑到公共领域中绝大多数公民的利益,最终将进一步固化社会群体的刻板印象,阻碍社会共识的形成。尤其在共同富裕的目标之下,信息茧房和数字鸿沟的存在,不仅不会缩小人群之间、地区之间、城乡之间的差异,反而会成为助长跨不同社会群体差距和认知矛盾的"帮凶"。

2. 公共价值与商业价值的冲突与均衡

从行业的天然属性上,企业固然以市场经济环境为基础,其核心价值依然是盈利和私有。而社会价值创新则是追求公共价值,与私有存在天然冲突。而从互联网本身的属性来看,互联网的发展历程经历了从技术创新到商业创新再到社会生活创新的历程。这使得互联网及其衍生产品,自一开始就陷入了追求公共价值与商业价值的矛盾之中。

互联网的开拓者及互联网产品总是充满了为全人类谋福利的理想主义精神,正如《赛博空间独立宣言》中所宣称的那样:

我们正在创造一个新世界,人人都可以进入这个世界,而不必考虑由种族、经济力、武力、出生地而来的特权或偏见。

你们关于财产、表达、身份、迁徙的法律概念及其关联对我们不适用。这些概念建立在物质的基础上,我们这里没有物质。

我们的身份不涉及肉体,所以和你们不一样,我们不能通过肉体的强制来获得秩序。我们相信,我们的治道将从伦理、明智的自我利益和公益中产生出来。[①]

互联网的早期开拓者旨在建立起一个社会成员人人平等的乌托邦:在这个乌托邦中,一切强制的力量都不应当存在,因而象征着资本主义的私有财产观念、版权观念、金钱与经济观念亦不应当适用于这个世界。而共享与开放则成为互联网所追求的最重要的价值之一,也是互联网时代最显著的特征。

大量互联网产品的开发者与使用者,仍在践行着《赛博空间独立宣言》中的宣称并将其转变为现实,立志于增强互联网产品的公共属性,构建起一个平等、自由、为全人类谋取公共价值的互联网空间使人类共享资源。

对于公共价值的追求无疑是互联网产品与技术发展的重要推动力,然而互联网自身蕴含的商业价值潜能,同样是互联网产品与技术发展创新不容忽视的驱动力。这股驱动力自 20 世纪 90 年代中期互联网的私营

---

① Barlow J P. "A Declaration of the Independence of Cyberspace". *Duke Law & Technology Review*, 2019, 18(1): 5-7.

化与成熟化以来不断壮大,引领并塑造了现代互联网产品的生态。在一个私营公司成为财富创造来源的社会中,正如曼纽尔·卡斯特所指出的：金钱至上的企业家文化征服了世界,并在这个过程中把互联网变成我们社会的中枢。①

自 20 世纪 90 年代互联网私营化以来,公共价值与商业价值的冲突贯穿于互联网技术与产品发展的全过程。互联网的公共价值与私人价值是推动互联网技术不断创新发展的两大驱动力,然而如何平衡这两种驱动力之间的张力却是互联网及其衍生产品发展与创新过程中不得不面临的问题。

随着我们进入数字经济时代,数字技术、人工智能技术的广泛应用在促进传统产业转型升级的同时催生了众多的新产业、新业态和新模式。新兴的数字经济以大数据、智能算法与算力平台为主要生产要素,这些生产要素的公共特质与商业潜能共存的现象使得互联网产品公共价值与商业价值之间的碰撞更加剧烈。平台独享数字红利、人工智能对于劳动力的挤出、用户隐私权与被遗忘权等问题均是这些互联网产品公共价值与商业价值矛盾的具象表现。但二者矛盾愈发凸显的同时,也为调和二者的矛盾、求解互联网产品公共价值与商业价值的均衡创造了新的条件,提供了可能性,即可持续社会价值创新。

3. 支持技术发展与反垄断的平衡点

技术进步毋庸置疑是数字经济发展的源泉,也是企业发挥可持续社会价值的原动力。而技术的研发与创新依赖于大量的人力、物力、时间集中投入,依靠劳动、土地、资本等生产要素的规模性集聚。因此,大型、超

---

① 曼纽尔·卡斯特：《网络星河:对互联网、商业和社会的反思》,郑波、武炜译,社会科学文献出版社 2007 年版,第 67 页。

大型企业由于具备数字技术基础、用户信息、资本积累、人力优势等资源集聚的特征,往往会成为人工智能、区块链、云计算等关键性技术突破的主力军。

但与此同时,数据、算法与算力等数字经济时代的生产要素从生产过程来看具有鲜明的公共属性,需要以开放、流动与共享为特征,从而实现互联网对于生产要素的最大限度利用。但事实上,总是少部分大型互联网企业与平台独占了这些生产要素与数字红利,针对同行竞争者的平台垄断、针对个体用户的强制选一和大数据杀熟等都是垄断的具象表现。少数互联网平台的生产要素垄断不利于同类型企业的有效竞争,长期以来反而不利于创新的可持续性。同时,垄断也使得创造了数字经济生产要素的大多数用户则无权享有,与数字时代的共享理念相违背。

因此,如何找到支持企业做大做强,以强大的数字集成助推技术发展,与避免少数人掌握大多数资源、实现市场企业有效竞争之间的平衡点,是数字经济时代可持续社会价值创新的另一挑战。

第四节　企业可持续社会价值创新路径的发展

随着全球经济的不确定性因素增加,在相关环境约束条件和技术进步支持条件下,企业可持续社会价值创新的未来趋势,是如何在企业自身的资源、技术和外部环境的约束下,寻求可持续社会价值创新目标的实现路径,以企业全面创新的确定性应对环境变化的不确定性。

当下的一些企业,结合自身的优势,正在积极探索可持续社会价值创新实践路径。然而,数字经济时代的社会结构变迁同样为可持续社会价值创新的实现增加了诸多障碍。基于已有的实践路径和面临的新问题挑战,通过科技赋能全民助力共同富裕将成为数字经济时代可持续社会价值创新的新趋势。这一趋势的核心就是要形成"共生—共建—共富—共享"的发展逻辑,通过科技赋能和持续创新,实现"生态链—业态链—价值链—风险防范链—知识链"的有机创新机制,由此构成了一个相对成熟的社会价值生态体系,使得企业社会价值创新能够与数字经济和社会发展深度融合,回应国家与时代需要,实现商业价值与社会价值共建共享,企业与社会共生共荣,共同促进人类社会进步。

企业进行社会价值创新的根本动力在于为市场提供高质量的产品与服务。企业生态链主要以市场经济环境为基础,以社会责任创新为主体的价值生态链,其核心在于企业通过生产出社会需求的产品来满足消费者对于相关服务的需求,需要不同的市场主体共同参与,尤其是上下游企业以及地方政府之间的相互支持与合作。具体而言,需要企业从用户需求出发生产出具有竞争力的消费产品;消费者则主要基于自身实际来选择相应的产品;生产与消费之间均需要一定的社会经济发展水平作为支撑;信息时代背景下,科技进步能够为企业产品的生产与服务提供有力支持,政府则需要为不同的市场主体提供相应的监管服务,保证市场的良性有序运行。

而作为数字经济时代的核心生产要素,大数据、智能算法与算力平台为更大范围、更深程度的万物互联创造了条件,具有极强的商业潜能。从产生过程来看,其具有鲜明的公共属性特征:大数据的产生本就来源于所有互联网用户的日常生产生活之中,只是经由互联网平台的收集,形成了大数据。但是本质上,这些数据均可以找到原来的生产与所有者,作为数据集合的大数据应当被视为一种具有极强公共属性的生产要素;相较于大数据与算力平台,智能算法是一种创造,但是智能算法大多产生于具有公共属性的编程与操作系统,互联网开放共享的精神也促使一部分技术精英将他们的创造性产物与他人共享,因而智能算法亦具有成为一类公共知识的潜能;伴随着大数据、云计算、人工智能等新一代信息技术走进千家万户,算力正在日益成为一种如空气一样维持生命所必需的公共资源,一方面,作为数字经济时代的一类基础设施,本身投资巨大,需要国家主体的参与;另一方面,算力作为一种有限的资源需要国家参与协调与分配,防止算力资源的滥用。因此算力及算力平台的公共属性日益凸显。由此,不同市场参与主体之间的分工与合作构成了企业生态链。

业态链由不同的企业主体所构成,主要指不同企业、产业以及社会公益组织之间的相互合作行为并由此而产生合作收益。基于数字经济时代大数据、智能算法、算力平台等生产要素兼具公共特质与商业潜能的特征,可持续社会创新的实现要遵循共生—共创—共享的基本逻辑,也就是合作收益的逻辑。市场业态链最先产生于具有上下游企业之间的合作行为,主要发生在同一产业之间;受企业生产需求行为的推动,不同产业之间的相互交流与合作也变得日益重要,使得企业之间的合作行为不再局限于单独的个体之间,而是有可能在更大的社会范围内展开;同行产业之间的合作行为还有可能进一步推广到关联产业、延伸产业;产业之间的合作行为有助于社会价值的产生,并产生了与公益事业之间的合作与收益,其中包括企业自发行为所进行的公益事业,例如单独的企业捐赠行为,也可能由此而产生产业与公益组织之间的合作。总之,以企业生态链为基础所形成的市场业态链,不仅为企业之间的合作行为奠定了良好基础,也为企业、产业甚至行业之间的可持续社会价值创新创造了有利条件。

以科技向善为主导的社会价值链是企业进行可持续社会价值创新的重要内容,需要平衡企业对于商业价值与社会价值二者之间的关系。社会价值链主要体现在以下几个方面:其一,社会责任价值,在追求商业利益过程中主动承认社会责任是企业社会价值的集中体现,在企业发展的不同阶段都需要通过多种方式方法创新积极参与社会活动、承担社会责任,进行多种方式的企业社会责任价值创新。其二,社会公益价值,主要表现在两个方面:一是企业主动运用商业盈利为慈善事业做贡献,即通过第三次分配的方式实现社会公益价值,该方式较为传统,但对于初创以及尚处发展阶段的企业而言,在社会价值创新方面更具适用性;二是企业积极利用自身优势参与社会生产、创新公益方式,为促进企业社会价值创新贡献力量,该方式受到现代企业尤其是互联网企业的高度认可与积极参与。其三,社会交往价值,主要以互联网企业为主,通过互联网平台搭建了人人互通的社会网络,有助于人与人之间的信息传递与共享,并通过交往形式与方式的创新共同促进社会公共价值的生产与分享,达到可持续社会价值创新的目的。其四,社会文化价值,数字经济发展有力地推动了社会文化事业的发展,为社会文化价值的生产与创新创造了新的途径,更多的社会文化不再依赖于传统的生产方式来进行生产,而是更多地借助于网络途径实现社会文化的生产与再生产。其五,社会管理价值,数字化网络不仅为人们提供了无限的便利,同时在社会管理方式上也带来了新的挑战,需要企业与政府共同合力去创造出新的管理方式与管理工具予以应对,因此,在可持续社会价值创新过程中,必然伴随着社会管理方式与管理理论的创新,从而促进了社会管理价值的创新。

科技创新是一把双刃剑,需要通过管理创新以应对潜在的社会风险,以科技向善为导向,基于共生—共创—共富—共享的逻辑,实现互联网产品公共价值与商业价值的平衡与统一,促进社会价值创新的可持续性。针对企业在进行可持续社会价值创新的过程中可能面临的公共安全、行业垄断等不同的社会风险,采取管理措施实现有效防范。具体包括以下几种不同类型:其一,公共安全风险。尤其是面向全体社会公众的企业产品,例如食品安全、交通安全、产品质量安全等,均需要通过科学有效的管理手段进行干预和预防。其二,行业垄断风险。企业在市场竞争过程中有可能形成寡头局面,无序的竞争有可能对市场环境与社会价值创新造成负面影响,因此需要予以警惕。其三,信息茧房风险。有效应对信息茧房风险需要企业妥善地处理利益与产品之间的关系,倡导"科技向善",促进多元化信息的有效传播,破除信息茧房;同时,加快信息化服务普及,推进亲民式的科技设计,缩小数字鸿沟,在互联网发展中保障和改善民生。其四,算法垄断风险。算法垄断是当前影响企业间良性合作的障碍,尤其对于平台企业而言,如何设置合理的算法以保证灵活就业者合理合法的劳动权益,是当前应对信息经济发展面临的主要挑战。针对上述风险,建议遵从"危机公关—危机管理—应急管理"进行风险应对,危机公关作为企业的常设部门,对于日常可能出现的合作风险进行有效应对;危机管理是指在较为严重的危机情形出现的情况下,组织专门的力量对于事件进行妥善处理;应急管理是政府部门的常设机构,主要用于应对各种突发状况,在企业可持续社会价值创新过程中,针对不同的风险具有相应的管理职能。

与此同时,以社会管理创新赋能全体成员。随着数字经济的进一步发展,互联网技术已经开始改变社会管理方式。通过以互联网技术为代表的科技赋能,实现社会管理的整合资源、流程再造和质量控制、创建数字政府、智慧化的管理与服务,为社会管理与服务的精准化、便捷化提供了充分的条件,进一步提升了社会管理的效能,促进可持续社会价值创新。

数字经济背景下,企业进行社会价值创新的另一根本动力在于对技术知识进行理论与实践创新。第四次科技革命浪潮下,科学技术已经逐渐成为创新的根本动力,如何在生产技术、管理技术、营销技术等多个层面实现创新,不仅是企业在追求价值创新过程中所必须追求的目标,同时也是市场整体对于企业进行技术创新的内在要求。技术知识链主要包括三种不同类型,一是技术知识,二是理论知识,三是政策知识。技术知识主要针对生产工具而言,进行技术创新的目的主要在于促进生产效率提升与生产内容质量的提高;理论知识主要指人类对于自然社会规律的认识程度,以往的理论创新主要由科研院所来主导,但在第四次工业技术革命进程中,传统的理论知识生产方式已经难以满足企业对于理论知识创新的需求,因此有更多的企业愿意花费巨大的人力物力投入基础科研知识创新,为推动人类社会认识而贡献理论。政策知识创新包括两个方面,一是基于大数据分析技术对于已有政策的制定、运行规律进行总结、提炼,分析政策在制定与实施过程中的一般规律;二是立足于现行政策与企业生产实际需求,对现行政策进行调整,以使其能够更加适应社会生产力的发展。

可持续社会价值创新是现代企业的重要发展目标,以企业自身发展为基础,构建出企业内部业态链与行业内部生态链,进而形成企业科技知识链与风险防范链,最终形成能够服务于全体社会公众的价值链。一方面,业态链与生态链是企业发展的根本,处于不同发展阶段的企业均需在自身产品、业务、服务等方面积极构建符合自身发展需求的价值理念,进而通过行业内部的交流与沟通形成行业生态链。在现代企业发展过程中,尤其是第四次工业革命以来,由企业内部业态链出发,在数字经济发展背景下,企业生态链的范围已经被极大拓宽,不再局限于上下游企业或不同行业之间,而是在全要素市场中形成了能够推动不同企业之间进行相互合作的生态体系,包括人员、产品、物流、信息、服务等要素在内的融合体系,为企业社会价值创新提供了广阔的舞台。另一方面,企业立足于自身核心技术所形成的知识链是企业主体进行社会价值创新的根本,例如科技公司可能利用自身技术优势在产品与服务方面为用户提供更多便利,同时还可能通过与公共部门之间的合作进行互联网产品创新,将先进的科学技术融入日常的基本公共服务之中,促进政府部门基本公共服务均等化水平的提升。企业还可能在互利合作过程中形成对于潜在风险的应对机制,包括企业对于自身风险的防范和企业对于公共风险的抵御,从技术与知识层面的社会价值创新更有可能推动社会的全面进步。

企业可持续社会价值创新的实践路径是基于企业发展目标在约束条件下的适应性选择,它可以是某一企业主动发起的单向行动,这与企业的战略定位与核心能力密切相关;也可以是企业与其他利益相关方的合作共创行动,这与企业在可持续生态中资源动员能力相关;更可以是政策引导下多个企业的联合行动,这就需要政府以"为人民谋幸福、为民族谋复兴"的主动作为,以超前性、协同性的全局谋划社会价值的创新领域和创新路径,以形成有为政府、有效市场和全社会参与、企业助力的可持续社会价值创新生态。无论何种实践路径,只要企业参与可持续社会价值创新的实践探索,就应该得到社会的尊重、得到政策的支持与认可,以形成全社会关心、全社会支持企业可持续社会价值创新的文化氛围。

在百年未有之大变局的国际背景下,在新技术、新经济、新业态不断涌现的新时代,可持续社会价值创新实践,是企业战略与国家战略有机衔接、企业利益与国家全局相互交融、企业商业价值与社会发展大局相互嵌入的过程。只有立足中国式现代化的大时代,放眼全球经济与技术发展趋势,妥善处理企业利益与国家发展、企业商业价值与社会价值、企业战略与相关业态等相关关系,以国家情怀、社会责任、企业担当之胸怀,突出社会主义企业更高的追求境界,才能在国际竞争中、在时代发展中获得本企业的一席之地,才能创造属于中国的企业制度文明。

可持续社会价值创新是一个多主体、多维度、多阶段的发展过程,无论传统路径还是创新路径,只有通过企业利用自身资源优势和外部条件的有效合作,才能实现可持续社会价值创新。在推动全体人民走向共同富裕的时代背景下,我国更加需要现代企业尤其是互联网科技企业积极投身于可持续社会价值创新,促进相关人才、信息、技术等资源的共生、共创、共富与共享,实现企业商业价值和社会价值的可持续,才能促进人民群众物质财富与精神财富的极大提升。

第五节　小结:从传统路径到创新路径

企业可持续社会价值创新的实践路径,经历了从传统实践路径向创新实践路径的发展。传统实践路径主要通过探寻政企社合作新模式的"合作"模式创新、开发释放活力新业态的"合作"业态创新和关注多领域社会价值实现的"合作"领域创新,实现了企业通过发挥不同主体间的合作优势和前期的经验优势,在传统领域、以传统方式的可持续社会价值创新途径,但却面临着路径依赖和迁移失灵的局限。创新实践路径主要通过基于理念重塑的"连接"战略创新、基于要素重组的"连接"平台创新和基于关系重建的"连接"生态创新、基于机制重构的"科技"价值创新、基于关系重建和机制重构的"科技"格局创新,以及基于要素重组、关系重建和机制重构的"科技"赋能创新等,能够突破传统实践路径的局限,在以新理念、要素、关系和机制为基础的科技创新与连接创新中,更加深入地促进可持续社会价值创新,实现对国家发展战略和政策的积极回应,推动每个人和社会的全面发展。

当前,企业可持续社会价值创新正面临着数字经济时代网络法治、信息安全、数字经济从业者权益保障等问题,面临着百年未有之大变局中国际局势、市场和社会环境、社会心理等方面的变化而带来的竞争态势、经营生态、社会心态等诸多发展问题,需要积极应对数字经济和百年未有之大变局中的技术突围、价值平衡、要素反垄断、利益均衡等诸多挑战。

企业可持续社会价值创新的实践路径是基于企业发展目标、在企业资源、技术和环境的约束条件下的适应性选择。未来,企业可持续社会价值创新路径的发展,应基于已有实践路径,面对新的挑战,积极破解新的问题,通过科技赋能形成"生态链—业态链—价值链—风险防范链—知识链"的创新机制,构建社会价值生态体系,实现社会价值与商业价值的共建共享,在企业社会价值的追求中,促进国家经济和社会的高质量可持续发展。

第六章　腾讯可持续社会价值
创新的实践探索

    作为可持续社会价值创新的发轫者,腾讯基于核心技术创新能力,成为互联网企业稳健与创新的平衡者,展现了强大的生态协同能力和全球化视野。同时,通过技术投入和治理优化以及全球 12 亿微信用户的广泛应用,更是在商业价值的实现中融入社会价值的考量。在公益实践的基础上,近十年间更围绕乡村振兴、可持续发展、民生保障、应急能力提升、基础科学研究和公益数字化等诸多领域,进行了一系列实践探索,展现了其社会责任感和长期发展愿景。2021 年 4 月,腾讯公司基于全球互联网企业的发展趋势和中国互联网产业的生态,积极响应国家战略和扎实推动共同富裕的愿景,前瞻性地提出可持续社会价值创新战略,成立可持续社会价值事业部(SSV),并在多个领域进行了持续性的社会价值创新实践,取得了积极的成果,产生了显著的社会经济效应。①

---

    ①　本章凡未注明的资料,均系课题组调研获得。

第一节 助力乡村振兴的实践探索

在中国式现代化进程中,农村是薄弱环节;在全体人民走向共同富裕的进程中,农民是最大的短板;而农业作为国民经济基础,更是各业中需要特别扶持的产业。因此,乡村的振兴,决定着中国式现代化历史进程与全体人民共同富裕的成色。第七次全国人口普查数据显示,我国城镇人口数量为90199万人,占63.89%,农村人口为50979万人,占36.11%。根据国家统计局发布的数据,截至2024年底,我国城镇人口为94300万人,乡村人口为46400万人。如果没有包括数亿农村人口在内的全体人民的共同富裕,我国第二个百年奋斗目标实现和中华民族伟大复兴就缺乏广泛的社会基础。因此,2017年党的十九大报告首次提出乡村振兴战略,2018年中共中央、国务院颁布的《乡村振兴战略规划(2018—2022年)》又明确指出:"实施乡村振兴战略是实现全体人民共同富裕的必然选择"。2022年10月,党的二十大报告进一步提出,新时代新征程中国共产党的使命任务之一是全面推进乡村振兴,坚持农业农村优先发展,巩固拓展脱贫攻坚成果,加快建设农业强国。2025年中共中央、国务院颁布的《乡村全面振兴规划(2024—2027)》提出,加快农业农村现代化,推动农业全面升级、农村全面进步、农民全面发展,为全面建设社会主义现代化国家提供坚强支撑。

腾讯公司积极响应国家乡村全面振兴战略,实施"耕耘者"振兴计划,开展共富乡村实践,探索出了一条振兴乡村的新路。

一、耕耘者振兴计划

为贯彻落实党中央、国务院关于全面推进乡村振兴的决策部署,发挥好社会力量助力乡村振兴的作用,推动农业农村人才队伍不断发展壮大,2021年5月,腾讯公司与农业农村部签署《"耕耘者"振兴计划》战略合作协议,计划为期3年,由农业农村部主导,腾讯出资5亿元,面向以村党组织书记、乡镇领导干部为重点的乡村治理骨干和以家庭农场经营者、合作社带头人为主的新型农业经营主体带头人开展免费培训,并为基层治理骨干免费开发和提供数字化工具,助力乡村基层有效治理。2022年4月,农业农村部发出《关于实施"耕耘者"振兴计划的通知》,将与腾讯合作实施的《"耕耘者"振兴计划》推向全国。"计划"设定的目标是通过线上线下相结合的方式,完成线上培训100万人、线下培训10万人的目标,实现"培养一个人,带动一个村"。将腾讯探索的数字化治理工具应用的积分制、清单制、村民说事等乡村治理实践,推广到全国31个省份的8万多个村庄,惠及超过千万村民。

"耕耘者振兴计划"作为首个全国性、成规模,由民营企业策划实施的数字乡村人才培养项目,先后荣获第十二届中华慈善奖(中国公益慈善领域最高政府奖)和2023年"致敬三农人物奖"。

1. 以人为本,"耕耘者振兴计划"培训助力乡村人才振兴

"耕耘者振兴计划"培训以学员为中心,以问题为导向,以发展为目标,让学员"带着问题来,带着行动计划走",形成了"分段式、进阶式、参与式、重转化"的创新培训模式,培训独创线上培训、初阶培训、研学培训、产业能力提升培训、回归分享学习成果五个分层晋级阶段,充分激发学员学习动力,得到学员和各地政府广泛认可,取得了积极成效。

截至2024年底,该计划已在全国31个省(自治区、直辖市)累计开班1245期,线下培训共11万人次,其中乡村治理骨干6万人次,新型农业经营主体5万人次。"耕耘者"培训重点聚焦的乡村治理政策、方法以及

"积分制""清单制""枫桥经验""村民说事"等实践经验,突出重点、目标导向,在培训中针对理论学习,设计开发的"有效沟通""词云图""五要素分析法"等多项互动课程广受学员好评,培训整体满意度高达 97.4%。线上学习工具"为村耕耘者"知识分享平台吸引超 184 万人在线学习,一大批接受培训的人才已发挥"一人带动一村"的作用,成为乡村发展的内置发动机;"云端"上的基层治理平台,有效提升了乡村治理智能化、精细化、专业化水平。

2. 数字化,促使基层治理提质增效

"耕耘者振兴计划"起于人才培训,但更大意义在于通过培训传递经验,农业农村部社会事业促进司(原合作经济指导司)联合腾讯组建项目组,将农业农村部面向全国推广的"积分制""清单制""村民说事""枫桥经验"等行之有效的基层治理模式提炼总结,将方法工具化、组织动员线上化、信息数据体系化,设计开发了免费提供给全国各地使用的乡村数字化治理工具"村级服务平台"(小程序)。实现了村规民约、积分规则、评议规则、积分公示、数据看板一目了然,村民说事实现"说、议、办、评"全流程线上流转,还集合了书记公开信、村庄大事记等工具,让优秀的基层治理模式通过数字化工具推广到数万村庄。同时为村庄里的干部群众搭建起了信任的桥梁,村民们在"云上"相聚,建言献策、反映诉求,通过数字化平台建立起有效的利益连接机制,让每个村民既是村庄建设的参与者,也是村庄发展的获益者,连接了情感,连接了信息,为乡村治理和发展聚人、聚心、聚财富。

"村级服务平台"实现了"服务上云端、干部到身边"。截至 2024 年底,平台启用积分制村/社区 19929 个,3225 个村庄产生了积分落档;村支两委在"书记会客厅"发出"书记公开信、书记交办、书记议事"累计

34.5 万件;"村民说事"44.4 万件;村庄发布"服务清单"等清单 8.6 万个、"三务公开"49.6 万次,"通知"157.4 万条,大事记 38.1 万件,活动 1.9 万个;党员干部发布"党群服务日记"146.9 万篇。

"耕耘者"团队结合地方实际情况,与广东、四川、湖北、青海省农业农村厅合作,携手推出个性化定制的"粤治美""川善治""鄂参与""青松治"四个省级小程序,为基层乡村搭建起了更多"学以致用"的数字化工具箱。其中,四川的"川善治"在全省推广运用,入驻村庄 2.8 万个,服务村民超过 819.4 万人。

3. 学以致用的跟踪指标体系

为实现培训成果可量化、训后可跟踪、精准服务的闭环培训体系,"耕耘者振兴计划"项目组通过构建学以致用的"村级服务平台",设计策划平台用户的成长体系和村庄激励体系,量化学员学以致用的实践情况,精准跟踪和衡量学员在理论理解、实践应用等多方面的表现。

(1)用户成长体系:共建共治热情值。参与"耕耘者振兴计划"乡村治理骨干培训后的村支部书记和村两委干部,依托"村级服务平台"为村民群众提供服务,平台构建了用户的个人中心"我的"板块,将村支两委干部、村民参与治理活动的行为数据记录下来,形成个人的"共建共治热情值",以天为单位进行数据的动态更新。同时,构建起有 13 个等级的"耕耘者个人成长等级体系",反映村民参与村庄共建共治的程度。

(2)村庄激励体系:共建共治经验值。入驻"村级服务平台"村庄的"共建共治经验值",由参与平台的村干部、村民获得的"耕耘者等级"加总、加权后计算得出。村干部和村民的"耕耘者等级"越高,所在村庄能获得的"共建共治经验值"越高,经验值越高,村庄可在"福利社"中兑换可用于村内公共建设的助力金越多。

（3）福利社："助力金"发放的承载板块。"福利社"是搭建在"村级服务平台"的"加油耕耘者基金"助力金领取板块。2025 年不少于 1 亿元的"加油耕耘者基金"，都将通过此功能板块释放，以公开激励充分使用平台功能，推动村庄治理有效的村庄。在这里，村庄"共建共治经验值"，将通过广大村民为一颗颗虚拟"大豆"浇水的游戏体验，促成其从种子、出苗、开花、结果四个阶段而成熟，完成向"加油耕耘者基金"助力金的转换。对于治理水平不同的村庄，耕耘者项目提供差异化的指导和精准的激励资源支持，并为地方的项目资源配置提供评估依据。

二、共富乡村实践项目

党的二十大把高质量发展作为全面建设社会主义现代化国家的首要任务，2024 年中央"一号文件"以学习运用浙江"千万工程"经验为主题，2023 年广东省委决定将实施"百县千镇万村高质量发展工程"作为全省头号工程。在深入学习习近平总书记重要指示、学习运用浙江"千万工程"经验、积极贯彻广东"百千万工程"部署的过程中，腾讯公司把高质量发展精神融入到"CBS 三位一体"的公司理念和"可持续社会价值创新"的公司战略中。推动乡村振兴、实现村民共同富裕，促进城乡区域协调发展，正是中国式现代化和高质量发展的关键，也是可持续社会价值创新的重要领域。浙江"千万工程"经验的一个重要启示，就是习近平同志在 20 年前提出的村庄整治与经营要统筹考虑，乡村经营也是"千万工程"20 年再出发迈向"千村未来、万村共富"的关键所在。这正是当下乡村发展的一个核心痛点问题：如何通过乡村新业态新功能的发展实现农民宜居宜业的和美乡村如何通过以农民为主体的乡村经营，将政府的支持和城市的动能转化为农民的内生动力，带来村集体和农民的可持续增收，推动农村和农民的现代化。

针对乡村经营这一核心痛点，腾讯SSV"为村共富乡村"项目在"政府主导、农民主体、社会共创、腾讯助力"的原则下，以乡村经营人才，特别是"乡村CEO"的创新培养为切入口，同步开展共富乡村建设试点，特别是乡村数字化经营的实践，形成了进阶式孵化式的乡村经营人才创新培养体系，总结出"机制+人才+数字化"的内生型共富乡村建设解决方案。截至2024年底，该人才创新培养体系覆盖到了重庆、云南、广西、浙江、广东、海南、北京等17个省区市的308个县，共富乡村解决方案推广至全国27个县95个村。

共富乡村实践项目的实施包括：

1. 乡村CEO新型经营人才的创新培养

该项目率先在国内开展乡村职业经理人（乡村CEO）的培养探索，帮助农民建立起代表自己的市场主体，吸纳掌握现代管理技能的人力资源为农民和乡村服务。目前已形成创新培养体系，并由各地政府主导，支持云南、广西、浙江、广东等17个省区市乡村CEO培训推广到309个县。

（1）与有关高校合作，推进乡村CEO人才培训。2021年，腾讯联合中国农业大学国家乡村振兴研究院在国内率先发起"中国农大—腾讯为村乡村CEO培养计划"，已连续两年举办两期，分别在全国培养55名和110名学员，形成了国内首个系统的乡村职业经理人培养体系，并在昆明、昭通、曲靖等地实现制度支持落地。2023年，又在云南省昭通学院成立国内首个中国乡村CEO学院、曲靖师范学院成立高级乡村职业经理人学院，由中国农业大学、腾讯公司与当地政府、院校共建，推动乡村CEO培养的地方制度化，并被列入《云南省首批人才工作示范项目备案名单》。2024年6月，昭通学院中国乡村CEO学院、曲靖师范学院高级职业经理人学院独立开展2024年培训工作,中国农业大学、腾讯公司给予持续支持。特别是2024年8月,腾讯与中央农广校、中国农业大学在农业农村部共同启动"万名乡村职业经理人培养计划",2025年1月万名乡村职业经理人培养计划试点培训班在北京开班并进行第一阶段培训。该培养计划,聚焦培训赋能乡村运营管理人才,构建乡村职业经理人培养体系,形成全国通用性人才培养方案和教学资源,建设全国乡村职业经理人培育联盟,推动人才培养在全国大范围、规模化开展,为壮大农村集体经济,推进乡村全面振兴提供更加有力的人才支撑。①

（2）与地方政府合作,推进乡村人才培训。一方面,在浙江开展乡村人才培训。2023年9月,由浙江省农业农村厅主办、腾讯公司等承办,开展"浙江千名乡村CEO培育计划",首批培训100名学员。该项目被浙江省委省政府列为关于坚持和深化新时代"千万工程"打造乡村振兴浙江样本。2024年6月,在浙江省委宣传部指导下,浙江省文化产业促进会、腾讯公司联合发起项目,全年共分三期,每期学员300余人,共培训1000余人,通过培育"看得见、留得住、用得好"的乡村文化产业运营人才,推动浙江乡村焕发出人文与经济新活力。另一方面,开展广东"百千万工程"青年兴乡培育计划。2023年12月,共青团广东省委员会、腾讯公司、中国农业大学共同发起,创新探索乡村CEO后备人才的培养,2024年2月启动首批100名学员省级示范班,全年将培养万名兴乡青年火种、千名兴乡青年创客和百名兴乡青年典型,形成进阶式系统化的兴乡青年培育体系。截至2024年6月,万名兴乡青年火种培训规模达到4万余人,完成千名兴乡青年创客省级示范班两期共培训210余人。

---

① 《为村共富乡村:农业农村部一号文件:开展乡村运营管理等方面人才培训》,2025年2月25日,https://mp.weixin.qq.com/s/jw0cp1rfalPN_MdArKMixA。

（3）腾讯还响应国家南南合作的战略，基于非洲国家的需求，2024 年 8 月在坦桑尼亚与乌干达启动了"中国农大—腾讯为村非洲青年兴乡计划"，开始为非洲培养乡村创业人才。在 2024 中非合作论坛期间，腾讯与中国农业大学、坦桑尼亚姆祖比大学、乌干达马克雷雷大学商学院签署合作协议，共同建设中非乡村青年创业促进研究院，并落地开展了"中国农大—腾讯为村非洲青年兴乡计划"，2024 年 11 月 5—14 日，首批 20 名非洲学员到中国进行了实训，聚焦绿色农业、乡村旅游等领域，学习我国在乡村经营领域的实践与经验。

在腾讯推动的乡村经营人才培训体系中，十分注重进阶式系统培训方案。从 2021 年与中国农业大学国家乡村振兴研究院合作发起旨在探索解决欠发达地区乡村经营人才匮乏问题的"为村乡村 CEO 培养计划"，到 2022 年探索系统化的乡村 CEO 培养方案，再到 2024 年探索具有国际视野的高级乡村 CEO 培养方案。其培训方向涵盖了乡村经营理念、知识、实践、技能等多个方向，课程主题涵盖了乡村振兴政策理论、乡村经营综合认知、乡村创新创业、乡村农文旅融合经营、乡村数字化经营等，课程体系涵盖线下课堂讲座、线上课堂讲授、基地实训、交流互访、项目实战模拟等。经过近三年的探索和积累，初步构建起课程库、导师库、基地库"三库一体"的系统培训教学体系。截至 2024 年底，课程库积累 150 余节课程，导师库积累了 100 余位专家导师，实践基地库积累了 200 余家。与此同时，腾讯 SSV 为村共富乡村项目团队还从趋势、行业、人才的需求出发，于 2023 年底上线了"共富乡村学堂—全国乡村 CEO 学习交流平台"。该平台提供培养方案展示、典型人物案例、公告通知、资讯动态、课程学习、培训管理、交流社区、需求对接等功能模块，并可为培养计划提供专属站点。

2. 乡村数字化经营的产品工具创新

在推动共富乡村建设实践中,腾讯团队十分重视乡村经营数字化工具的开发与应用。

(1)针对乡村 CEO、兴乡青年等人才在乡村经营中的痛点,腾讯发挥自己的产品和技术优势,通过产品和技术创新来提高以农民为主体的乡村市场化的效率,助力乡村 CEO 抱团发展,提高乡村对接城市和市场的能力。为此,腾讯开发了乡村 CEO 线上学习交流平台——共富乡村学堂。支持全国乡村 CEO 的学习、管理与交流需求,2023 年底上线共富乡村 1.0 版,2024 年 2 月上线广东百千万工程兴乡青年学堂版本。截至 2024 年 6 月底,学堂总注册用户数量达到 5.6 万余人,培训学员数近 4.2 万人。

(2)开发云认养 SaaS 工具。这是品牌与销售合一的农产品数字化工具,用户在“认养”中陪伴农产品生产过程,增强用户与农产品的情感连接,通过互联网实现用户裂变传播,从而提升农产品的品牌和销售转化。该产品由专业从事乡村经营服务的公益基金会及授权组织、具有集体经济背景的组织或公司(含县乡村组四级)具体负责运营,腾讯提供公益技术支持,能够满足消费帮扶产业帮扶模式创新、带动更多爱心个人和团体参与乡村公益和体现社会责任的需求,帮助村集体和农户提前锁定种植收益。2022 年创新开发“为村共富农场—何家岩云稻米”小程序,2023 年实现品效合一的云认养工具 SaaS 化,应用到酉阳贡米、寻乌百香果、西双版纳普洱茶等十多个农产品,“我在广西龙胜有个园”首次实现县域云认养,两天内认养超百万元。2024 年 5 月,与中国乡村发展基金会善品公社共同启动“善品为村”计划并上线“善品云农场”小程序,探索打造数字化公益、社会力量共创、产业帮扶消费帮扶助农的创新解决方案。截至

2024 年底,已推出重庆酉阳何家岩云稻米、江西寻乌三二五村百香果、云南西双版纳蛮砖村普洱茶、我在广西龙胜有个园、善品为村计划·善品云农场等认养项目,认养农产品种类 13 种,带动多个农产品从本地销售覆盖到全国范围,帮助村庄提升知名度,吸引客流到村旅游。

(3)开发到村云服务小程序,依托微信生态探索"村庄数字化经营四件套"。针对消费者了解村庄、到村旅游、复购复玩等全流程场景,开发到村云服务小程序,并与公众号、视频号、企业微信共同组成村庄数字化经营四件套,旨在伴随乡村农文旅产业的发展和村庄内的餐饮、民宿、咖啡馆、活动等新产品新业态越来越丰富,利用数字化工具打通引流、获客、转化、沉淀、复购的全链路,开展线上线下结合的乡村经营,成为村庄集体资产盘活、乡村 CEO 经营乡村的创新抓手。"村庄云服务小程序"作为村庄官方门户,展示村庄整体风貌、特产特色,游客可以在小程序上预订民宿、餐饮、活动,购买伴手礼、特色农产品等,不仅提供单村解决方案,还提供多村联动的线路化、抱团式方案。截至 2024 年 6 月底,云服务小程序已在 8 省 100 余个村庄试用,视频号培训专项覆盖 1000 余名学员,与视频号团队、全国乡村 CEO 联合,围绕节假日时间节点,开展云游共富乡村系列直播活动、视频号活动,直播总场观达 76 万人次,参加活动短视频数量 1.6 万条,总播放量 5968 万。

(4)开发上线村庄经营一码通。为帮助村集体、合作社和村民便捷地搭建以农民为主的利益联结机制,开发了包括经营收账、实时分账、经营户管理等功能的统一收款码服务,2023 年底完成开发,并在重庆酉阳何家岩村首次试用。该工具有两项核心功能:一个功能是一码通,为每一个经营户生成唯一收款码,可以识别每笔营收来源,便于经营户通过数字化的方式收款。另一个功能是记账分账,为共富乡村合作社和经营户进行按约定比例的分账,并提供查看营收记录和分账比例的配置管理,可实现不同经营业态的经营户分账比例设置。

(5)打造"为村耕智"日光温室智能化解决方案。它由腾讯与北京东昇集团联合打造,由腾讯提供云资源、物联网、区块链和 AI 技术,东昇集团提供温室大棚、种植经验及硬件设备。方案提供硬件智能化改造、种植流程优化、生产管理数字化、人才培训等服务,实现环境控制、水肥控制、农事管理的数字化和智能化提升,助力设施农业成果转化、产业示范和人才培养,增加农民收入。截至目前,方案已服务北京通州和新疆的生产基地,并计划应用在北京、海南、云南、广西、新疆等设施农业基地。截至2024 年 6 月底,应用在北京通州和新疆基地近 30 座日光温室。

(6)开发特色种养业 AI 农事助手。联合特色种养业的产业技术专家为乡村小微企业提供农事生产的数字化标准管理服务,让农户低门槛低成本地享受到一流产业技术专家的服务。2023 年底完成 1.0 版开发并在广东清远的 20 家乡村小微企业试用。

3. 共富乡村建设的试点示范与经验推广

以乡村 CEO 人才培养为抓手,利用乡村数字化经营工具,通过共富乡村建设试点,探索提升乡村建设、乡村经营水平,强化村集体和农民增收的创新经验,促进宜居宜业和美乡村的可持续发展。2021 年以来,腾讯先后在重庆酉阳、广西桂林、新疆喀什、广东清远等地选择部分村开展共富乡村建设试点。

如何通过乡村振兴实现共同富裕,是乡村振兴战略的目标。2021 年11 月,腾讯与重庆酉阳土家族苗族自治县(以下简称"酉阳县")、中国农业大学共同发起,选定何家岩村古寨作为共富乡村核心示范区,共创"共富乡村"新模式。重庆市酉阳县何家岩村于 2020 年完成脱贫攻坚任务,消除了绝对贫困。2021年后,酉阳县是全国160个乡村振兴重点帮扶县之一,花田乡则是重庆市17个乡村振兴市级重点帮扶乡镇之一,也是重庆市委市政府领导的重点帮扶对象。何家岩村地处花田乡中南部,地域辽阔,总面积约为15.5平方公里,平均海拔达到800米。全村耕地面积广阔,总计6767.88亩,其中水田占据4522.66亩,旱田则有2245.22亩。至2023年统计,何家岩村的户籍人口总数为2411人(含因户籍改革迁移至花田乡的人口),其中常住人口956人,而有1455人选择外出务工,其中723人前往县外,主要集中地包括辽宁、广东等省份。在全村范围内,共有160户642人被认定为脱贫人口,其中11户31人属于重点监测对象。该项目通过与村民签订协议,为村民提供经营管理、技术服务、市场信息等,鼓励农民一起参与规划、建设、运营自身资源的经济业态,把传统的农户分散经营逐步纳入产业化经营轨道。合作社集体经济收入按照"利润让给农民,成本回归集体"的原则进行分配。农户只用房屋、土地或技术入股,对不同业态采取不同收益分配比例,对同一业态运营合理调配,对回归的成本及获得的利润进行科学分配,实现农民利益最大化和产业滚动发展。在致力做好顶层设计后,何家岩村还通过大力培育职业经理人,组建乡村职业经理人才队伍,坚持乡村建设与乡村职业经理人人才培养同步进行,让本村的职业经理人经营好本村。乡村职业经理人是专门管理合作社业务的经营人才,负责运营集体资产公司、经营村庄的资源和资产、拓展村集体经济的经营范围等。截至2024年12月,以"共富合作社"为培养平台,何家岩村已聘请15名返乡创业青年作为职业经理人、39名本土人才作为乡村CEO团队成员,经营"共富合作社"20余项新业态。在职业经理人的引导下,何家岩乡村旅游股份合作社充分盘活闲置资源,促进农民利益最大化,打造何家岩村临崖咖啡馆,让农房主人以房屋入股的方式,成为咖啡馆的合伙人,咖啡馆每卖出一杯咖啡,他都能获得相应利润;外观现代时尚的无人售货便利店,是由一个废弃猪圈改造而成。主人不仅能享受到每年固定的租金收入,还能从每瓶饮品的销售收入中提取5%的利润。

腾讯为村发展实验室还通过数字化和智能化帮助何家岩村将资源、市场与乡村治理链接为一个系统,让农民直接了解市场,突破市场信息短板,实现可持续发展。结合何家岩"花田贡米"的特色,通过腾讯"为村好物"公益礼盒包装,帮助何家岩贡米进行提档升级。还联合打造了"为村共富农场"何家岩云稻米项目,并试点推出"何家岩云稻米认养计划2022季"活动。开发"何家岩云稻米"小程序,通过数字化助力,将农耕生产过程转化成为数字场景中的标准服务,帮助何家岩的村民把38314平方米的稻田搬上云端。创新智慧认养新玩法,在"何家岩云稻米"小程序中,选择喜欢的地块,花费9.9元就可以认养一平方米的真实农田,由农户线下为顾客耕种(认养数量可自由选择,一次最多认养100平方米),实现农耕种植的云体验。以线上线下融合方式,深入挖掘民族文化、乡村非物质文化遗产,通过游戏创新玩法等方式打造超级数字场景,助力乡村文旅提档升级。

何家岩村试点项目坚持以农民为主体,"自己的发展自己干、自己的资源自己赚",探索一个特色资源村寨如何在一次分配中就地提高农民收入的标杆案例。在带动共富发展上,何家岩设立村集体主导的"共富合作社",农民以土地、房屋自愿申请入股,已有46户加入;何家岩示范区基本建成集何家岩会客厅、临崖咖啡、转角便利店、为村明德书院、民宿餐饮示范、观田小院·会址综合体、观田小院·农旅综合体等七大共富发展业态。在人才培养上,助力何家岩培养了返乡企业家牵头的乡村CEO七人团队,经营"共富合作社"七大新业态;并培养新业态的运营、财务、宣传、后勤等各类专业技能人才 50 余人。在数字化建设上,2023 年助力何家岩变现创收共计 128 万元,便捷服务何家岩消费者近 200 万人次,何家岩村庄品牌累计曝光近 2000 万人次。试点一年多,何家岩村村集体经济收入在 2022 年和 2023 年分别为 478 万元和 699 万元,分别比上年增长两番和 46.2%。数据显示,截至 2023 年 5 月,由村集体经济组织牵头发起的共富乡村合作社已经吸引了 46 户农户加入,仅在 2024 年,就有 120 名村民在合作社中获得就业机会,总计收入超过 110 万元。在经济效益方面,何家岩村取得了显著的成就。2022 年,村集体经济收入高达 479 万元,与 2021 年相比实现了四倍的增长,同时,人均可支配收入也同比增长了 26%。目前,何家岩村的集体经济指标在全县范围内处于领先地位,并已具备一般纳税人资格。在何家岩共富乡村合作社的规划下,村里陆续开展起稻田旅游、智慧认养、苗绣体验、民俗研学等大大小小十几个新业态,为村民提供了更多的就业和增收渠道,也吸引越来越多的年轻人回乡发展。酉阳共富乡村建设项目获评"2022 年重庆数字乡村十佳优秀案例""第二届重庆乡村振兴十大示范案例"等。

如何以腾讯擅长的数字化技术参与乡村治理,探索一条可以推广的乡村治理模式,是腾讯参与乡村振兴的初心。2023 年 5 月 23 日,腾讯与广西壮族自治区乡村振兴局、深圳市乡村振兴与协作交流局、粤桂协作工作队四方共同发起"为村共富乡村——粤桂数字农文旅计划",依托广西农文旅新业态发展得天独厚的优势和机遇,以培养县域乡村经营性人才为核心抓手,开展乡村经营专项培训,应用村庄数字化经营工具,通过线上线下相结合的创新实践,带动示范村数字化农文旅新业态的发展。目前"为村共富乡村—粤桂数字农文旅计划"已初步实现"四个一"项目目标,即建设了一个共富发展组织、组建了一支乡村经营队伍、提供了一套数字化经营工具、树立了一个村庄经营品牌。例如,作为入选首批 21 个具备农文旅基础的示范村之一,广西龙胜各族自治县龙脊村在各级党组织的领导下,建立了村集体主导的共富发展公司——龙胜三鱼文化旅游有限公司,鼓励本村农民一起参与规划、建设、运营自身资源的共富发展新业态,收益由村民共享,把利益最大化留给村集体、村民。通过分阶段的专项培训活动和在地陪伴式手把手指导,结合示范村的实际工作,助力龙脊村培养具有农文旅新业态管理、对接市场消费者、数字化营销、内容运营等综合经营能力的乡村经营人才(乡村 CEO),在乡村经营性人才中选聘培养乡村 CEO 代表村集体、村民经营,实现村内的统一运营管理机制。联合工作组指导龙脊村乡村 CEO 上线"数字化村庄运营四件套"并进行陪伴式指导,助力龙脊村更好经营管理和对接市场。通过公众号、视频号、云服务小程序、企业微信提升示范村的品牌、实现线上交易,并沉淀用户形成私域运营和转化。目前,龙脊村的云服务小程序已上线,后续的线上运营培训正紧锣密鼓地推进中。总之,腾讯 SSV 发挥公司数字技术和可持续发展能力,探索总结出具备创新引领性的"机制+人才+数字化"的内生型乡村经营系统性解决方案,探索出全国首套乡村 CEO 培养系统性方案,为乡村振兴注入人才活水。

三、小结

从脱贫攻坚到乡村振兴是中国式现代化进程中实现农村可持续发展的国家战略。腾讯及时回应国家战略需求,选择农村发展中的关键问题和重点区域,开展的耕耘者振兴计划、乡村 CEO 培训和为村共富乡村建设项目,以腾讯的核心业务能力,基于项目地区的关键需求,依托项目地区的资源优势,为我国农村地区的全面振兴进行了有益的探索,为我国乡村全面振兴战略的实施和推进积累了十分有益的经验。

"耕耘者振兴计划"的创新之处在于它促成了线上数字技术与线下基层实践的双向赋能,创新了线下经验与线上参与的培训模式。基于互联网的技术优势,通过构建数字平台,数据要素融合创新,加强数据采集、分析挖掘、综合利用,让实践中的问题可以在平台上进行沟通,为乡村打造专属的数字治理"工具箱",连接了信息、情感与财富,让全体村民都有了集体荣誉感,能够全身心地参与到乡村建设中来,缓解了乡村信息不对称、不流通的问题。

共富乡村项目构建了一个行之有效的培训模式,通过"为村共富乡村"平台能够让学员带有问题意识、学会利用工具,"五个阶段"的培训模式是培训方式的创新,不仅局限于线上知识的讲解,将线上和线下经验融合,更鼓励学员从典型案例中探索出适合自己村庄的发展之路,通过连接"平台"实现技术创新与路径创新。共富乡村实践项目将乡村经营人才(乡村 CEO)培养和乡村经营有机结合,实现了在乡村经营中培养经营人才,在经营人才培养中发展乡村的融合发展目标。

作为腾讯助力乡村振兴的重要推动者和执行者,腾讯 SSV 为村发展实验室始终坚持"政府主导、农民主体、社会共创、腾讯助力"的原则,充分发挥自身在数字技术和可持续发展领域的优势,与各方协作共建内生型乡村振兴的系统化解决方案。其中,政府部门的主动作为、资源动员和政策支持是腾讯 SSV 为村发展实验室项目顺利推进的重要因素。而基于乡村自身特色的资源,探索出一条系统化的共富乡村路径,助力来自乡村外部的支持资源和乡村内部的内生条件实现耦合发展,通过打造复合型新业态,在数字技术的加持下,不断拓展乡村功能,激活乡村经济收入增长的新空间,数字化分配和激励机制为村民建立了稳定且有效的收入预期,这是腾讯共富乡村实践的重要贡献。

当然,在我国人口结构变化、城乡人口单向流动的背景下,腾讯以兴乡共富人才的培训为切入点,具有一定的示范意义。但乡村全面振兴战略的有效实施,还需要政府从对乡村区划与规划的适应性调整、从城乡统筹产业振兴的资源整合、从乡村基础设施等公共品的系统建设方面,为企业经济组织和其他社会组织参与乡村全面振兴创设条件,以形成全社会的合力,为乡村全面振兴战略的有效实施贡献力量。

第二节　助力民生保障的实践探索

治国有常,利民为本。中国式现代化,民生为大。随着中国式现代化的不断推进,人民群众对医疗、教育和养老等民生需求日益增长。"推进健康中国建设""建设教育强国""积极应对人口老龄化"均是回应民生诉求的国家战略。腾讯积极回应国家民生发展战略,高度关注人民群众对医疗、教育和养老等民生需求,充分利用自身的技术优势,从重点人群的民生问题出发,开展了一系列可持续社会价值创新的实践探索。

一、健康普惠实验室

腾讯健康普惠实验室是 2022 年 8 月由腾讯公司在可持续社会价值事业部下成立的实验室,旨在响应国家健康中国 2030 目标,关注妇幼健康的重大疾病,聚焦低卫生资源地区卫生健康领域的创新技术应用,探索可持续的健康普惠模式。腾讯健康普惠实验室将推广普惠服务和加速技术创新有机结合,推进低资源地区的健康普惠实践。目前已启动"红雨伞计划"新生儿疾病筛诊治一张网项目、妇女"两癌"综合防控项目、乡村医生能力提升计划、数智家医协同助力重点人群健康管理等。

1. 红雨伞计划

妇幼健康是人民健康水平的重要标志,也是一个国家文明程度的重要标志,一直以来都是全球关注的重要议题。数据显示,近 20 年来,我国"两癌"发病率和死亡率均呈上升趋势,防治形势严峻。我国有超 3 亿 35—64 岁适龄妇女,国家开展的每三年一轮筛查工作量巨大。尤其在我国中西部低资源地区,受限于健康意识不足、基层能力不足、质量控制不充分、筛查经费不足等因素,妇女"两癌"的筛查覆盖率更低,新生儿"先天"性心脏病(以下简称为"先心")、听力障碍(以下简称为"听障")等疾病也高发,严重威胁着妇女和儿童的健康与生命安全。同时,针对这些疾病的早期预防、筛查,尽早干预,有很好的健康效果,可以带来极大的健康水平提升,减少疾病带来的痛苦,减轻家庭医疗负担。2022 年 8 月 25 日,腾讯 SSV 健康普惠实验室正式启动中西部妇幼健康助力项目——"红雨伞计划",力求在中西部低卫生资源地区妇幼健康的重点难点问题上取得突破,可持续地提升中西部地区的妇幼健康水平,助力"健康中国 2030"目标的实现。

在国家卫生健康委员会妇幼健康司的指导下,腾讯采用"先试点后推广"的模式,从宁夏各市新生儿"先心"筛查,到贵州"先心""听障"儿童健康保障,再到四川、云南 7 省 30 县区的妇女"两癌"筛查,开展了一系列妇幼健康保障项目。

先心病是发病率第一的出生缺陷类疾病,严重影响了儿童健康发展。2022 年 8 月,在国家卫生健康委妇幼健康司的指导下,腾讯 SSV 健康普惠实验室与宁夏卫健委、中国出生缺陷干预救助基金会,启动实施了"红雨伞计划"下的新生儿"筛诊治一张网"项目。宁夏吴忠市、固原市成为首批试点市,免费给新生儿做先心病筛查、诊断,并为困难家庭提供治疗救助,后扩展到宁夏全区。腾讯充分运用技术和平台等方面的优势,建设"筛诊治一张网"的标杆模式:串联医疗机构内的多个环节,依托小程序连接和服务用户,帮助建立筛查、诊断、治疗、救助、随访的一体化信息服务网络和全流程管理机制,运用数字化能力串联所有服务环节从而形成一张紧密的筛诊治网络,让每个环节发现的阳性患儿都能得到有效的管理;将智能化的能力引入到基层,提升筛查质量以及操作环节的标准化程度;同时链接社会公益资源,对困难家庭进行帮扶救助。为提升试点地区民众的健康意识与医疗资源可及性,该项目还分别从科普宣教、医护人员培养、智能筛查技术应用等方面做了规划。试点由腾讯 SSV 与妇幼健康发展专项基金(由腾讯公益慈善基金会出资,在中国出生缺陷干预救助基金下成立)共同执行。其中腾讯 SSV 负责项目数字化能力建设与科普宣教,妇幼健康发展专项基金负责协调执行机构的筛查、诊断、治疗、救助等工作并组织医护培训。试点实施过程中的信息保密、数据对接、软硬件归属权、科研成果归属等事宜,完全遵守国家相关政策规定以及各级卫健委的相关文件要求,以公益捐赠模式执行,涉及的所有权及使用权问题完全由各省卫健委决策决定,并请卫健委监督该项目的执行工作不与任何经营性业务关联。2023 年 7 月,在宁夏卫健委的大力支持下,"红雨伞计划"启动了"新生儿筛诊治项目"宁夏全覆盖仪式,将试点期的经验总结推广,将先天性心脏病筛查、诊断和救助服务的范围扩大到宁夏全域的76 家助产机构。2024 年初,新生儿先天性心脏病筛查项目正式纳入宁夏回族自治区政府"民生实事"。

2023 年 2 月,贵州省启动红雨伞公益项目,项目落地毕节市和六盘水市,帮助两地提升新生儿先天性心脏病筛诊治和新生儿听障防控综合能力。启动仪式现场,中国出生缺陷干预救助基金会和腾讯集团向毕节市和六盘水市捐赠共计800余万元的公益项目资金和公益项目设备,助力当地妇幼重点疾病的筛查、诊断、治疗、随访全流程数字化智慧服务,织密"筛诊治一张网",提高中西部妇女儿童健康水平。在宁夏项目的基础上,贵州试点增加了新生儿听力障碍筛诊治的方向,并根据贵州当地听力障碍筛查的实际情况,着重关注市级听力障碍诊断能力的建设和筛诊链路的打通。项目支持两个试点市新建了专业的诊断中心,并培养了数名诊断人员,使得听力障碍的诊断可以做到"不出市",方便了患儿家长,大大提升了该地区初筛阳性的诊断率。同时,项目运用数字化能力,在"先心"筛诊治链路的基础上,将更复杂的听力障碍诊断链路也纳入数字化管理,提升筛查阳性患儿的诊断率。

同一年,腾讯公司投入1.5亿元人民币资金,在国家卫生健康委妇幼健康司的指导下,联合中国疾控中心妇幼中心、中国出生缺陷干预救助基金会,在四川、云南开展先行示范,并联合北京协和医学院专家团队,在多个省区市探索低资源地区"两癌"综合防控的创新模式。项目覆盖中西部7省30余个地区,惠及40多万适龄女性,将重复筛查率降至2%以下,将患者召回沟通时间从30分钟缩短至3分钟,将检测结果送达时间从两周缩短至一天。"红雨伞计划"与世界卫生组织(WHO)提出的到2030年消除宫颈癌的"90—70—90"目标保持一致,即为90%的女孩接种HPV疫苗,让70%的妇女接受筛查,90%确诊癌症的妇女得到治疗。作为"世卫组织乳腺癌倡议"的补充,"红雨伞计划""两癌"筛查项目旨在通过增强意识、提供早期诊断和治疗,实现2040年乳腺癌死亡病例减少250万例的目标,极大提升了低卫生资源地区"两癌"综合防控指标比率,提高低资源地区两癌综合防控工作中的信息化程度,形成低卫生资源地区宫颈癌综合预防策略模式。

"红雨伞计划"从影响妇幼健康的重大疾病入手,如先天性心脏病、听力障碍、宫颈癌和乳腺癌等,探索适宜低卫生资源地区的综合防控模式。通过"筛诊治一张网"创新模式建设与实施,实现筛查、诊断、救治、康复的全链条管理,推动早筛早诊早治全面普及。腾讯搭建了一个全面的数字管理平台,连接了"两癌"筛查的各个阶段,从患者登记和记录检测结果,再到随访护理,确保数据在各个筛查阶段无缝流通,提升了服务效率。同时还组织流动筛查车在偏远地区进行集中服务,常年开展常规筛查,并建立筛查机构与上级医疗卫生机构的双向转诊通道。项目通过创新模式和数字技术,实现了筛查、诊断、救治、康复的全链条管理,推动了早筛早诊早治的全面普及。"筛诊治一张网"的创新模式,将筛查、诊断、救治和康复等各个环节紧密衔接起来。通过这种模式,项目能够实现对患者的全程管理和跟踪服务,确保他们得到及时、有效的治疗。

腾讯充分利用自身在大数据、人工智能等方面的技术优势,为"红雨伞计划"提供了强大的技术支持。通过搭建数字化平台,将各个环节医护人员的工作,完整地进行了线上映射,使得各个环节的信息实时互通,配合效率得以大幅度提升;同时,通过完善的设计实现"全流程无纸化",减少了医护人员在重复手写记录,表格查找等方面的工作量。从民众角度,筛查数据的实时上传、分析和共享,实现了手机端的检查结果推送和服务引导,让民众享受公共卫生服务的体验更顺畅,提升了服务获得感,也增强了对卫生服务机构的信任度。同时,项目还关注智能化能力的引入,根据基层医护人员能力情况,适时适当配备智能辅助系统,协助基层医生快速识别可疑问题,并在实践过程中进行能力积累。

除了疾病筛查和治疗外,"红雨伞计划"还注重社区健康教育的普及。项目通过组织健康讲座、发放宣传资料等方式,向社区居民普及健康知识和疾病预防方法,增强目标人群的健康意识和自我保健能力。运用小程序等线上化平台,让居民足不出户就能了解到健康信息,并关注到周边健康服务。

随着项目的深入推进和成效的显现,腾讯"红雨伞计划"的社会影响力不断扩大。越来越多的政府部门、医疗机构和社会组织开始关注和支持这一项目,共同推动低资源地区妇幼健康事业的发展。"红雨伞计划"通过创新模式和数字技术,促进了医疗资源的优化配置和公平分配。这有助于缩小城乡、区域之间的医疗差距,促进医疗公平的实现。项目的实施不仅增强了患者的健康意识和自我保健能力,还促进了社区居民对健康知识的了解和掌握。这有助于形成健康的生活方式和良好的健康文化氛围。

2024 年,由中国国际减贫中心与世界银行、联合国粮农组织等机构共同发起的"第五届全球减贫案例征集活动"将腾讯的"红雨伞计划"列入最佳案例,以表彰其影响力。2024 年 11 月世界互联网大会乌镇峰会上,"红雨伞计划"入选"携手构建网络空间命运共同体精品案例",体现了数字化技术在推动社会福祉上的价值。

2. 乡村医生能力提升计划

乡村医生能力提升计划是在国家卫生健康委基层卫生健康司指导下,由国家卫生健康委能力建设和继续教育中心、中国人口福利基金会、腾讯公益慈善基金会共同开展的项目。2021 年 12 月,腾讯联合多家机构正式启动了"公共卫生人才提升项目",由腾讯公益慈善基金会捐赠 1 亿元,助力我国公共卫生人才能力提升。

我国医疗卫生人才队伍虽然在数量上有增长,但村卫生室乡村医疗卫生人才缺口还很大,我国乡村医疗建设存在医疗资源分配不均衡、医生专业提升受限等问题,乡村医生持证率亟待提高等问题。在此背景下,腾讯公益慈善基金会联合相关机构于2022年5月正式启动了乡村医生能力提升培训项目。该项目由腾讯公益慈善基金会捐赠1千万元人民币对项目予以公益支持,覆盖河北省、安徽省、山东省、河南省、广西壮族自治区、海南省、四川省、贵州省等省份。

乡村医生能力提升计划作为公共卫生人才提升项目的一部分,面向部分省份开展乡村全科执业(助理)医师资格考试考前培训,旨在推动基层医疗卫生服务水平提升,特别是针对乡村医生基础理论不足、业务水平薄弱等问题,通过临床理论培训和实操技能培训,提升乡村医生的理论知识素养及业务水平,助力加强乡村医生继续教育工作,推动乡村医生向执业(助理)医师转化,提升乡村医生临床能力。

腾讯可持续社会价值事业部还与中华预防医学会、国家卫生健康委党校、中国教师发展基金会、国家卫生健康委能力建设和继续教育中心、中国人口福利基金会、中国人口与发展研究中心、北京医学奖励基金会、人民卫生出版社有限公司联合发起成立了"健康普惠联盟",以进一步推动乡村医生能力提升计划的有效实施。

乡村医生能力提升计划面向部分省份开展乡村全科执业(助理)医师资格考试考前培训工作,培训内容将围绕考试大纲进行,包括线上理论培训、线下实操培训和考前模拟训练等方式,旨在进一步提升乡村医生的理论知识素养及业务水平,帮助提高乡村全科执业助理医师资格考试通过率。

乡村医生能力提升计划分为临床理论培训和实操技能培训两方面内

容,项目课程由国家卫生健康委能力建设和继续教育中心组建的专家团设计,分为临床的症状和疾病、基本公共卫生服务、基本临床技能3大块。课程内容包括常见症状患者接诊、常见病管理、急危重症识别与救治、公共卫生服务基本常识等理论知识,以及传染病防护、社区接诊、护理操作、心电图操作与基本读图、心肺复苏术、外科操作等临床技能进行直播培训和互动答疑。同时,搭建线上平台,就村医特别关注的诊疗设备、数字化工具进行培训,为乡村医生数字化工作提供助力;通过制作知识小课堂、直播培训、案例征集和典型推广等方式,丰富乡村医生的学习选择,并提高项目的知名度和影响力;持续优化培训课程体系设计,为乡村医生提供更多理论知识与实践技能相结合的培训学习机会。首都医科大学附属复兴医院和月坛社区卫生服务中心的40余名临床医生参与授课。通过线上线下培训结合,项目计划在2022年到2024年的3年间,开展乡村医生全科执业(助理)医师资格考试培训,支持3万名乡村医生向执业(助理)医师转化。

腾讯乡村医生能力提升计划在赋能基层医疗、扩充数字化教育资源、扩展卫生人才培养等方面体现了可持续社会价值创新。一是赋能农村基层医疗。乡村医生是村民健康的"守门人",他们承担着预防保健、常见病多发病诊疗和转诊、病人康复和慢性病管理、健康管理等一体化服务,在基层医疗体系中,乡村医生的工作任务显得尤为繁重。该项目通过临床理论培训和实操技能培训,旨在加强乡村医生的继续教育工作,推动乡村医生向执业(助理)医师转化,有效提升了乡村医生队伍整体专业素养、临床能力和服务能力,提高基层医疗卫生服务水平,使得农村居民能够在家门口享受到更优质的医疗服务。此外,项目针对乡村医生的专业技能培训也可以部分解决乡村医疗体系存在的医疗资源分配不均衡、医生专业提升受限等问题,从而缩小城乡医疗服务的差距。二是助力乡村振兴。"没有全民健康就没有全面小康",居民健康是乡村振兴的基础,因而乡村医生能力提升计划也是实现乡村全面振兴战略的重要组成部分。改善农村地区的医疗卫生条件,提高农村居民的健康水平,有助于为乡村振兴筑牢健康基础。此外,项目通过培养和吸引更多医学专业毕业生成为乡村医生,也为农村地区注入了新的活力,提供了人才支持。三是培养公共卫生人才。该项目作为"公共卫生人才提升项目"的子项目之一,通过系统性地助力壮大公共卫生人才队伍、提升公共卫生科研和实践能力,为国家和地方疾控机构培养一批用得上的人才。四是培育、展示科技向善。腾讯秉持科技向善的理念,通过数字化工具和平台,如线上学习平台,为乡村医生提供培训资源,使得培训更加便捷和高效,这体现了科技在社会公益领域的积极作用。项目通过科技手段提高了培训的可及性和效率,使得更多的乡村医生能够接受高质量的培训。这种科技与公益的结合,通过资金支持和资源投入展现了企业的社会责任感,不仅提升了医疗服务质量,也展现了企业社会责任的实践,推动了社会价值创新。

3. 数智家医协同助力重点人群健康管理

2024 年初,在一系列针对妇女儿童的公共卫生服务创新模式探索的基础上,腾讯 SSV 健康普惠实验室启动了基于"数智化工具、社会力量协同"的基层重点人群健康管理项目,围绕如何提高居民就医服务获得感、服务可及性,以及基层医生如何提能增效等挑战,通过在多地基层社区卫生服务中心的调研走访,选定成都作为试点地区。SSV 健康普惠实验室与成都市城乡社区发展治理促进会社区健康专委会及成都数据集团股份有限公司合作,在成都市委社工部的指导下,在四川省卫健委、省医保局、成都市城运办、市卫健委、市民政局、市医保局等部门的全力支持下,建成智慧家医协同管理平台。该平台以基层医疗卫生机构对重点人群的基本公共卫生服务模式为优化对象,通过使用数字化工具,以及引入网格员、老人子女等多方力量,提升重点人群的健康服务效率和效果,增强患者就医体验和满意度。此项目目前已在成都三个社区落地运行验证。

一方面,智慧家医协同管理平台实现了底层数据要素打通,卫健、社治、民政、医保等多部门公共数据的共享与利用,实现数据的高效流通,让数据多跑路,居民少跑路,积极发挥数据要素在健康领域的服务效能提升作用。另一方面,智慧家医协同管理平台实现了多角色参与下的多元力量协同,针对老人等手机设备使用不便的人群,将子女或网格员等力量引入进来,可以成为长者的健康协同人,通过小程序接收健康提醒,实时监控健康数据,确保长者健康得到持续关注。同时,家庭医生也可以通过工作台创建任务,社区网格员等社会力量可通过小程序实时接收医生发布的任务,实现任务流程的数字化、高效化管理。这些社会力量的引入能缓解基层家庭医生服务半径过大、日常工作量过于饱和的状态,也能在实质上带来居民,尤其是重点人群的健康服务体验的提升。

智慧家医协同管理平台充分发挥了平台产品优势,通过企业微信—微信的链路,实现服务触达的效率提升,并支持家医设置自动化的分组管理、定时通知等,方便家庭医生对重点人群的日常关注和服务。通过疾病标签、时间、年龄等多个维度,可以灵活创建健康计划,实现对不同群组或特定个体的定时消息推送。这一机制有效提升了居民在健康管理方面的体验。

(1)真实记录,实现一站式精准服务:实现家庭医生在线签约服务全流程管理,保障真实签约、提高签约率及签约效率。平台真实记录家医线上服务,保障真实签约、真实服务;自动统计服务指标,满足管理人员对家庭医生服务的多维度考核要求。基于微信和企业微信生态,连接基层医护与居民,提供家医签约、智能问答、健康宣教、慢病随访、医生 AI 工具等在线服务。同时,通过打通各项数据,支持机构建立患者标签库、分析人群画像,辅助医生了解患者特征,实现对社区老人健康状况的全面掌握,为患者提供精细化的医疗服务,精细化推送信息和科普宣教,提高履约率和满意度,提供"一对一"的专属服务,确保每位老人的健康管理更加透明、高效。

（2）AI 智能辅助提高沟通与治疗效率。首先,智能助手支持多来源、多领域、多类型的智能问答,减少医生重复性回答工作,并支持各个基层机构根据自身情况来设置个性化的问答库,减轻医生在回答问题上的工作量,提高医患沟通效率。其次,基于腾讯医疗大模型技术,智能生成拟人表达的话术,全流程辅助医生快速回复,自动推荐服务,通过 AI 助力医患沟通,解放医生双手,提高效率。最后,AI 辅助诊断,平台搭载数款医疗影像人工智能辅助诊断产品,包括慢性青光眼样视神经病变眼底图像辅助判断、肺炎智能评估、结直肠辅助诊断软件,且均已获得国家药品监督管理局颁发的Ⅲ类医疗器械注册许可证。

（3）跨部门数据共享:创新性地实现了卫健、社治、民政、医保等多部门的公共数据共享,链接起社区、基层医疗卫生机构、三甲医院等资源体系。通过多端口的健康数据共享,实现上门服务、预约服务、在线问诊、健康档案查询、绿色通道转诊、就医全程跟踪指导等一系列服务,使得签约居民获得最佳的就医体验,同时,远程医疗咨询与指导的方式,能够有效延伸医疗服务半径,打破地域限制,为社区居民提供便捷、专业的医疗支持。

（4）开放实验平台:提供一站式医学人工智能开放创新服务平台,借助平台强大的算力资源可满足各类医学影像数据的安全管理、高效标注，且内置近百种临床常用的算法模型，加速临床影像科研和产品研发。

数智家医协同管理平台通过数智化+医社协同模式助力基层医疗效率提升。数智家医协同管理平台通过数字化和智能化手段，显著提升了家庭医生在服务提供、患者管理、沟通效率等方面的工作效率。该平台解决了当前家庭医生签约服务的诸多痛点，如日常性重复性的国家公共卫生服务工作需家庭医生完成，传统的宣教方式和通知方式效率低；签约居民信息繁杂，难以快速找到居民档案，并记录个性化服务内容；家庭医生由于时间精力和工作性质所限难以联系上一部分的社区居民；家庭医生管理的居民人数太多，需要快捷工具快速获取居民信息等。通过居民信息标签精准化，搭建网格员、医院、家庭医生等沟通平台，AI辅助健康计划制订与查找等功能，通过整合多种技术和服务，用全面的数字化解决方案助力基层医疗服务效率和质量双提升，做好居民健康守门人。

二、数字支教实验室

在国家倡导教育需要优质且公平的时代背景下，腾讯可持续社会价值事业部（SSV）于2021年成立数字支教实验室，致力于以科技破解教育普惠难题。针对乡村学校面临师资短缺、课程结构性缺失等挑战，传统支教受限于时空与成本，难以规模化覆盖更多乡村。基于"科技向善"的使命，数字支教实验室以数字化重构教育生态链：依托云计算、AI技术及产品能力，搭建"企鹅支教"平台，创新的双师课堂模式，连接10万名志愿者与3400余所乡村学校，输送适村化素养课程。通过"政府—高校—公益组织—企业"生态协同，实验室将权威教研、技术普惠与社会善意融合,为公益与支教行业提供平台、工具与运营能力,填补乡村素质教育的"最后一公里",助力儿童看见更广阔的世界。

面对城乡教育存在较大差异的现状,腾讯可持续社会价值事业部(SSV)以数字化为杠杆,撬动了一场静默却深刻的教育变革。2021年,面对城镇化进程中乡村学校教育资源配置失衡的严峻挑战,SSV数字支教实验室孵化了"企鹅支教"平台。这一项目并非简单的远程教育延伸,而是通过技术重构教育生态链、依靠运营与服务激活社会善意、扎根需求重塑教育内核的创新实践,试图为我国最边缘的乡村儿童搭建通向希望的桥梁。

1. 扎根现实困境:从末梢痛点切入教育改革深水区

中国乡村教育的难题既有宏大叙事的结构性矛盾,也渗透于日常细节中。当城市家长为孩子挑选 AI 编程课和国际游学时,四川凉山的四年级学生却因祖辈无法教授基本卫生常识,在日常生活中尚未养成穿内裤的习惯。城乡教育资源差距不仅体现在硬件设施或师资数量,更尖锐地反映在素质教育长期缺位,乡村学校课表中的音乐、美术、心理健康课往往停留在纸面,最终沦为数学老师代课的"表里不一"。这种断裂在生源持续流失的乡村小学尤为显著:河北某高峰时学生近千的学校,如今不足十人,校长们不得不在真实与虚假的两张课表间反复挣扎。

企鹅支教的诞生正源于对这种撕裂的深刻体察。项目团队初期调研时,被北方乡村教室里的旱厕异味与崭新电子屏幕的并存场景所震撼:硬件投入并未真正转化为教育质量,设备闲置、课程荒废的困境指向更深层的系统性症结。项目负责人曾在创业时代见证过互联网教育的资本狂欢,但他发现市场逐利逻辑天然排斥下沉市场——商业机构开发的课程"最远仅能触达四线城市"。这促使团队转向公益逻辑,决心用腾讯的技术与资源打造可持续模式,真正扎根义务教育的"毛细血管"。

2. 技术重构生态:双师课堂背后的系统化解题思路

企鹅支教的破局始于一个看似简单的场景创新:将城市志愿者与乡村教室通过数字化工具连接为"双师课堂"。但细细拆解,就会发现其背后是教育链路的系统性改造。当志愿者通过企鹅支教平台变身"云教师",其面对的不仅是摄像头另一端40张稚嫩面孔,更是一套精密运作的支撑体系。平台为志愿者提供国家中小学智慧教育平台授权的标准化课件,搭配逐字稿脚本;全景摄像头与8阵列麦克风将学生微表情与讨论声实时回传;AI巡课系统自动监测教学互动数据。这套解决方案背后,是腾讯将商业领域验证的技术能力公益化输出的战略:云计算保障偏远山区流畅授课,物联网优化设备成本(如定制整合麦克风的摄像头,将单校设备投入从800元压缩至100元),大数据构建学生成长图谱。

这种技术赋能并非单向施予,而是需求导向的精准适配。项目独创"适村化"理念——课程研发需要历经北师大专家设计、乡村教师反馈、志愿者试讲打磨的"铁三角"流程。例如,最初设计的《信息科技课》中"浏览故宫网站"环节,因山区孩子不识键盘上的英文字母卡壳,团队立即调整,从键盘输入开始教起;《职业启蒙课》用村里卫生所医生案例,替代商业课件中的都市白领形象,让抽象职业概念落地为可触摸的存在。这种深度共创使得课件合规率达100%,学生优秀作品提交率超80%,让素养课程贴近乡村学生生活,让乡村学生有所熟悉、有所获得,真正跨越城乡认知鸿沟。

3. 运营激活善意:10万名志愿者的全民公益试验场

传统支教受限于地域、时间、专业门槛,往往成为少数人的英雄叙事。而企鹅支教通过模块化拆解与游戏化运营,正在塑造"人人可贡献"的新型公益生态。在平台上,志愿者角色被细化为教学、督课、在线辅导、物资支持等多元形态:有大学生连续三年在线教授书法课,有全职妈妈成为"明星教师",有退休工程师参与设备调试,有快递员通过"心愿筑梦师"活动为山区孩子寄送画笔。这种灵活参与机制释放出惊人能量——目前平台已聚集 10 万名志愿者,其中教学志愿者达 3 万人,单学期就能提供30 万课时。

为维系公益热情,该项目构建了完整的成长激励体系。新手志愿者通过"闯关任务"晋级,积分解锁荣誉称号;线上社区实时分享教学技巧,北师大专家定期直播指导;课后 AI 自动生成课堂报告,让孩子作品登上虚拟展览墙。云南红河州的呼义宗开面包车穿梭百所村小安装设备时,金句频出的志愿者社群里正流传着他拍摄的课堂视频。这种连接感消解了物理距离的孤独,让善意在网络空间持续裂变。

4. 生态共建未来:从技术赋能到教育普惠共同体

企鹅支教构建了开放共赢的教育普惠生态圈,项目联合教育部、30余所师范院校、228 家公益组织形成"政—企—社"协同网络:北师大提供课程标准,地方政府对接落地校,鸿合科技定制教学一体机,顺丰物流保障教具配送。

当教育部将数字支教纳入乡村振兴重点工程,当河北青龙县的孩子在《健康与幸福课》上写下"我想勇敢举手回答问题",当凉山少女通过职业启蒙课知晓"程序员"不只是"修电脑的叔叔",这场改革已超越单纯的技术应用。它验证了数字化重组教育生产关系的可能:通过精准匹配供需、激活社会参与、重构评价体系,教育公平正在从政策愿景转化为可复制的实践样本。

近三年间,企鹅支教已覆盖全国 31 个省份 3400 余所乡村小学,链接

10万名志愿者提供30万课时服务,破解了传统支教规模小、持续性弱的痛点。但这只是起点。腾讯 SSV 数字支教实验室团队还计划向职业教育、物资助学等领域延伸数字化能力,同时探索教具智能化、师资培训 AI 化等创新方向。

该项目更深层的价值还在于构建起了开放协同的生态:联合政府、高校及公益组织,以最低成本撬动资源整合,形成"技术赋能—社会参与—精准适配"的可持续模式。从凉山儿童在"勇气课"上第一次举手发言,到河北村镇学校书法课的作品展,这场实践不仅输送知识,更在数字时代重构了教育公平的可能性,为乡村孩子的成长拓出更广袤的精神原野。

三、科技助老项目

为实施积极应对人口老龄化国家战略,推动老龄事业和产业协同发展,构建和完善兜底性、普惠型、多样化的养老服务体系,不断满足老年人日益增长的多层次、高品质健康养老需求,腾讯积极回应这一重大民生诉求,通过整合腾讯内部的 AI 与数字化能力,针对老龄化社会不同年龄段、身体机能、健康状况、家庭结构的老人可能面临的社会问题进行系统调研和分析,探索智慧助老、普惠养老的创新产品及解决方案,主要聚焦在用科技助力老人守护健康,帮助老年群体跨越数字鸿沟、享受数字生活。

"隐形护理员"项目。该项目依托腾讯内部 AI、物联网等优势技术,旨在解决对老年人安全危害最大的跌倒问题,通过智能摄像头和 AI 算法,准确识别老年人安全状态,是具有跌倒检测、火灾检测等多个功能的安全守护系统,在其发生跌倒或其他安全事件需要呼救时主动发出警报,并发送给家人或看护人员,避免生命事故的发生。2022 年 7 月 19 日,腾讯宣布面向老年人群体的智慧养老 AI 守护产品"隐形护理员"正式升级,由养老机构进入高龄、空巢、独居且失能失智的老年人家庭,让这部分最困难的老人能够在意外发生时得到及时的救助。

银龄守护卡。随着科技的日新月异,智能手机的功能愈发复杂,屏幕尺寸也日益增大,这给老年人及一些对新事物接受度较低的人群带来了不小的使用困扰。为了帮助老人解决这些困扰,腾讯推出了"银龄守护卡",这是一款工卡大小、仅重70克的便携设备,它的设计理念就是简约而不简单。整个设备只有四个按键,但却集成了紧急呼救、基础通话、安全守护、便捷支付等适老化功能。这些功能都是针对老人的实际需求进行设计的,旨在为他们提供一个安全、便捷的生活环境。首先,银龄守护卡配备了一个SOS紧急键,老人遇到紧急情况时只需按下这个按键,就可以一键呼叫紧急联系人。其次,银龄守护卡还具备实时定位和轨迹回放功能,家人可以通过绑定智能手机,随时了解老人的动态,不用担心他们会走失或发生意外。银龄守护卡还提供亲情通话功能。老人可以通过卡片上的1、2、3按键,直接拨打绑定的家人电话。这个设计让老人可以随时随地与家人保持联系,无需记住复杂的电话号码或操作烦琐的拨号界面。同时,银龄守护卡还支持社区广播功能,老人可以通过设备收听社区通知、防盗防诈骗等信息,增加他们对社区的了解和安全感。在支付方面,银龄守护卡也考虑到了老人的需求。它可以绑定智能手机的微信支付,并设置支付限额。老人在购买东西时,只需将卡片靠近支付终端,就可以完成支付。这个设计既方便了老人的购物,又保障了他们的资金安全。此外,银龄守护卡还具备吃药提醒功能。家人可以在设备上为老人设置吃药时间,到点时设备会自动提醒老人吃药。这个功能对于需要长期服药的老人来说非常实用,可以帮助他们按时服药,避免漏服或错服的情况。

时光家园。这是腾讯时光实验室与苏州合作探索的社区互助养老项目,包含居民端"时光家园"和志愿者端"时光有邻"小程序。小程序有 4 个模块,分别是社区助餐、健康咨询、互助广场和紧急呼救 4 个功能,健康咨询链接了部分卫生资源,用户直接点开来进行视频,就可以联系到医生。该项目依托腾讯核心技术、公益资源和平台能力,链接苏州多样化的养老资源,在养老领域创造政府、企业、社会力量"三位一体"的可持续社会价值新模式,成为社区邻里守望相助的桥梁,力争将苏州打造成科技助老的全国标杆。首期试点从 2024 年 12 月开始,覆盖江苏省苏州市姑苏区平江街道梅巷社区、沧浪街道桂花社区、双塔街道大公园社区和里河社区。

四、小结

腾讯结合自身技术优势和创新能力,以重点人群为目标,开展健康普惠、数字支教和科技助老等项目,体现了对民生领域重点群体的关照。健康普惠充分运用其技术特长,从影响全民健康的最关键人群——妇女和儿童群体出发,从影响健康的最关键问题入手,通过推动儿童先心病筛查、妇女"两癌"筛查项目,既为重点人群的难点、痛点问题解决提供了技术方案,也为"健康中国"战略的有效推进提供了企业的智力和技术支持,助力了健康中国战略的实施。数字支教项目针对偏远地区基础教育的落后现状,通过数字运营激活了 10 万名志愿者的教育公益资源,共建了从技术赋能到教育普惠共同体的数字教育家园,联合政府、高校及公益组织,以最低成本撬动资源整合,形成"技术赋能—社会参与—精准适配"的乡村教育可持续模式。针对养老问题,腾讯充分利用其技术能力,通过智慧养老技术的全方位链接,实现了技术资源的有效整合、公司内部产品和业务的整合,推动公司内部更多产品业务关注老龄化社会问题;推进腾讯社会资源的整合,提供养老问题的系统化解决方案,从而为民生保障发挥了企业的技术优势。

第三节 助力基础科学研究的实践探索

在当今全球科技竞争日益激烈的背景下,基础研究的突破成为推动科技创新和经济社会发展的关键力量。然而,基础研究因其周期长、风险高、成果难以预测等特点,往往难以获得持续稳定的资金支持。为了改变这一现状,腾讯公司计划在10年内出资100亿元人民币,成立独立运营的公益性科学基金会——"新基石科学基金会"。该基金会设立"科学探索奖"和"新基石研究员项目"两大科研资助项目,支持杰出科学家潜心研究,探索社会资金长期稳定支持基础科研的创新模式。

一、科学探索奖

随着全球科技竞争的加剧,各国纷纷加大对科研的投入,以期在关键领域取得突破。中国作为世界第二大经济体,在科技创新方面有着巨大的需求和潜力。然而,青年科技人才作为科技创新的生力军,面临着资金短缺、研究环境不佳等问题,这在一定程度上制约了他们的创新能力和科研成果的产出。在此背景下,腾讯集团设立科学探索奖,致力于通过资助科研项目和奖励优秀青年科技人才,鼓励和支持青年科技人才在基础科学和前沿技术领域进行探索和研究,推动科技创新和科技进步。

2018年11月9日,腾讯公益慈善基金会于腾讯公司成立20周年之际宣布,腾讯公司董事会主席兼首席执行官、腾讯基金会发起人马化腾,与北京大学教授饶毅,携手杨振宁、毛淑德、何华武、邬贺铨、李培根、陈十

一、张益唐、施一公、高文、谢克昌、程泰宁、谢晓亮、潘建伟等科学家,共同发起设立"科学探索奖"(XPLORER PRIZE)。该奖旨在鼓励和支持青年科技人才在基础科学和前沿技术领域进行探索和研究。该奖项的设立体现了腾讯对科技创新和基础科学研究的高度重视和长期承诺。科学探索奖的主要奖励对象是 45 周岁及以下、在中国内地及港澳地区全职工作的青年科技工作者。这些获奖者来自不同的科研机构和高校,涵盖了数学物理学、生命科学、天文和地球科学、化学新材料、信息电子等多个领域。他们的研究成果和创新成果在各自的领域内具有重要影响和贡献。探索奖的资助范围将集中在"数学物理学、生命科学、天文和地球科学、化学新材料、信息电子、能源环保、先进制造、交通建筑技术、前沿交叉技术"九大基础科学和前沿核心技术领域。按照计划,科学探索奖评审委员会将在这些领域每年遴选出 50 名、年龄不超过 45 岁的中青年科学家。每位获奖者将连续 5 年、每年获得 60 万元资金。每位获奖者将在未来 5 年内获得总计 300 万元人民币的奖金,并且可以自由支配奖金的使用。这一高额奖金不仅为获奖者提供了充足的研究经费,也激发了他们进行科研创新的热情和动力。

科学探索奖的评审机制秉持公正、公平、公开的原则,对申报人进行了初筛、初审、复审和终审。评审委员会由众多知名科学家组成,他们根据申报人的科研成果、创新能力以及发展潜力等因素进行综合评估,最终确定获奖名单。"科学探索奖"的申报自 1 月初开始,4 月底结束。从 5 月份开始,奖项将启动为期 4 个月的评审工作。

自设立以来,科学探索奖已经取得了显著的成效,为中国的科技创新和基础科学研究做出了重要贡献。截至 2024 年底,科学探索奖共评出六届,资助了 297 位优秀青年科学家,这些获奖者来自不同的科研机构和高校,涵盖了多个科研领域。他们的研究成果和创新成果在各自的领域内具有重要影响和贡献。科学探索奖的设立激发了青年科技人才进行科研创新的热情和动力,推动了科研成果的产出。许多获奖者在获奖后取得了重要的科研成果和创新成果,这些成果不仅具有学术价值,还具有实际应用价值,为国家的科技进步和产业发展做出了重要贡献。科学探索奖还通过设立青年科学家论坛机制,促进了跨领域的合作与交流,这有助于打破学科壁垒,促进学科交叉和融合,推动科技创新的深入发展。同时,该奖项的设立也激发了全社会对科技创新的热情和关注,推动了科研环境的改善和氛围的提升。

二、新基石研究员项目

为进一步推动我国科学技术事业的长期发展,腾讯携手中国科学技术协会,共同发起并实施了"新基石研究员项目"。新基石研究员项目聚焦原始创新,鼓励自由探索,旨在长期稳定地支持一批杰出科学家潜心基础研究,鼓励他们开展探索性与风险性强的自由探索,以实现"从 0 到 1"的原始创新,推动科学发展,增进人类福祉。中国科学技术协会作为项目的指导机构,为项目的顺利实施提供了政策支持和专业指导。腾讯公司作为项目的出资方,为项目的长期稳定运营提供坚实的资金保障,计划在未来 10 年稳定支持 200—300 位杰出科学家,为他们的自由探索提供最大空间。而项目的整体运作则完全由科学家掌握,"新基石研究员项目"严格遵循"科学家主导"的原则,设立科学委员会作为核心机构,以确保项目的科学性和公正性。新基石科学基金会理事会为项目最高决策机构,决定资助总规模和年度资助额度,确认年度资助名单以及与项目相关的重大决策。中国科学院院士、西湖大学校长施一公担任首届科学委员会主席,潘建伟、谢晓亮、张杰、卢煜明、袁钧瑛等中、美科学院院士担任委员。"新基石研究员项目"于 2022 年 4 月 30 日正式发布,迅速吸引了国内外众多杰出科学家的关注和参与,成为推动中国基础研究领域创新发展的重要力量。

"新基石研究员项目"设置"数学与物质科学""生物与医学科学"两大基础科学领域,并鼓励学科交叉研究,其中物质科学包含物理、化学和没有立即产业化可能的理论计算机领域。项目支持在中国内地及港澳地区全职工作的科学家,以期他们能够提出重要科学问题、开拓学科前沿、推动原创突破、增进人类福祉。项目资助类别分为实验类和理论类,资助周期 5 年,资助期满如通过评估,可获得续期资助。"新基石研究员项目"申报条件为:申报人申报时未满 55 周岁;担任博士生导师 5 年以上;在中国内地或港澳地区全职工作(国籍不限);每年投入科研工作时间不少于 9 个月;具有承担基础研究课题的经历并仍处于研究一线。

"新基石研究员项目"最鲜明的特点是与任务驱动的项目制研究不同,强调"选人不选项目"。它看重的是人的潜力,也就是一个人内在的创新动力和捕捉科学问题的敏锐度,即使他的未来研究计划存在失败的风险。因此,"新基石研究员项目"不会对获资助的研究员设置明确的研究任务,不考核论文数量,也不限定必须拿出成果的期限。项目的资助金额足够大,自由支配度高,研究员不需要再到处争取资助,而且资助期限足够长,能够让科学家更好地专注于基础理论的创新,并且给予科研人员自由切换方向、探索未知领域的试错成本。这更有利于推动基础科学研究,并更好地挖掘具有理论创新潜力的研究人员。在申报材料方面,则更看重申报人科学上的贡献而非发表的论文,并实现同行评审阶段 100%国际评审。2023 年开始,不再要求申报人提供 5 篇代表性论文,而是从科学贡献的角度出发,要求申报人列出过去 10 年内做出的 5 项科学贡献,每项贡献由 1 篇关键论文和最多 3 篇附加论文支撑。初筛、初审、终审在内的多轮评审,每一轮评审都由具有国际视野、在国内外经历过大型科学项目评审的一流科学家完成。希望申报人对自己过去工作进行系统总结,以其原创性、重要性、突破性,来论证未来研究计划"从 0 到 1"的可行性。该项目的资金使用灵活,充分发挥社会资金灵活性的优势,探索成为国家支持基础研究的有益补充。为了响应大健康的理念,着力支持面向人民生命健康的基础研究,2023 年"新基石研究员项目"更加明确地界定了医学科学领域的资助定位和资助对象,凸显医学科学领域的特色。在资助定位方面,医学科学领域资助针对人类疾病的基础研究,以提高疾病预防、诊断和治疗水平,促进人类健康。在资助对象方面,资助从事医学基础研究的科研人员,同时鼓励医师科学家(physician scientists)从临床凝练重要科学问题开展研究。据此,2025 年医学科学领域的细分领域做出了调整。

2023 年 1 月,"新基石研究员项目"揭晓了首批获资助名单,来自数学与物质科学、生物与医学科学两大领域的 58 位杰出科学家成为首批新基石研究员。2023 年 10 月,公布了第二期资助名单,46 位科学家获得资助。平均年龄为 47 岁,最年轻的仅 38 岁,女性研究员有 5 位。第三期"新基石研究员项目"将于 2025 年开放申报。在项目的资助下,科学家在各自的研究领域取得了突破性的成果。这些成果不仅推动了基础科学的发展,也为相关领域的应用研究提供了重要的理论支持。新基石研究员这样一个群体,可能会孕育出项目特有的文化:由不同领域的科学家组成,科学家有各自的专长,在学科交叉碰撞中,能产生更具创造性的思想。通过项目的资助,许多优秀的青年科学家得以快速成长,成为学术界的佼佼者。同时,项目还促进了科研团队的建设与发展,为培养高水平的科研人才奠定了坚实的基础。

"新基石研究员项目"的实施不仅推动了基础科学研究的深入发展,还产生了极其积极的、广泛的社会影响,所体现的正是企业社会价值创新的重要理念,也是对科技向善使命愿景的有效践行。腾讯公司作为项目的出资方,通过支持基础研究展现了企业的社会责任感。

三、小结

20世纪以来,科技进步给人类的生活带来了巨大改变——抗生素拯救无数生命,人均寿命快速增长,诸多疾病被攻克等等。而1970年之后,真正改变世界的似乎只有互联网和智能手机。研究者们发现,几十年来,各个领域科学发现和发明的突破性都在下降,科学家在一个稳定知识体系中添砖加瓦,少有颠覆性的贡献。

腾讯通过资助基础科学研究,助力知识创新,通过支持一批出色的青壮年科学家,为有价值、有原创性的基础研究提供经济支持,探索人类未达之境,为未来社会的发展蓄力。

中国式现代化和中华民族的伟大复兴,关键在于具备国际竞争力的科技领先优势,而科技领先优势的确立关键在于基础研究优势的建立。腾讯敏锐地以企业视角开展的"新基石研究员项目",从资助基础研究,引导科学研究方向出发,为国家的基础研究进行技术和科学储备,具有前瞻性和战略性。资助基础科学研究,与腾讯的主营业务并无直接关联,但腾讯基于多年发展的积累,有能力站在国家科技发展需要和追赶并超越全球技术进步趋势的高度,开展"新基石研究员项目",体现了有能力者为国家分担责任的崇高境界。

第四节　助力应急能力提升的实践探索

随着社会的快速发展和环境变化,人们的生活节奏日益加快,各类突发事件层出不穷,如何不断提升公众的社会应急能力,保障人民生命财产安全,是当今社会公众的紧迫需求,也是国家应急体系和应急能力现代化的重要标志。腾讯积极响应重大社会需求,关注公众社会应急需要,以数字技术和产品能力助力搭建现代化社会应急系统。为此,腾讯 SSV 设立社会应急实验室,其使命就是运用产品技术能力,连接人与设备,提升各类情况下的应急响应成功率。目前最重要的探索在两个领域,一是社会急救,构建日常社会应急网络;二是灾害应急,探索灾害下高效的公共应急模式。

一、社会救援圈

数据显示,我国每年有高达 55 万人遭遇心源性猝死,而急救中的紧急情况——如心脏骤停的黄金救援时间只有 4—6 分钟,城市救护车到达现场的平均时间则为 8—13 分钟。在救护车到达前的宝贵"急救空窗期",如果患者没被及时救助,则会面临生命危险。每延迟 1 分钟,患者的存活率将下降 10%。

为提高急救效率与成功率,2023 年 3 月,深圳市宝安区与腾讯联合,通过技术赋能的方式,打造全民参与的"5 分钟社会救援圈",铺开全区范围的群众应急培训,同时联合开发"社会应急响应系统"。系统目前融合了 AED 设备导航、急救志愿者值守平台、社会急救地图、急救培训和志愿者保险等功能,借助腾讯的科技力量,共同探索在市民遇到紧急情况拨打

120 后,在等待救护车到达前发动社会力量守护市民生命安全的新途径。建设"党建引领、政府协同、专业指导、社会参与"的社会化应急体系,实现示范点内"事发现场—物业值班—就近社康—医院院前科"四方联动机制。宝安区应急医疗救援培训中心开展全区线上医护人员值守线上培训,结合前期的探索性实践,设计线上值守方案,实现社会急救—院前急救—院内 ECMO 一体化治疗先例。同时为了打消急救志愿者后顾之忧,平台也为救人的志愿者提供一份免费的"好人险"。

"5 分钟社会救援圈"共建,通过数字化工具实现了具备急救技能的志愿者、急救设备和患者的快速链接,把急救现场的第一目击者变成第一响应人,大幅提高了救助的成功率。截至 2024 年 11 月,深圳已有超 1.1万台急救设备 AED 与超 30 万急救志愿者接入腾讯应急开放平台。已通过平台成功救助 328 例突发疾病的患者,项目培训的志愿者参与救助超160 起,其中有 79 例是对心脏骤停患者的救助;试点区旁观者心肺复苏(CPR)率从 20.57% 提升至 28%,心脏骤停患者出院存活率提升至6.31%(是宝安区 2022 年数据 3.1 倍,是国内平均水平 5.2 倍)。而目前,国内旁观者心肺复苏实施率为 17%,院外心脏骤停患者出院存活率仅为 1.2%。

"5 分钟社会救援圈"还充分发挥基层党组织引领、党员带头作用,利用全区党群服务阵地布局完善、贴近群众的优势,开展有重点、广覆盖、可持续的应急救护培训,提高社会急救意识和应急能力。同时,宝安区还将依托三级党群服务中心,组织发动卫健系统职工、公安干警、消防救援人员、公共交通工作人员、物业保安、新业态就业群体等与群众密切接触的工作人员以及交通事故易发场所等重点区域周边群众积极参训,营造人人想救、人人敢救、人人会救、人人能救的社会急救环境。

在急救志愿者培训方面,自"5 分钟社会救援圈"启动以来,宝安区累计组织市民参加急救技能培训超 20 万人次,创国内同类培训纪录。培训对象为网格员、公安辅警、义工、快递员、工人、老师、学生等各类群体,遍布在宝安区各个角落,尽快为全民健康安全筑起一道急救防线,广大急救学员积极参与社会急救,让这座城市更加安全、有韧性,共同打造深圳"5 分钟社会救援圈"。

同时,在共青团深圳市委员会和市应急局的指导下,腾讯分别与深圳市城市管理和综合执法局、深圳市消防救援支队、深圳巴士集团股份有限公司达成社会化应急探索的捐赠合作,对全市超 3 万名市容巡查员、公园安保人员、环卫工人、的士司机、消防志愿者等人群进行急救技能培训,在全市 500 台出租车上配备 AED 急救设备,打造了全国首个规模化"城市流动急救网络"。

社会救援圈随后还扩展到了东莞市,东莞的社会救援模式有了进一步突破和创新。具体来讲,"社会救援圈"致力于打造政府主导下的应急开放平台,利用互联网的连接能力,实现急救需求与救援资源的高效匹配,变偶发式急救为"网约式"急救——通过微信小程序"企鹅急救",120指挥中心、医院急诊科等专业医疗力量与社会救援力量可以实现有效连接,多方、直观地进行可视化交流,救护车在途时,急救专业人员可以通过车载视频通话系统远程观察伤患者情况、指导第一现场救援,安慰呼救人,并指引其在现场有效应对;同时,120 救护车可以通过微信更快、更精准地定位患者位置。此外,"社会救援圈"还致力于推广和普及急救志愿者培训、AED 和志愿者定位及落实等,让社会救援的生态链更牢靠。通过产品与技术的创新,推动院前急救模式的变革,让专业的急救能力通过多方视频通话系统提前到达救援现场,让急救现场的第一目击者成为第一响应人,补上救护车到达前急救空窗期的最后一块拼图,争取4—6分钟的黄金急救时间。

目前,东莞市109辆入网救护车已安装接通"企鹅急救"系统的平板电脑。自2024年5月1日至12月31日,东莞市医疗救护120指挥中心与呼救人、救护车医生成功接通了11984例多方视频通讯急救事件,视频接通率达到74%;其中,救护车医生通过"企鹅急救"小程序视频连线指导第一现场实现成功救援案例中,紧急案例包括心肺复苏32例、实施海姆立克法20例、压迫止血957例,等。此外,东莞市还有100台AED接入"企鹅急救"地图——在示范区实现10万人100台AED的覆盖率,已培训14000名社会急救志愿者,其中12920人成为"企鹅急救"平台志愿者。通过急救力量与资源的高效连接,为东莞"社会救援圈"提供多方面社会应急保障。

截至2024年底,腾讯与深圳、东莞、苏州、天津、青岛、广州、郑州等城市共建"社会救援圈"以来,企鹅急救小程序已接入55.2万名急救志愿者、超2.2万台AED设备,通过"企鹅急救"已累计成功救助超1.3万名突发疾病患者。

二、地震预警平台

我国是地震多发国家,预警作为防震减灾的手段,其快速可靠、广覆盖触达到公众显得尤为重要。一般而言,"地震预警"是在地震发生后,利用电磁波比地震波传播速度快的特点,抢在破坏性地震波来袭前数秒到数十秒之前发出预警警报,以减小震灾损失。公众可以采取避震,重大基础设施、生命线工程和重要生活设施可以采取紧急处置措施,如紧急制动高速列车、及时关闭燃气管线、关闭核反应堆、停止精密仪器操作、电梯紧急停运在最近的楼层等,以避免次生灾害的发生。

2024年5月12日,是汶川地震16周年,也是第16个全国防灾减灾日,四川省地震局携手腾讯,在QQ正式上线全省官方地震预警功能;同时,四川省地震预警平台"四川地震台"微信小程序在上线一周年之际完成功能优化升级,二期预警平台正式上线,开启接收预警步骤进一步简化,在发生强震时,预警小程序将采用更强的消息提醒功能,并在内部增加高频音报警和避险指南。这是双方2023年开启战略合作后,在地震灾害信息化公共服务模式上的进一步探索应用。用户通过手机QQ,搜索"QQ全城助力",点击关注并进入公众号,选择"地震预警",设置关注预警信息接收地区及地震烈度范围,即可完成QQ预警信息订阅;也可通过搜索小程序"四川地震台",设置关注预警信息接收地区,完成微信预警信息订阅。完成订阅后,当地震发生时,官方地震预警信息将会快速精准触达给用户,尽可能减少人员伤亡和财产损失。目前,四川已实现全省5级以上地震在震后5—15秒发布地震预警的能力,通过多种手段将预警信息进行发布,微信和QQ就是发布渠道之一。

2024年8月,在中国地震局指导下,中国地震台网中心、中央广播电视总台国家应急广播与腾讯联合推出"中国地震台网"全国微信预警服务,面向公众开展公开测试。江苏、河北、海南、甘肃、广东、陕西等地也陆续上线了本地地震预警服务。全国微信用户可通过小程序开启地震预警。微信地震预警具有跨硬件平台、跨操作系统和跨通信运营商的特点,具备了秒级触达的广域快速服务能力。本次微信上线预警服务,旨在丰富地震预警触达渠道,助力中国地震预警有效解决信息触达"最后一公里"问题。中国地震局在国家地震预警工程竣工验收新闻发布会上指出:"无论大家使用哪种品牌、哪种型号的手机,通过微信都将更加方便、快捷地接收到官方、权威的地震预警信息。"这意味着,用户在微信内搜索"中国地震台网"或"地震预警",进入"中国地震台网"小程序,点击"开启地震预警"并允许"地震预警通知"与"获取位置",成功添加关注地后即可开启地震预警服务。

据了解,国家地震预警工程于 2018 年启动实施,此次通过验收并正式投入运行,标志着我国正式建成了自主创新、开放兼容的新一代地震监测预警技术系统,总体功能性能达到世界先进水平,在我国重点地区实现秒级地震预警和全国分钟级地震烈度速报能力,为我国经济社会高质量发展提供更加可靠的地震安全保障。目前,微信已经满足国家地震预警工程所需各项技术指标,接入了中国地震台网中心的全国预警数据,将成为公众获得权威地震预警信息的重要渠道。

微信平台还为地震预警构建了可弹性扩容的独立消息通路,实现了高并发量用户秒级消息推送。当发生可能造成破坏性影响的地震时,微信会发出全屏警示,持续提醒用户及时采取避险措施,以降低地震灾害影响。此外,用户还能通过小程序发出高频音呼救,在被困情况下,向救援人员发出求救信号。微信地震预警在全国上线,借助腾讯的产品技术能力,助力地震预警发挥减灾实效,为全国用户提供官方权威、精准快速的预警信息,为紧急避险和有效应对争取宝贵时间,尽可能减少人员伤亡和财产损失。

截至 2024 年 12 月 31 日,全国已有超 1226 万用户开启地震预警功能,平台累计成功发出 146 次预警,成功率达 100%,平均预警耗时仅 713 毫秒。例如,2024 年 9 月 18 日晚发生的合肥 4.7 级地震中,该平台向 13 万用户及时推送了预警信息,并对距离震中较近的 3000 位用户发出了强提醒。2025 年 1 月 12 日上午发生在银川的 3.0 级地震中,该平台向

84.4 万用户及时推送了预警信息。

三、小结

统筹安全与发展是中国式现代化建设长期面临的艰巨任务,如何在日常生活中培育全民的应急能力是保障人民生命财产安全的关键。腾讯结合企业数字技术优势开展的数字应急项目,通过"5 分钟社会救援圈"、微信、QQ 与地震预警平台的有效链接,为地震预警构建了可弹性扩容的独立消息通路,实现了高并发量用户秒级消息推送;通过科普宣教、技术方案输出,为基层组织和社会公众的应急能力建设进行了有益的探索,为社会公众建立了基于应急能力建设的安全网。

腾讯"可持续社会价值事业部"将社会应急项目作为事业部的一个重要业务方向。通过捐赠设备、对外培训、打造平台,输出能力等方式,腾讯持续在社会应急领域深耕并取得的一系列成果,都是基于自身技术优势、回应社会公众应急需求的针对性选择。这些助力应急能力提升项目为国家应急体系的完善和公众应急能力的提升积累了有益的经验。

第五节 减少排放与绿色转型的实践探索

2022 年 2 月,腾讯宣布并承诺,计划不晚于 2030 年实现自身运营及供应链的全面碳中和。作为全球领先的互联网科技公司,腾讯同样承诺在 2030 年前实现 100% 绿色电力的使用,为此提出"减排和绿色电力优先、抵消为辅"的原则,具体手段包括节能提效、可再生能源替代、碳抵消等。这一承诺不仅体现了腾讯在环保方面的责任担当,也彰显了其作为中国特色社会主义企业推动全球低碳转型的决心。

在碳中和行动中,腾讯遵循"减排和绿色电力优先、抵消为辅"的原则,力求实现整体净零排放。为此,腾讯采取以下关键措施:一是通过降低整体运营中的单位能耗,提升资源使用效率;二是大幅提高可再生能源的使用比例,尤其在用电方面,积极参与绿色电力交易,探索新能源项目投资与开发;三是对无法减少的碳排放部分采用碳抵消方式。以腾讯会议、腾讯文档等数字工具的利用降低了碳排放;数字金融以微信等移动支付工具促进节能环保。2019 年 12 月,腾讯会议功能上线。据生态环境部宣传教育中心与中华环保联合会绿色循环普惠专委会发布的《在线会议助力碳减排量化研究报告》显示:腾讯会议平均每次在线会议减少的碳排放量,相当于约 20 棵树每年产生的碳汇量。基于该结论,扣除占用数据中心所产生的碳排放,自腾讯会议上线以来,截至 2021 年 11 月,用户使用这款产品实现了超过 1500 万吨的碳减排量。该数字相当于全国 2. 29 亿私家车车主每人自愿停驶 14 天所带来的碳减排量,大约是 280 个塞罕坝机械林场一年产生的二氧化碳吸收量。据微信支付发布的数据,2023 年全年,微信支付用户通过电子开票、扫码点餐、线上缴费、绿色出行等日常行为,共同为地球减少碳排放 1881. 5 万吨,相当于种了超过 10 亿棵树;微信支付用户的线上生活共减少了碳排放 364. 8 万吨,通过线上缴交水电燃气费、物业费、线上办证等,减少了用户交通出行与用纸;微信支付用户共开出了 43. 4 亿张电子发票、电子小票和电子保单,减少了碳排放 4. 36 万吨;微信支付用户通过扫码乘公交地铁、扫共享单车、为新能源汽车充电等行为,共同减少碳排放量 1512. 33 万吨。[①] 以微信支付为代表的移动支付有力促进了可持续发展。除了致力于实现自身碳中和目标,

---

① 《旋姐 ESG 探索:移动支付是如何助力低碳可持续经济发展的? | 碳视角》,2025 年 2 月 10 日,https://mp.weixin.qq.com/s/Oo20PCIVH9gcUc9A-ia8kA。

腾讯还希望通过开放创新与知识共享,利用其平台和产品的广泛覆盖与影响力,推动社会层面的低碳转型。腾讯将重点推行以下举措,以助力消费者、企业及社会:一是引领公众低碳生活,通过开发可持续发展主题的小程序和手游,倡导低碳生活方式和绿色消费;二是借助数字化技术助力产业低碳转型,为企业的数字化运营和低碳减排提供技术支持,促进工业部门实现低碳转型;三是推动可持续社会价值创新,通过促进碳捕集、利用和封存(CCUS)技术的合作伙伴关系,推动关键低碳技术的发展和应用。腾讯的这些实践探索展现了其作为全球互联网科技企业在绿色低碳领域的领导力与社会责任,力图为全球绿色转型和可持续发展做出重要贡献。

一、碳寻计划

联合国政府间气候变化专门委员会(IPCC)报告指出,全球在控制气候变暖方面取得的进展未及预期。如果人类在未来十年内将二氧化碳排放量减半,则有50%的机会将全球变暖控制在1.5℃以内。联合国报告中指出的,将全球升温控制在1.5℃以内的窗口机会稍纵即逝。腾讯将持续运用自己的技能、专业和资源,为解决这一全球挑战而上下求索。我国政府提出的"双碳"目标(即在2030年前实现碳排放达峰、到2060年前实现碳中和),是一项具有里程碑意义的战略决策,是一场全方位、多层次、长周期的经济社会与技术革新,需要各行各业的广泛参与和深度协作。

腾讯在实现自身减排的同时,助力全社会的节能减排,着力推动实现绿色低碳转型。2021年1月,腾讯可持续社会价值事业部(SSV)响应国家"双碳"战略设立腾讯碳中和实验室,期望通过技术创新、产品创新和模式创新,利用数字手段助力社会和行业实现碳中和。

2023年3月,腾讯联合产业、投资和生态合作伙伴,在业内专家的指导下,发起了支持低碳初创技术发展的"碳寻计划"(CarbonX Program),投入亿元级的催化性资金,推动前沿低碳技术走向规模化应用。

根据国际能源署的定义,新兴低碳技术成熟度(Technology Readiness Level)可以概括为"原型研发""示范运行""早期应用""商业量产"四个主要阶段。过去几年来,低碳技术创新取得了明显进展。在国际能源署2021年的"净零路线图"报告中,2050年全球实现净零经济所必需的低碳技术,一半尚处于研发或示范阶段,而在2023年9月国际能源署的"净零路线图"更新版中,这一比例现已降至35%左右。不过,尽管许多低碳技术已经显著降低了成本,但还需要进一步提高竞争性,才能到2030年实现商业上可行的规模化应用。国际能源署的"净零路线图"更新报告发现,配备碳捕集、利用与封存(CCUS)设施的化石燃料发电进展落后于2021年报告的预测。事实上,在"原型研发"到"商业量产"的发展过程中,由于技术成熟度不够、市场需求不明朗、投资风险高、产业化成本高昂、政策环境不成熟等因素,早期市场的收入无法弥补成本,导致许多有前景的技术创新成果无法顺利地转化为实际产品和市场化应用,新兴的低碳技术可能面临停滞甚至失败,遭遇创新"死亡谷"(Valley of Death)。

在征求政府指导意见、并在与产学研各界大量调研的基础上,针对新兴低碳技术发展的实际需求,腾讯发起的"碳寻计划"决定以公益性的资金支持高等院校、研究机构的低碳技术研发和成果转化,并连接产业力量推动前沿低碳技术走向规模化应用,助力新兴低碳技术越过"死亡谷"。

"碳寻计划"首期聚焦碳捕集、利用与封存(CCUS)技术,在全国范围内征集CCUS领域(如工业源捕集、空气源捕集、地质封存、矿化封存、矿化利用、化工利用、生物利用、地质利用等)创新技术的项目方案,联合产业、投资和生态合作伙伴,打造有示范性作用的 CCUS 系统落地项目,孵化有经济性潜能的初创企业,同时助力 CCUS 基础能力建设。具体来说,"碳寻计划"首期针对不同阶段与类别的项目开放三大创新通道:

(1)试点支持:支持前沿技术的首个工业场景示范应用项目,加速技术验证、提升实际场景应用的匹配性、为规模应用与成本下降打好基础。针对高校、科研院所等非营利机构的 CCUS 研发项目,对接产业伙伴实施千吨级减排示范。成功的示范项目获得复制与规模放大,以期实现千万吨级减排。

(2)初创孵化:面向以突破性二氧化碳利用或低成本二氧化碳捕集技术为核心的早期创业团队,实现技术放大应用与商业加速。针对早期初创企业,通过产业孵化与能力培训课程,腾讯与投资伙伴择优做股权投资,撬动百亿元资金的投入,力争培育数个 CCUS 领域头部企业。

(3)能力建设:面向大幅提升 CCUS 行业数字化、智能化的创新方案,完成搭建及验证;重点关注量化核算、监测和验证二氧化碳捕集、利用或封存的减碳或固碳效益,如数字化方法学系统或检验检测平台等产品或方案;封存选址数据库构建和封存机理数值模拟等数字化工具或方案以及创新性源汇匹配系统或平台、区域 CCUS 集成基地规划、二氧化碳运输等产品或方案。申报主体主要是相关政府部门、社会团体、高校等机构。

"碳寻计划"成立了专家咨询委员会,由 17 位 CCUS 领域涉及捕集、利用、封存、政策等方面的资深专家组成,为项目的筛选、执行与落地提供指导,为评选的科学性、前瞻性把关,由中国科学院院士金红光、中国科学院院士姜培学、欧洲人文与科学院院士严晋跃、中国 21 世纪议程管理中心(21 世纪中心)主任黄晶担任联席主席,21 世纪中心气候变化国际合作处处长张贤担任秘书长。

　　"碳寻计划"第一期还包括了十余家产业、投资、生态合作伙伴,包括产业合作伙伴海螺集团、华润水泥、华润电力、广东能源集团、河钢集团、蔚来、沙特基础工业公司(SABIC)、深圳能源、万科等不同领域的头部企业从产业应用角度给予支持;也包括经纬创投、蔚来资本、OGCI China Climate Investments、红杉中国等投资合作伙伴为商业孵化和资金引入提供帮助。此外,"碳寻计划"还得到了中国环境科学学会碳捕集利用与封存专委会(CCUSA)、Global CCS Institute、广东南方碳捕集与封存产业中心、Impact Hub Shanghai 等生态合作伙伴的配合和支持。

　　专家咨询委员会以及合作伙伴制订了"碳寻计划"第一期申报项目的评审标准,特别强调"3I"三大维度:Innovation(创新性)——解决环节中的关键问题,与现有路线或工艺流程相比有显著的先进性;Impact(影响力)——市场规模、固碳或减排规模等;Implementation(可执行性)——和产业伙伴的匹配度、流程改造技术难易度等。对于试点支持赛道,主要强调技术突破,创新权重高于可执行性,暂不考虑经济性;对于初创孵化赛道,主要看技术创新性和短期内落地可能性,经济性也占有一定权重;对于能力建设赛道,解决迫切实际问题和多场景普遍适应性是关键。在全部三个赛道中,核心团队的背景、经验和成员之间互补性也是评审中考虑的重要因素。

　　"碳寻计划"首期正式启动后,得到了 CCUS 领域的高校科研院所、初创企业以及相关机构的热烈反响。到当年 6 月 30 日申报截止,共收到 320 个项目申请,所涉及技术领域的深度和广度都大大超过了预期。165 份符合要求的申报项目入围专家函评,其中包括试点支持赛道 79 个项目、初创孵化赛道 49 个初创公司,能力建设 37 个项目。最终 13 个项目从 300 多个申报项目中脱颖而出,获得研究和探索所需的资金和资源支持,促进技术在应对气候变化这一全球性挑战中发挥更大作用。

2024年12月,腾讯正式启动"碳寻计划"二期(CarbonX Program 2.0),在前次运行基础上,碳寻计划二期拓展视野、拓深赛道,聚焦碳移除、钢铁CCUS、CCU(碳捕集与利用)碳寻制造以及长时储能技术等4个方向领域,面向全球创新技术团队公开征集方案,打造有示范性作用的落地项目,孵化有正向经济性潜能的初创企业,同时助力前沿低碳技术的基础能力建设。气候挑战的紧迫性刻不容缓,而应对关键在于加速推动正确的技术进入市场,并驱动变革。通过"碳寻计划"二期项目,希望构建一个国际生态体系,携手各方共同加速迈向净零排放目标。

为保障二期顺利实施,专家委员会将分两轮进行评审。第一轮将提供大致的场景信息,要求团队提交技术方案,重点关注技术创新性:一是碳移除:肯尼亚拥有丰沛的可再生能源资源,可为碳移除技术提供绿色电力;其中部及南部裂谷区域,具备优质的地质存储条件,在空气中捕集的二氧化碳可就地进行封存。二是长时储能:马尔代夫的众多生活岛屿尚以小型柴油机供电,电价贵且二氧化碳排放量高。在岛屿上预期建设的光伏发电网络需要长时储能设施来支撑其稳定性。三是钢铁行业CCUS:以塞尔维亚的长流程钢厂为场景地,契合百年钢厂的转型期机遇和挑战,聚焦新一代点源CCUS的技术路线,而非成熟技术重复验证。四是碳寻制造:二氧化碳的再利用产生的消费品,在未来5—10年,在衣食住行各领域都会得到多种应用,具体的技术路线可以根据消费品合作伙伴的场景进行适配。

第二轮评审将提供更详细的场地信息和参数,要求团队提交更完整的落地方案,评选标准在首轮基础上,将更加关注项目落地性。筛选层面,首轮将在每个通道筛选出最有潜力的10—20个技术团队,团队提交的技术方案作为优胜项目对外发布并进入相应通道终选；第二轮将在 4 个通道中分别选取 1—3 个团队作为重点支持对象。对于脱颖而出的团队，"碳寻计划"将支持建设示范项目，单个项目资助金额将视项目需求情况在数百万至数千万元不等。

2024 年 12 月 3 日起，碳寻计划官网已开放二期提案申报，全球范围内的初创企业、行业资深企业、高校以及研究机构都可以在 2025 年 5 月前提交申请。可以预料，"碳寻计划"将能助力更多志同道合的伙伴加入低碳创新，为所有人创造一个更绿色、更繁荣的未来。

二、碳 LIVE 社区

为有效实现全球可持续发展和中国"双碳"目标，积极推进"碳寻计划"的实施。2022 年，腾讯携手 Impact Hub Shanghai、璞跃中国等十余家国际与国内合作伙伴，共同发起支持低碳创新的连接平台"碳 LIVE"。"碳 LIVE"汇聚低碳技术相关方，包括企业家、投资人、研究机构等，通过实现低碳创新领域数据、信息和知识的可查找、可访问、可互用和可重复使用，促进社区用户的连接、学习和行动，推动低碳创新解决方案，加快全球采用倡导碳中和以及积极适应气候的技术。

腾讯依托自身在云计算、大数据、人工智能等领域的技术优势，构建了覆盖企业碳管理、个人碳减排激励、城市碳信用体系的数字化碳 LIVE 社区管理平台，助力社会整体向绿色低碳转型。

首先，企业级碳管理，精准计算与优化碳排放。腾讯依托云计算、大数据和人工智能技术，推出了"碳智算"，帮助企业精准测算碳足迹并优化碳减排路径。该平台于 2021 年 9 月在"腾讯数字生态大会"上正式发布，支持碳资产管理与碳交易，助力企业对接国内外碳市场。例如，2021

年南方电网利用腾讯云的碳管理系统,对供电网络的能耗和碳排放进行监测,并通过智能优化算法提高清洁能源利用率。[①] 2022 年全球工程机械龙头企业三一重工与腾讯云合作,通过"碳智算"平台实现碳排放数据的智能化管理,优化生产流程中的能源消耗,预计每年减少数万吨碳排放。此外,腾讯还积极探索碳捕集、利用与封存(CCUS)技术。2021 年 1 月,腾讯成立碳中和实验室,专注于 CCUS 技术的研发。2022 年,腾讯与中国石化合作开展碳捕集项目,每年可减少数十万吨二氧化碳排放。腾讯云 AI 团队还开发了智能算法,提高碳捕集效率并降低成本,推动 CCUS 技术的规模化应用。

其次,个人碳减排激励,打造低碳生活方式。腾讯通过微信支付、腾讯出行等平台构建了"碳普惠"机制,激励用户践行绿色生活方式。2021 年 12 月,腾讯在深圳试点推出"碳普惠"机制。例如,2021 年深圳地铁推出"绿色出行计划",乘客使用微信乘车码搭乘公共交通,可积累碳积分,兑换公益植树项目。2022 年腾讯与盒马鲜生合作推出"无塑购物"奖励机制,用户选择不使用塑料袋可获得碳积分奖励。据盒马预计,该计划每年可减少 1277 万只塑料袋的使用,相当于种植约 1.5 万棵梭梭树。在智能家电领域,腾讯集团 2021 年与美的集团合作,推出智能家电节能模式,帮助用户减少 10%—20% 的家庭能耗。

再次,城市级碳信用体系建设,推动低碳经济发展。腾讯积极推动城市级碳信用体系建设,与政府及行业机构合作,推动碳信用在出行、消费、金融等领域的应用。2022 年 6 月,腾讯联合广州市政府推出"碳账户"系统,市民的低碳行为(如绿色出行、节能用电)可积累碳积分,并兑换公交

---

① 《南方电网发布碳排放管控智能服务平台》,新华网,2024 年 9 月 11 日。

地铁折扣、景区优惠等奖励。此外,腾讯与银行合作,基于企业碳减排数据推出绿色供应链金融服务,帮助绿色企业获得低息贷款。2022年,腾讯开始探索区块链技术在碳交易中的应用,以提高碳交易的透明度和可追溯性。未来,腾讯计划深化区块链+碳交易模式,加强与国际碳市场的合作,帮助中国企业对接全球碳交易体系。

未来,腾讯还将继续深化科技创新,推动绿色低碳发展。例如,利用AI优化CCUS技术,提高碳减排效率;推广数字化碳管理平台至更多企业和城市,助力全球碳中和目标;加强与国际碳市场的合作,推动全球碳交易体系的互联互通。总之,通过"碳智算"平台、碳普惠机制、城市碳信用体系等数字化工具,腾讯已在企业、个人和城市层面构建了完整的绿色低碳解决方案,为全球可持续发展贡献力量。

"碳LIVE"作为一个开源社区,它以分布式的方法,不断发现问题解决问题。因此连接和共创将是社区运营的核心基础,连接能力能够帮助低碳从业者寻找资源;共创机制能够聚拢更多参与方共享资源。在"碳LIVE",足不出户,即可与社区内全球而多元的用户、信息、知识产生连接。通过创新团队建设,聚焦包括创业者在内的低碳行动参与者们,鼓励建立联系并加强合作;通过展示低碳技术产品,为最新技术进展提供展示和发现的平台;通过建立资源星球,提供了发布和订阅各类低碳创新支持资源的工具,推动资源的高效利用;通过制定行动图谱,以结构化的方式沉淀基于企业案例和行业研究的低碳知识洞察;通过创建工具实验室,集合低碳政策洞察、数据和分析工具,为可持续发展探索数字化工具和可行方案。

三、小结

可持续发展是人类共同的目标。腾讯以科技向善为使命愿景,以可持续社会价值创新为践行路径,3年多来,已初步在绿色转型和可持续发展领域形成了从试点、规模化到生态打造的一些经验与方法。腾讯在绿色低碳可持续发展方面的实践探索,不仅是企业发展的必然选择,更体现了其作为中国特色社会主义企业的责任与担当。通过响应国家"双碳"战略,腾讯将科技创新与社会价值创造结合,推动绿色低碳转型,成为中国企业在全球气候治理中的积极力量。

腾讯承诺自身在2030年前实现全面碳中和,并计划100%使用绿色电力,这一目标与国家战略紧密契合,展现了其在环保方面的决心和行动力。腾讯遵循"减排和绿色电力优先、抵消为辅"的原则,采取降低单位能耗、提升可再生能源使用比例和探索碳抵消等措施,形成了全面的绿色转型路径。这些行动不仅为企业的可持续发展奠定了基础,也为行业树立了标杆,推动了全社会向低碳转型。

在技术创新方面,腾讯通过"碳寻计划"等项目,推动低碳技术的发展与应用。通过集中资金支持碳捕集、利用与封存(CCUS)技术等前沿低碳技术,腾讯不仅推动了行业的绿色转型,也展现了中国企业在全球气候治理中的积极贡献。其二期计划还扩展了对碳移除、钢铁CCUS等领域的支持,助力低碳技术的规模化应用,体现了腾讯在绿色科技创新中的领先地位。

此外,腾讯依托云计算、大数据和人工智能等技术,构建了数字化碳管理平台,推动企业、个人与城市层面的低碳转型。通过"碳智算"和"碳普惠"平台,腾讯为企业提供精准的碳足迹测算与减排路径优化,为个人倡导低碳生活方式,并推动城市级碳信用体系的建立。这些创新举措不仅提升了碳管理效率,还为社会提供了可复制的绿色低碳解决方案,推动了社会的绿色转型。

腾讯的可持续发展实践,不仅为企业自身开辟了绿色发展之路,也为全球绿色转型提供了中国智慧与中国方案,展现了中国特色社会主义企业的全球责任感与使命担当。

第六节 公益慈善的实践探索

公益慈善是社会文明的体现,更是创造社会价值的重要场域。企业发展之后以公益慈善方式回馈社会,是企业履行社会责任的通常做法。腾讯基于可持续社会价值创新的战略思维,开展公益慈善项目创新实践,使公益项目在技术条件和中国语境下具有了全新的内涵。依托互联网平台,以传统公益、行为公益方式,最大限度地动员了公益资源,实现了公益慈善事业的现代化和人人可公益、公益为人人的社会公益目标,在我国公益慈善领域发挥着引领作用。

一、腾讯基金会

腾讯公益慈善基金会,简称腾讯基金会,于 2007 年 6 月在民政部注册,是中国第一家由互联网企业发起的全国性非公募基金会。腾讯基金会以"做美好社会的创连者"为愿景,以"践行科技向善,用公益引领可持续社会价值创新"为使命,积极推动互联网与公益慈善事业的深度融合,致力于成为中国最优秀的企业基金会,为社会创造可持续社会价值。

腾讯基金会的主要业务包括:一是搭建公益平台,致力于做全球领先互联网筹款信息平台,推动互联网公益发展(这部分将在腾讯公益平台章节详述)。二是助力社会价值创造,与腾讯 SSV 各个实验室合作,探索社会议题的可持续解决方案,创造社会价值。三是以数字技术结合资金帮扶提供,创新资助解决方案。在这方面,腾讯基金会所做的,是助力公益资源的跨界链接与综合联动,构建可持续发展模式,比如探索国家级公共服务资源、公益机构和捐赠人共同参与的创新模式。通过提供标准化的解决方案,把稀缺社会资源纳入公益服务体系,让"公共服务"转化成"公益服务",从受益群体需求出发,丰富公益场景、拓展公共服务边界,为受助人创造更受尊重、更友善、更幸福的体验。

腾讯基金会创新资助的社会议题包括四大类:文化保育项目、环境保护项目、数字应急项目以及用创新资助+技术链接弱势人群与社会资源。在文保领域,例如2022年,中国博物馆协会与腾讯基金会联合发起"腾博基金",以博物馆可持续发展和文化传播为主题,在全面强化中国博协引领学术与文化传播能力建设的同时,带动全国博物馆特别是中小博物馆、纪念馆青年人才培养及整体专业水平提升,为广大公众提供更多更好的公共文化服务。在环境领域,腾讯与世界自然基金会成立数字平台,使用AI图像识别技术追踪雪豹的踪迹和收集各种关键数据,以保护雪豹及其栖息地。在数字应急领域,腾讯基金会致力于以技术加资助的方式,助力政府社会应急机制建设。在帮扶弱势人群方面,有帮助自闭症儿童、助老用餐就医、女童生理卫生用品资助等项目。

腾讯基金会还将创新资助用于行业支持领域,比如面向"弱势群体"帮扶领域的枢纽型、支持型、平台型公益组织以及合作伙伴机构负责人、业务骨干开展省级数字关爱模式行业赋能,包括课程体系开发、学习网络搭建、行动研究报告、成果出版传播、工作坊/沙龙、共建机制等。

尤其可贵的是,腾讯基金会持续倡导技术公益,为行业探索技术专业能力支持,从通用基础工具到垂直领域探索,不断发展用技术提升解决社会问题的能力,通过领域探索反向沉淀,将技术方案开放行业所用;提供近80款数字工具及应用,支持公益机构1000家;资助标杆数字化应用,比如技术公益创投计划扫描近700个主要公益领域的数字化典型做法和技术创新应用,累计资助技术公益项目近100个。

腾讯基金会还支持和资助公益慈善领域的知识生产与沉淀,通过中国互联网公益峰会及常态化边会体系、行业知识产品系统化资助、公益知识库打造及共享等方式,资助行业公益知识体系的建设,支持行业持续的专业化发展。已累计支持26场专业边会、产出19份议题扫描报告,及15项专题学术研究与出版物。"涟漪行动"则联合社群、机构及专业伙伴,试点探索符合中国本土语境的社群慈善模式,并通过知识研究、创新资助"成塔计划"等行业支持方式,让公益组织升级捐赠人培育和服务能力服务,激发和促进公众深度、理性的公益慈善参与。

在人才支持方面,腾讯基金会以人才发展助力行业提升领导力和数字能力建设。2022年,腾讯基金会发起"强基教研专项基金"和"腾讯数字强国专项基金",前者以奖学金方式资助公益行业优秀管理者就读深圳国际公益学院EMP项目,支持"数字公益"相关主题的EMPA新课程开发,并提供面向互联网企业员工的公益定制课程;后者以育才、用才、人才交流为突破口,在数字人才培育、赋能数字社会、赋能乡村振兴、创新数字科技等方面开展人才培训、咨询研究、论坛交流等公益项目。

值得一提的是,慈善力量支持灾害应急救援一直是腾讯基金会的重要工作,除资金支持之外,如何通过数字化技术提升救灾效率,特别是灾后恢复阶段及时精准地满足受灾群众个性化生活所需? 一直是腾讯基金会在救灾领域的思考。如2023年末,在京津冀水灾灾后调研过程中,基金会救灾团队发现灾区一方面出现社会捐助的传统物资大量堆积,另一方面出现了群众的个性化生活所需难以满足的窘境。为此,经过与公益伙伴、腾讯技术团队的大量调研论证,腾讯基金会首次利用"数字关爱券"形式,面向京津冀水灾、积石山地震受灾家庭开展个性化帮扶试点。具体策略是依托微信支付的身份识别与券码核销功能,让受灾群众通过微信账户精准接收购物券、消费金,群众可根据自身个性化需求在当地灵活购买相关物资。该模式为公益组织的灾害救助、弱势人群帮扶过程提供了一套通用性强、帮扶效率高、帮扶过程精准的数字支持工具。经过 1 年多的实际运行,该模式已经在河北、广东、甘肃、四川、云南、北京、陕西、西藏等多个省份落地,合作商家与公益机构超过 200 个,服务人数超过 30000 人。

该模式不仅有效回应了灾后恢复场景下群众的个性化需求满足问题,而且在非灾场景下的困难人群帮扶场景下也能发挥作用。如老人助餐、老人助医、流动儿童关爱等领域,该模式依然能够实现精准帮扶,让慈善资源直接触及受助人。同时,这种让"受助人上线"的慈善帮扶模式,也让慈善资源的发放与使用也实现了全流程透明。这种"数字关爱模式"为行业带来了三点改变。第一,公益行业的资助逻辑从过去单纯以捐赠人视角转变为"以受助人需求为中心"。第二,对受助人而言,当自身从"接受帮助者"转变为"需求决定者",服务对象的自主选择权从而得到保证。第三,对慈善资源提供者而言,各类商业、志愿服务主体可依托数字连接机制让慈善资源直接触达受助人,从而最大化发挥慈善资源的使用效率。

二、腾讯公益平台

腾讯公益平台由腾讯公司与腾讯基金会联合在 2007 年发起,为民政部依据我国《慈善法》首批指定的互联网公开信息募捐信息平台。截至

2024 年底,腾讯公益平台累计募款总额超过 338 亿元,累计捐款人次超过 13 亿,帮助超过 13.6 万个公益项目筹集资金。通过全面数字化助力公益机构升级、提升全民公益服务,构建可持续公益生态,腾讯公益平台定位为一块做好事,共建、培育可信赖的数字化公益服务平台。

推动人人公益。"99 公益日"是腾讯公益自 2015 年起联合公益机构、用户、企业和媒体等,共同发起的一年一度的全民公益活动。每一年,腾讯公益都尝试升级迭代,更好地服务用户,使爱心用户和公益行业与爱心企业相连接,尝试拆除参与公益慈善的门槛,让更多的人参与公益慈善。2015 年 9 月至 2023 年 9 月,9 年"99 公益日"累计用户参与(包括捐款、小红花互动等参与行为)突破 13.6 亿人次;超过 2.8 万个公益机构、6.4 万个公益项目参加过"99 公益日"活动,涵盖教育助学、乡村振兴、医疗救助、自然保护、关怀倡导等各类公益议题,已成为中国参与人数最多、影响力最广、场景最多元的全民公益行动日之一。

2024 年是"99 公益日"第十年,随着公益行业进入高质量发展阶段,"99 公益日"在 2024 年正式升级为"久久公益节",主题为"十年如一日、久久做好事",秉承不变的初心,在当下与未来持续投入,聚焦助力公益事业高质量、可持续发展。超过 2200 个公益机构带着超 5500 个公益项目,与亿万网友共度 2024 年久久公益节;腾讯共 120 多个产品和业务参与其中,各种新公益形式深入人心,公众互动人次突破 7 亿人次,捐款人次近 4600 万;超过 1000 位名人明星和正能量 KOL、2 万多家企业共同参与,开展了 2 万多场线下活动,通过各种创新形式进行公益倡导。

为实现人人可公益,腾讯公益创新多元化产品,降低参与门槛,引导公众通过捐步、答题、接龙等多种方式进行行为公益。在 2018 年的"99公益日",腾讯公益平台推出"小红花"公益符号,以小红花记录亿万公众在腾讯公益平台的每一件好事。2022年"99公益日",首创"一花一梦想"创新公益模式,使用户不只是捐赠人,更是"公益梦想"策划者,用户可以通过捐出小红花支持对应"公益梦想"。如"一块走"线上公益捐步小程序,只需用户日常走路并将微信运动记录的步数捐出,就会获得腾讯基金会及爱心企业配捐的公益金,用于支持对应的公益项目。据腾讯公益平台2021—2022年数据显示,平台用户捐步共达8967万人次,累计捐出13319亿步。

推动公益行业阳光、透明。为推动公益透明化建设,让公众看到善款流向,腾讯公益于2017年首创财务披露环节,推出项目透明组件、财批组件,捐赠人可清楚了解项目募捐情况、善款使用进度、项目执行情况。2018年,透明组件升级迭代,推出"冷静器"产品组件,让用户捐款之前,能再次了解公益项目立项时间、执行情况、财务披露、项目进展,确认知情后,理性捐助。随着区块链技术发展,腾讯公益平台将其应用于项目跟踪,项目不仅可溯源、可回查,而且不可随意更改。为提高反馈速度,进一步促进公益透明化的建设,腾讯公益探索以具象化、数字化的反馈工具实现信息自动化的反馈,尝试构筑公益行业透明的制度化、标准化,形成良性循环的闭环。2019年腾讯公益推出"回响计划",通过联动行业和生态,以媒体报道、短视频、直播等传播形式,致力于打通、简化公益项目和爱心网友之间的传播链路。除此以外,腾讯公益陆续推出公益股东大会、公益真探、公益自媒体合伙人、公益监督联盟、星火计划等传播项目为载体,带动上万家机构建设公信力和提升自传播能力,让6亿腾讯公益爱心网友看到善款流向。2022年5月,平台推出"小红花来信"功能,通过微信提醒,让捐赠人更清晰地看到自己所捐助公益项目的进展,也让越来越多透明有效的公益项目让更多公众看到并参与。

为了让每一份善意都能被认真对待、不被辜负,2024 年以来,腾讯公益平台正在进一步探索"公益项目数字化执行工具"的推广和使用。基于微信支付实名认证及资金拨付的能力,腾讯公益联合公益机构打造了"公益项目数字化执行工具",公益机构可以快速核验受助者身份、精准高效拨付资金,比如可实现把善款通过微信支付拨到受助人、通过微信支付给特定对象发放爱心券等。通过"公益项目数字化执行工具",公益机构可实现全流程数字化执行,进而有效提高公益机构善款发放的执行效率。数据显示,善款拨付的时间从原来的 1—2 个月缩短为 10 分钟;并且,"公益项目数字化执行工具"还能提高公益机构的进展反馈效率,从原本 3 个月一次人工反馈,提高为 1 个月一次数字化直接反馈。越来越多的公益机构正在通过"公益项目数字化执行工具"开展项目执行,让善款执行的全过程都能得以及时记录,捐赠人也因此能更加及时收到真实、准确、自动的反馈。

三、小结

腾讯用数字技术打造中国式公益慈善新模式,近 20 年的互联网公益慈善探索为中国式公益慈善积累了经验和能量:以互联网产品为连接器,生成基于不同场景(如社交、兴趣、地域、企业)逻辑的"慈善朋友圈",移动支付的普及让线上公益随时随地,实现公益慈善的"扩容";以创新资助为抓手,推动公益项目管理和运营工具普及,助力机构管理和服务能力提效,实现公益慈善的"固本";以技术驱动,探索全过程、可执行、可监测的解决方案,夯实慈善公益公信力的底座,助力公益慈善"强基";以互联网产品为解法,精准定位社会需求,为有需要人群提供便捷服务,"滴灌"并滋养社会生长出更多善意。

腾讯公益慈善项目充分发挥了腾讯的科技优势,实现了公益格局创新,促进"募捐平台"到"公益服务平台"转变。腾讯公益平台实现了公益共享格局改变,网络慈善不断降低了公益的参与门槛,使得公益实现更加惠及大众。更重要的是,腾讯公益平台倡导公众的公益行为,将公益服务的对象转变成了用户,了解用户对于公益的需求、影响和感受,让每个人通过自己的亲身参与、学习、了解来做公益,让长期参与公益的用户获得更多的配额,从而刺激公众积极参与公益活动。腾讯公益平台通过提供一个万物互联的平台,降低社会互动的阻碍,促进救助者与施助者之间的信息对称等,实现了连接"平台"创新,为公益慈善领域社会价值实现提供了可持续的创新平台,引领了公益慈善事业的发展方向。

腾讯公益以自身的技术优势和创新能力引领了我国公益慈善事业的发展,但是在中国特色的公益慈善事业发展中,如何以社区为重点,调动社区和社会的公益慈善资源;如何在陌生人社会和人际关系日益松散的条件下调动社区成员的内生动力,并形成一定的凝聚力,开展社区互助共济,是社区慈善实验的挑战之一。为此,2023年,腾讯基金会与中国社会保障学会合作,实施社区慈善实验项目,在广东、湖南、浙江、上海、北京、四川、甘肃选择10多个社区试点,遵循"立足社区、动员社区、服务社区、提升社区"十六字方针,以社区为主体,以激发社区内生动力为目标,以社区公益能人和枢纽型社区公益组织为载体,以建立社区公益慈善"供需两库"为依据,实现社区互助友爱常态化。社区公益慈善实验已经取得成效,引起广泛关注,这将是中国特色公益慈善事业健康持续发展的重要方向。[①]

---

① 《促进社区慈善健康发展　厚植中国特色慈善事业根基——访全国人大常委会委员、中国社会保障学会会长郑功成》,《中国社会报》2025年3月10日。

第七节　简要评析

由前述可见,腾讯的可持续社会价值创新实践探索,涵盖了社会价值领域的许多方面,充分展现了其社会责任感和共享发展愿景。尽管每个实践探索涉及的领域各不相同、运行机制和运行模式各有差异,但在每个实践探索中,腾讯都是主动选择中国最基层的社会议题、最基础的社会现象和最基本的社会需求,从国家情怀、社会担当和企业责任的融合出发回应社会最关切的现实问题。腾讯以自身发展需要和技术优势进行的可持续社会价值创新实验探索,是企业社会责任的重要体现,取得了多个方面的良好成效,显示出了企业可持续社会价值创新的活力与生命力,体现了企业承担社会责任境界的升华,直接推动着社会领域的系统变革和社会文明的不断进步。

不同于国有企业承担社会责任、创造社会价值的“内在与共”的使命使然,也不同于一般企业承担社会责任、创造社会价值的传统方式的“外在与共”,腾讯可持续社会价值创新的实践是一种内外兼修的“内外与共”,体现了费孝通先生所倡导的“各美其美,美人之美,美美与共”精神境界。这种社会价值与商业价值并重、企业经济利益与社会利益兼顾相融的创新模式,将日益成为新时代中国特色社会主义企业社会价值创新的重要路径。

腾讯可持续社会价值创新的实践探索具有以下特点:

(1)积极主动融入国家战略,回应社会需求,是腾讯可持续社会价值创新实践的重要牵引。这也是其获得政府认可与支持、得到社会公众关注和理解,进而获得可持续的企业发展资源和市场空间的宝贵经验。

（2）充分利用自身核心能力和技术优势,是腾讯可持续社会价值创新实践的重要条件。企业只有立足自身核心能力和技术优势,并结合企业的主营业务,开展可持续社会价值创新探索,才能实现企业商业价值创造和社会价值创造的双可持续。腾讯充分利用其国民应用的技术和平台优势,通过内部资源整合,实现了社会价值和商业价值的有效融合、企业商业价值和社会价值的双轮驱动、商业价值创造和社会价值创造的双可持续。

（3）腾讯公益慈善基金会在腾讯可持续社会价值创新实践中发挥了重要作用。大多数企业发展之后都会选择成立基金会开展公益慈善活动,为社会价值创造做出了一定贡献。但这种直接捐款方式所创造的社会价值相对有限。腾讯基金会在直接捐款这一社会价值创造传统路径的基础上,与腾讯 SSV 选择的可持续社会价值创新项目高度融合,实现了从社会价值创造传统路径向可持续社会价值创新路径的发展。

（4）多方共创共益是腾讯可持续社会价值创新实践的重要支撑。腾讯可持续社会价值创新的项目,都是腾讯运用自身的技术优势与其他社会主体多方合作的结果,中央部委、省级政府、地方政府、各类社会组织、基层项目实施单位的大力支持和通力合作,是腾讯可持续社会价值创新实践产生良好社会成效的关键。这种多方共创共益、多方合作收益的运行模式,是腾讯可持续社会价值创新实践具有可借鉴、可复制的基本经验。

（5）与公共政策的良好互动是腾讯可持续社会价值创新实践的重要目标。腾讯可持续社会价值创新实践项目,是在参与国家公共政策过程中逐步培育的,但国家公共政策的实施,在基层都会面临许多制约条件。如何经由企业途径和技术路径实现公共政策的有效执行,并引导公共政策资源向低资源地区倾斜,是公共政策有效落地的关键。腾讯可持续社会价值创新实践所体现的价值引领、政策引导经验对于可持续社会价值创新和实现具有典型的借鉴意义。

当然,在充分肯定和高度评价腾讯可持续社会价值创新实践的同时,还应当看到,这只是我国企业可持续社会价值创新的起步,未来之路还很长。一方面,腾讯自身还在实验探索之中,腾讯还需要有更加清晰的可持续社会价值发展战略,也需要进一步厘清企业社会价值与商业价值"双可持续"的内在关系与联动机制,助力企业的核心能力,通过社会实验降低企业的技术研发成本。另一方面,我国企业可持续社会价值创新还需要有更加优良的政策支持、环境条件与社会氛围。如果只有腾讯一家或者少数企业进行可持续社会价值创新实践,将不利于可持续社会价值的创造,因为无法形成有利的社会氛围;如果政府不能高度认同并积极参与甚至主导,单纯依靠企业努力将是事倍功半。只有更好的社会支持条件、有更多的企业加入可持续社会价值创新的实践之中,才能形成"各美其美,美人之美,美美与共"的可持续社会价值创新的中国企业制度文明。

需要指出的是,在加速变化的社会大潮中,在技术日新月异的时代洪流中,如何顺应社会发展趋势、回应国家发展需要、契合人民时代关切,是企业可持续社会价值创新成败的关键。腾讯在可持续社会价值创新项目的实施中,仍然需要在数据隐私、项目透明性和资源分配等方面进一步持续改进,以确保其可持续社会价值创新的长期性、可持续性和社会影响力。

第七章　其他企业创造社会价值的实践探索

　　企业是中国式现代化的重要推动力量,也是社会价值创造的重要主体。截至 2024 年 11 月底,我国实有登记注册经营主体数量 1.89 亿户,其中企业 6086.7 万户。[①] 从 2012 年到 2025 年 1 月,我国民营企业数量从 1085.7 万户增长到 5670.7 万户,在同期国家高新技术企业中,民营企业从 2.8 万家增长至 42 万多家,占比由 62.4% 提升至 92% 以上。[②] 进入世界 500 强的中国企业共 133 家,其中,国有企业有 91 家,民营企业有 38 家。[③] 这一组数据显示了民营企业的整体发展情况与实力。特别是高新技术产业中民营企业占比大幅提升,数量占据绝对优势,表明民营企业正在加快从传统劳动密集型转向技术驱动型,创新意识不断增强,已成为我

---

　　① 《截至 2024 年 11 月底全国实有登记注册经营主体 1.89 亿户》,国家市场监督管理总局网站,2025 年 1 月 13 日,https://www.samr.gov.cn/xw/mtjj/art/2025/art_8b91a03be26845a8b10a68f7e43a5034.html。

　　② 《民营企业已成我国科技发展和技术创新重要力量》,国家市场监督管理总局网站,2025 年 3 月 5 日,https://www.samr.gov.cn/xw/mtjj/art/2025/art_98aa1d3e4bb64be9a10eaac533aa143a.html。

　　③ 《独家解读|从世界 500 强榜单,看国资国企两大新变化》,腾讯网,2024 年 8 月 6 日,https://news.qq.com/rain/a/20240806A06B4900。

国科技发展和技术创新的重要力量。

　　企业创造社会价值的已有探索，是不同类型企业进行社会价值创造的客观体现，并对企业社会价值进一步的创造实践以及社会经济发展产生着积极影响。虽然不同企业的产业领域、核心能力、发展模式不同，但都可以在发展过程中承担社会责任、创造社会价值，并不断探索实现的方式和路径。在企业社会价值创造过程中，腾讯基于商业价值和社会价值相统一的目标进行了先行探索，积累了一定的经验。在腾讯2021年提出可持续社会价值创新战略之后，蚂蚁集团于2022年也提出了包含社会价值在内的企业可持续发展战略。一批先行企业也基于社会发展需要和企业的发展实际，对创造社会价值进行了有益探索，涌现出了一批典型经验，呈现更多企业共创社会价值的景象和发展态势。这些企业的行动，促进了企业生产要素和生产关系的共生、共创、共富与共享，实现了企业与个体、社会、国家的共生共荣。本章选择新希望集团、华为公司、比亚迪集团、蚂蚁集团、京东集团、饿了么公司等在创造社会价值方面的积极探索予以介绍，由此可窥中国民营企业的组织善意及其在形塑中国现代企业新特质方面的努力。

第一节　新希望集团的实践探索

　　新希望集团有限公司（以下简称"新希望"）是一家以现代农牧与食品产业为主营业务的民营企业集团，由著名民营企业家刘永好先生于1982年创立，随改革大潮奋斗至今，已拥有世界第一的饲料产能，中国第一的禽肉加工处理能力，是中国最大的肉、蛋、奶综合供应商之一。

　　新希望在企业发展的同时，一直秉承"阳光、正向、规范、创新"的价

值理念,诚信经营,依法纳税,并积极投身公益,创造社会价值。1994 年 4
月,在全国工商联七届二次常委会上,时任全国工商联副主席的刘永好先
生主动牵头,联合了其他 9 位杰出的民营企业家,共同发出了《让我们投
身于扶贫的光彩事业中来》的倡议,这一行动标志着中国光彩事业的正
式启动与蓬勃发展,而新希望扮演着主要倡导者与积极推动者的关键角
色。此后的 30 年间,新希望在贵州、甘肃、宁夏、四川等多个地区建立了
超过 150 家同类光彩事业扶贫工厂,不仅促进了地方经济发展,还创造了
6 万余个就业机会。新希望累计投资额超过 50 亿元,并直接捐赠超过 10
亿元,为助力贫困地区脱贫攻坚与区域经济发展作出了显著贡献。在 40
年的发展历程中,伴随改革开放的发展,新希望立足于农牧行业并不断向
上下游产业延伸,形成农牧食品、乳品快消、智慧城乡、金融投资等相关产
业,在全球拥有分(子)公司超过 600 家,员工超 13.5 万人,集团资产规模
超 3400 亿元人民币,2024 年以 399.88 亿美元营收第 4 次进入《财富》世
界 500 强榜单位列榜单第 378 名。[①] 作为传统企业的杰出代表,新希望创
造社会价值的实践探索也具有典型性。它与服务"三农"的国家战略相
一致,助力脱贫攻坚,服务乡村振兴,在推动农业、农村和农民发展中实现
企业发展、创造社会价值。作为一家大型农牧企业,新希望以农牧行业生
产为核心能力,基于社会发展需要和企业的发展实际,通过发起、持续运
营和创新服务"三农"的各类产业、行动、计划,在商业价值的实现中满足
社会需求,以开源节流的方式推动产业升级,于农业发展中创造社会价
值;扶持老少边穷地区的发展,助力乡村振兴,于农村建设中创造社会价
值;发展社会公益,践行社会责任,于农民支持中创造社会价值。

---

① 《新希望入榜 2024 年〈财富〉世界 500 强　已连续 4 年登榜》,网易,2024 年 8 月 7 日,
https://www.163.com/dy/article/J90G792L0530WJIN.html。

一、"公司+合作社+家庭农场"模式:以发展农牧产业创造社会价值

农业是国民经济的基础,新希望长期致力于以发展农牧产业来创造社会价值。"企业越大,责任越大"是新希望作为农企发展农牧产业的核心理念,新希望通过阳光、正向、规范的商业运作提升企业价值,致力于与价值关联方实现良性交流、共同进步,以环保原则下的技术创新实现可持续发展。[①]

新希望拥有目前国内规模最大的农业全产业链,涵盖饲料、养殖、屠宰、肉制品加工等多个环节。[②] 以"为耕者谋利、为食者造福"为企业使命,新希望打造了鸡、鸭、猪三条农牧产业链,以"基地+终端"模式,通过实施"福达计划"和贯穿全产业链的安全环保(SHE)体系,打造安全可靠的食品供应生态链,与合作者一起共同为消费者提供安全可靠的肉制品。从原料采购、饲料生产、良种繁育、现代养殖、食品加工、央厨物流、终端消费的全产业链模式不仅提升了新希望在农业领域的市场竞争力,而且为农业现代化的发展提供了有力的支撑。[③]

新希望运用"公司+合作社+家庭农场"模式,在发展产业的同时创造社会价值。作为中国农业产业化领域的佼佼者,新希望在饲料制造、畜禽繁育及食品加工等多个环节均拥有广泛的业务覆盖。尤其在生猪养殖领域,依托其强大的资本基础、尖端的技术支撑及卓越的管理智慧,新希望

---

① 《CSR 理念》,新希望官网,http://www.newhopegroup.com/crs/index.html。

② 《新希望:新希望作为国内头部的农牧企业,始终坚持与农业农村农民同发展,积极投身乡村振兴事业》,网易,2023 年 3 月 7 日,https://www.163.com/dy/article/HV8EQ4QS051984TV.html。

③ 《新希望六合》,https://www.newhopeagri.com/lh/productbrand.html。

已在全国多个省份成功布局了养殖基地,构建起一条涵盖上下游的完整产业链。公司致力于建设现代化的生猪养殖场,这些场地均装配了前沿的养殖设施及环保系统,确保了养殖的高效与环保。此外,新希望还为合作社及农户提供了一揽子的技术支持服务,涵盖疫苗接种方案制定、优质种猪引进、养殖技术培训以及疫病防控体系的建立健全,全方位助力合作伙伴提升养殖效能与生物安全水平。

新希望积极携手当地的合作社与家庭农场,共同推进养殖项目。合作社在其中扮演着桥梁角色,负责动员农户参与项目,并协调企业与农户之间的合作关系。家庭农场则依据企业设定的标准建造猪舍,通过租赁或购买的方式获取种猪进行养殖。企业与合作社及家庭农场签订详尽的养殖合同,清晰界定各方权责,从而有效保障农户的权益。在饲料供应环节,企业以优惠价格向农户提供高质量的饲料,并配套提供饲料配方及喂养技术指导,助力农户提升养殖效率。至于利益分配,农户依据合同条款,以约定的价格将生猪出售给企业。企业则综合考虑市场行情与养殖成本,合理确定收购价格,确保农户获得公正合理的收益。面对市场风险,企业与农户携手共担。当市场价格出现大幅波动时,企业会灵活调整收购价格、提供补贴等举措,以维护农户的养殖热情与积极性,共同抵御市场的不确定性。

2007年以来,结合"新农村"建设的政策实施,新希望不断创新光彩事业的模式,促进相关地区经济发展。新希望采用"公司+合作社+家庭农场"的方式,在四川、重庆、贵州、云南、山东等省市开展农牧产业的带动和帮扶工作,通过提供优质种苗,通过养殖过程中的技术支持、疫病防治支持、资金担保支持,以及后期的市场服务,联系、支持了成千上万的专业合作社、家庭农场的发展。帮扶100余个村走上了致富之路,发展建设原料种植和畜禽养殖基地超过 5 万亩,辐射带动的基地超过 400 万亩,使所在地农村农民年平均增收近千元。

新希望在发展农牧产业时注重科技节粮。2022 年新希望提出"节粮专项行动",联合 21 家产学研单位,组成"节粮创新联合体",目标是连续 5 年每年节约 1% 的粮食。实施以来,新希望构建起"育种、饲料和养殖管理三位一体的饲料节粮科技创新生态",目前已实现节粮 138 万吨,相当于节约了 200 万亩土地的粮食。[①]

由新希望牵头设立"饲料节粮科技创新联合体",以饲料节粮为攻关方向,重点围绕育种、饲料、养殖三个关键环节,攻克饲料生产消费链条上一系列节粮核心技术问题。邀请院士和行业知名专家形成国际智库,引入科技投资基金和国家级协会社团,联合行业上下游企业及科研院所,发挥生物科技和数字科技的驱动力,提升国家粮食安全的技术韧性,支撑行业平稳可持续发展,确保我国粮食安全,打造绿色低碳农业产业。[②] 为保障粮食安全,启动"节粮专项行动",从生产端节约粮食使用。每年提升 1% 的饲料综合使用效率,即每年节约 1% 的粮食,连续坚持 5 年,就能累计节约粮食约 150 万吨,对应节约耕地超 300 万亩耕地。

二、"昭觉模式":助力农村地区发展创造社会价值

新希望注重为欠发达地区创造价值,通过助力农村地区发展,践行社会公益、履行社会责任,创造社会价值。新希望主张"为老少边穷地区人们创造价值",从 1994 年牵头发起"光彩事业",新希望在"老、少、边、穷"

---

① 《新希望入榜 2024 年〈财富〉世界 500 强 已连续 4 年登榜》,网易,2024 年 8 月 7 日,https://www.163.com/dy/article/J90G792L0530WJIN.html。

② 《新希望六和》,https://www.newhopeagri.com/lh/technical.html。

地区投资已超过 50 亿,在新疆、甘肃、宁夏、四川、重庆、贵州、湖北、湖南、云南、江西、海南、河南、山西、山东等地区建造了超过 150 家的同类型"光彩事业"扶贫工厂,带动了地方就业 6 万多人,并安置国有企业下岗、转岗员工 1.3 万多人。①

产业发展是脱贫之基、富民之本、致富之源。产业扶贫是最直接、最有效的脱贫方法,也是增强贫困地区造血功能、帮助群众就地就业的必由之路。新希望结合集团产业、发挥自身优势,积极参与"万企帮万村"行动,发起"精准扶贫 1+1"行动,依托自身产业特点,积极创新产业扶贫模式。

特口甲谷村位于凉山彝族自治州昭觉县,特口甲谷村属于典型的高寒贫困村,海拔在 2900 米以上,处于大凉山腹心地区。为了响应国家精准扶贫战略,带领老乡尽快脱贫,驻村干部决定大力发展村集体经济,成立了特口甲谷养殖专业合作社,以产业带动全村经济发展,提高村民收入,特口甲谷养猪场在脱贫攻坚、产业扶贫的大背景下应运而生。

2018 年,特口甲谷村正式采纳并实施了"昭觉模式"。该模式采用"昭觉县政府+人民银行成都分行+新希望六和+村集体+特口甲谷村贫困农户"的多元化(4+N)运营框架,集合了人民银行、新希望、贫困户及部分非贫困户的力量,共同投资建设当地顶尖水平的养殖基地。此举旨在通过发展特色产业,实现长期稳定的收益增长,从而推动村集体经济壮大,助力贫困户脱贫,并兼顾非贫困户的利益,同时对周边贫困村的集体经济发展产生积极影响。项目核心为一个年出栏量达 5000 头的养猪场,由新希望公司、村集体(获得昭觉县政府补贴及中国人民银行成都分行

---

① 《光彩事业》,新希望官网,http://www.newhopegroup.com/gcsy/index.html。

支持),以及贫困户(主要依赖扶贫贷款)携手投资建立。政府与银行为贫困户提供必要的资金支持和贴息贷款,而龙头企业新希望则负责提供猪苗、饲料、技术指导及销售服务,并承担疫情、市场波动等风险。贫困户不仅能通过持股获得分红,还能参与劳动赚取工资。至 2024 年,该项目已成功出栏生猪 1.5 万头,支付代养费用 490 万元,分红总额达到 140 万元,惠及超过 1000 名村民,因此荣获全国"脱贫摘帽"优秀案例称号。

当前,该项目已成为特口甲谷村村民实现持续稳定收入的重要渠道。得益于政府的援助,村民们搬进了新建成的住宅,享受到了自来水供应和风力发电的便利。他们的农田里不仅种植着荞麦和燕麦,还饲养着牛羊,生活品质显著提升,村民们用"瓦吉瓦(意为非常好)"来形容如今的生活状态。此外,该项目还荣获了国务院扶贫办颁发的"脱贫摘帽"优秀案例奖项,为后续的脱贫攻坚工作和乡村全面振兴战略的实施奠定了坚实的基础。

在特口甲谷村的成功实践为新希望复制、推广昭觉模式提供了有力支撑。目前,新希望已将基于养殖扶贫的"昭觉模式"成功复制到其全国的分支机构中,秉持"全面区域规划、全产业链整合、全生态系统发展"的原则,致力于探索一种集"现代农业、精准扶贫与生态环保"于一体的综合扶贫模式。为此,新希望依托其旗下的多家公司,分别开展了一系列扶贫项目,巧妙地将生猪养殖、农产品外销、易地搬迁安置、生态环境改善以及旅游开发等多个产业领域相互融合,共同推动地区经济社会的全面发展。

贵州施秉县的养殖项目,分设于杨柳塘镇和双井镇,总投资额达到 6.55 亿元,覆盖了总面积 750 亩的土地。该项目分为两个阶段实施:一期项目,自 2019 年 9 月启动以来,已投入运营,占地较小部分,拥有能繁母猪 6000 头,年产能达到 15 万头仔猪,惠及 400 户贫困家庭,户均年增收超过 4000 元。紧接着,二期项目于 2020 年 9 月投产,占地面积扩大至约 480 亩,能繁母猪存栏量增至 1.32 万头,年生产能力提升至 25 万头仔猪。整个施秉县养殖项目遵循"全面区域规划、全产业链构建、全生态系统培育"的发展策略,通过建立集育种、繁殖、推广于一体的现代化种猪场,采用"大型养殖场引领小型养殖场"以及"公司+合作社+家庭农场"的合作模式,有效推动了县域内中小型生猪养殖合作社和家庭农场的标准化、规模化、规范化发展。2021 年 5 月,新希望与施秉县政府正式签署《投资协议》,并投资 2.5 亿元,在桃子湾工业园区兴建了一座年产 22 万吨的饲料厂,该厂已于 2022 年 8 月顺利投产。此外,通过创新的"公司+地方政府+合作社+农户"合作模式,新希望在全县 8 个乡镇建立了 15 个标准化示范养殖场,带动了县内 50 个合作社及家庭农场的发展,极大地促进了生猪自养与代养规模的扩大,实现了多方共赢的局面。

三、"十万绿领新农人培训计划":支持农民发展创造社会价值

"新希望在发展中,一直身体力行,践行社会公益,履行社会责任"。[1] 2017 年底集团董事长刘永好首次提出"十万绿领新农人培训计划",并于 2018 年正式启动。该计划旨在利用 5 年时间,通过公益培训的方式培养 10 万名"绿领"新农人,即从事现代农业、具备专业技能的新型职业农民。2018 年 3 月,新希望在北京举行了新闻发布会,正式宣布启动该培训计划。随后,集团在江苏句容建立了首个"新希望绿领学院 10 万新农民培训基地",并于 2018 年 5 月 19 日举行了启动仪式。

---

[1]　《公益志》,新希望官网,http://www.newhopegroup.com/gyz/index.html。

新希望的"十万绿领新农人培训计划",计划在5年内完成培训10万名新型职业农人的目标,发挥企业在科技创新、金融支持、技术培训、市场对接等方面的优势,为乡村振兴培养一批"爱农业、懂技术、善经营"的新农人,助力乡村人才振兴。项目建立起"5+N"特色培训体系,即一套标准流程、两版专业教材、三类精品课程、四个支持机构、五种师资来源,以及N个特色示范培训基地的培训模式。截至2023年6月,线下培训覆盖25个省、128个市、332个县区,累计线下开展2121场,培训8.36万人,线上培训1369万人次。针对农民需求和不同的农业发展阶段,"十万绿领新农人培训计划"通过线上线下多种教学场景,打造特色课程,以农民需求为核心,铸就多个精品培训项目。其中,乡村振兴村长班注重搭平台、做服务、播种子,通过整合政、产、学、研等各领域优质资源,逐步扩大培训公司规模和深度。2022年,村长班强化了党建和党的二十大精神学习的课程;突出需求导向,做服务式培训,课程涵盖技术、市场、新商业模式、新消费趋势、新营销方式、产融结合、合作组织运作等知识;注重实践转化,设置优秀乡村治理者经验分享环节;升级线上+线下相结合的教学模式。

公司相继与山东畜牧兽医职业学院等4所高校通过现代学徒制、定向培养等模式开展校企联合,采用1.5+1.5的培养模式(即:前1.5年学徒在学校学习理论知识,后1.5年学徒进入公司规模化猪场实践学习),以理论与实践相结合的方式进行人才培养。已累计为农牧产业输送或储备886多名"绿领"人才。

新希望整体采取"公司+合作社+家庭农场"的方式,在"昭觉模式"中采取"政府+扶贫单位+龙头企业+村集体+N个贫困户"的方式,通过上市公司与农户的合作,不仅获得公司的规模发展与效益提升,农户也获得了技术支持、提升了生产效率。同时,在乡村振兴"村长班"办学过程中,充分发挥新希望农牧企业与广大农村、农民天然链接的优势,同时联动、汇聚各方力量,搭建起一个平台,通过平台整合政、产、学、研等各领域优质资源,各方合力共办,逐步扩大培训规模和深度。在这一过程中,不断总结培训经验、丰富培训内容、创新培训方式,坚持理论辅导与实践指导相结合、集中听课与专题讨论相结合、"名教授"授课与成功实践带头人分享相结合,将专题讲座、主题讨论、案例分享、案例实操等形式相结合,用"大班授课+小班研讨"的新型教学模式,探索出了科学的、实践性强的、可复制的乡村基层管理人才培养模式。

各方主体合作的模式是目前农业领域比较流行的模式之一,它的好处主要体现在以下几个方面:一是可以风险共担,收益共享。通过公司、合作社和农户三者之间的紧密联系,形成了风险共担、收益共享的模式。公司和合作社共同投入资金和技术,提供管理支持和市场销售渠道,帮助农户规避风险,而农户则提供生产土地和农业劳动力,保证产品的实际质量和产量,实现双方的利益共赢。二是能够提高农业生产效率和质量。以往传统的种粮农户单打独斗、小规模经营的模式,难以协调生产和市场之间的关系,同时也难以借助新的技术手段提高生产效率和产品质量。而"公司+合作社+农户"的模式可以充分运用现代农业技术,落实适时适量、科学施肥、物种优化等科学种植方法,提高生产效率,提高产品品质。三是拓展市场销售渠道。由于公司、合作社和农户三者之间的互动,农产品销售渠道明确,价格透明,每个参与者都能够从中获利。公司通过自身的销售渠道和资源整合,将农产品销往城市及消费者,让农户获得合理的市场价值,为农业的升级和改造提供新的空间和机遇。四是促使农民素质得以提高。通过"公司+合作社+农户"的模式,农村居民们可以接触到更广泛的信息,并学习到先进的农业知识和技术。此外,他们还可以从公司和合作社的团队中学习新技能和最新的生产方法逐渐提高了自身的素质和能力。五是促进农村现代化。因为公司加合作社加农户的模式产生了企业化、规模化和产业化效应，促进了农业现代化的发展，为乡村振兴和新型农村建设提供了新的契机。

"公司+合作社+农户"的模式通过公司、合作社和农户之间的协作，旨在优化农业生产方式、提高农产品品质、提高销售渠道效率和降低成本，最终实现全产业链的升级和创新，促进农业的可持续发展。该模式对于内部各个参与者和社会的各个方面，产生了深远的积极影响，为乡村和农业转型发展搭建了平台。

四、小结

新希望立足农业、依靠农民、关注农村发展，其作为涉农企业所进行的"公司+合作社+家庭农场"模式，以发展农牧产业创造社会价值，积极创新产业扶贫的"昭觉模式"，助力农村地区发展创造社会价值，开展"十万绿领新农人培训计划"，支持农民发展创造社会价值的实践，将产业发展和社会责任相结合，让自身的发展融入社会发展中，让更多人受益。新希望不仅积极投身于脱贫攻坚、乡村振兴行动当中，还利用自身的影响力搭建平台、创新模式、号召更多的企业参与进来，为推动共同富裕做出应有的贡献，为乡村全面振兴战略的深入实施提供了坚实的人才支撑。

在回应国家与时代发展需要的过程中，新希望将社会价值从工具性价值升华为目的性价值并内化于企业战略与企业发展全过程，为传统民营企业进行可持续社会价值创新进行了有益探索。不仅如此，新希望还能够根据产业技术进步与国内外经济条件变化自觉进行要素重组，以多方共创推动可持续社会价值创新。在新希望长达30多年的扶贫过程中，形成了从"3+N"到"4+N"再到"5+N"的模式创新,不仅推动了农业产业现代化与标准化发展,而且通过带动更多农民就业与增收,实现了商业价值与社会价值的有机融合统一。

作为一家涉农企业,新希望属于典型的传统企业。作为传统企业新希望正是依靠其涉农产业的热情和对农村发展的希望,利用其产品和市场优势,在开拓自身市场的同时,为我国农村、农业和农民的发展创造了社会价值。可见,只要有情怀、善用自身优势,任何企业都会在自身发展的同时创造社会价值,为民众造福。

第二节 华为公司的实践探索

华为技术有限公司(以下简称"华为")创立于1987年,是全球领先的ICT(信息与通信)基础设施和智能终端提供商,其20.7万员工遍及170多个国家和地区,为全球30多亿人口提供服务。[①] 华为的愿景、使命价值观是"把数字世界带入每个人、每个家庭、每个组织,构建万物互联的智能世界:让无处不在的联接,成为人人平等的权利,成为智能世界的前提和基础;为世界提供多样性算力,让云无处不在,让智能无所不及;通过AI重新定义体验,让消费者在家居、出行、办公、影音娱乐、运动健康等全场景获得极致的个性化智慧体验;所有的行业和组织,因强大的数字平台而变得敏捷、高效、生机勃勃",[②]这深入反映出华为公司基于自身技术优势和制造能力为产业发展和社会进步创造商业价值和社会价值的目标

---

① 《关于华为》,华为网站,https://www.huawei.com/cn/corporate-information。
② 《华为2023年年度报告》,https://www-file.huawei.com/minisite/media/annual_report/annual_report_2023_cn.pdf。

导向。

作为全球领先的 ICT(信息与通信技术)解决方案提供商,在全球市场占据着重要的地位。2024 年,华为实现销售收入超过 8600 亿元人民币,较 2023 年的 7042 亿元同比增长 22%,反映了华为在复杂外部环境下的强大韧性,也凸显了其在多个核心业务领域的强劲发展势头。华为在 ICT 基础设施领域保持全球领先地位,尤其是在 5G 技术方面,其 5G 技术在全球范围内得到广泛应用,其 5G 标准必要专利数量全球领先,占全球 5G 标准必要专利的 40.8%。在全球高端智能手机市场,华为以 8% 的占比位列全球第三,仅次于三星和苹果。在中国市场,华为在高端市场的占比高达 33%,仅次于苹果的 52%。此外,华为在智能汽车领域的布局取得了显著成效,持续加大研发投入,推动 5G、人工智能、云计算等领域的技术创新。

在社会价值的创造中,华为致力于构筑数智底座,深入基础研究,共建智能世界,推动技术创新,保障安全可信、建设繁荣生态、践行科技致善,促进可持续发展。其先后经历了三个阶段:第一阶段,企业发展初期,华为立足中国市场开展业务,主要关注教育、救灾济困方面的公益活动。如"寒门学子"等行动,华为每年为全国上百所学校提供奖助学金,助力培育科技人才。此外,还有其他一些社会公益活动,皆是企业基于社会责任的自发性行为。第二阶段,从 2001 年持续到 2013 年,在走向国际市场的过程中,华为提出了可持续发展四大战略:一是消除数字鸿沟,致力于普惠联接,消除各地区之间的数字鸿沟;二是为网络稳定安全运行提供保障支持,任何时间、任何地点保证客户的网络稳定运行,确定了在当地长期为客户服务的理念;三是推进绿色环保,提出绿色节能减排政策并积极施行;四是实现共同发展,构建和谐的商业生态,无论进驻何地,都努力与当地社区融为一体。第三阶段,华为将可持续发展战略进一步升级,形成数字包容、安全可信、绿色环保、和谐生态这四大战略基石。具体来看,因"消除数字鸿沟"偏电信领域,结合公司新的愿景和业务变化,华为将其升级为数字包容,同时发起了 TECH4ALL 数字包容倡议,希望让更多人拥有更多的技能和更多的服务。这一阶段华为还将节能减排扩大到整个供应链,从华为自身到上下游的供应商和使用者都纳入到节能减排的链条中,构建更加和谐的商业生态。经历了三个阶段的发展,华为已经构建了自己的一套可持续发展的生态体系,而这也成为华为创造社会价值的主要战略依托。① 基于华为可持续发展战略,华为主要运用科技促进数字包容、安全可信、绿色环保、和谐生态,探索社会价值的创造。

一、以科技促进数字包容

2019 年,华为正式发布全球数字包容倡议——TECH4ALL,旨在通过技术创新和多方合作,促进数字技术的普惠应用,构建一个更加平等、可持续的数字世界。华为数字包容倡议在公平优质教育、保护脆弱环境、促进健康福祉、推进均衡发展四个领域,用技术、应用和技能助力联合国可持续发展目标。该项目的四大主题实现方式是借由三个 More 完成,分别是 More Technologies,More Skills,More Apps。在具体的实施过程当中,More Technologies 致力于让更多人接触到科技,从而能让更多弱势群体获得平等教育的机会,让更多人享受到科技带来的便利。More Skills 是在 More Technologies 的基础之上,为更多行业和个体实现技术赋能。让更多人拥有数字化的技能,多一分在社会生存的价值。More Apps(appli-

---

① 《华为:科技助力可持续发展》(转载自《哈佛商业评论》),华为网站。

cations)是希望通过更多场景化的应用,让科技应用到更多行业,推动更多行业发展数字经济,服务于更广泛的社会。① 通过创新的数字技术,华为与客户、伙伴、NGO 等多方合作,已在全球 630 所学校落地数字技能培育项目,惠及超过 40 万人;还在全球 53 个保护地开展了自然保护项目,覆盖海南长臂猿、美洲豹等濒危物种,以及热带雨林、河口湿地等多种生态系统。②

促进公平优质教育。基础教育是人才成长的起点。华为所推出的TECH4ALL 倡议和行动计划,致力于不让任何一个人在数字世界中掉队,而"科技小学堂"正是 TECH4ALL 面向教育领域的探索和实践项目。该项目于 2021 年正式启动,旨在唤起更多社会力量关注和投入基础教育,助力科技人才的培养。华为结合其在信息通信技术领域的创新实践与知识,开发成系列化的科技课程,采取项目制学习方式,强调在真实问题中运用科学思维和方法进行持续探究,让学生们在动手实践的过程中掌握创新科技知识、运用知识,培养学生的计算思维能力、团队合作意识,使学生体会到"做"的成功,养成通过"动手做"来解决问题的习惯。项目从小学五年级学生入手,结合 STEAM 教育理念、基础教育课程大纲及前沿的ICT(信息与通信技术)创新实践与知识,开发成系列化的科技课程,启发乡村学生好奇心和探究心。目前,"科技小学堂"项目已在宁夏、甘肃、河北、江西等地的 30 所乡村学校落地实施,持续扩大受益范围。截至 2024年 7 月,华为已在宁夏银川市西夏区的 6 所农村学校实施"科技小学堂"项目,惠及超过 3000 名学生。未来科技小学堂项目将在更多中西部乡村

---

① 《华为:科技助力可持续发展(转载自《哈佛商业评论》)》,华为网站。

② 《华为 2023 年年度报告》,https://www-file.huawei.com/minisite/media/annual_report/annual_report_2023_cn.pdf。

学校进行推广落地,也期待引发更多企业、组织机构以及公众进一步关注乡村基础教育与科技素养、数字素养的培养,让科技创新梦想放飞在每一个孩子心中。不仅如此,全球亦有 600 多所学校、逾 22 万名基础教育的师生、待业青年及老人从 TECH4ALL 教育项目中受益。

为了促进教育信息化建设,华为以 ICT 技术为基础,在远程教育方面,通过统一教学云平台、智能双路导播和移动接入技术,实现录播和互动教学的有机融合;在云课堂方面,通过创新的多媒体教学方式提升教学效果;在校园网络方面,推出无线校园网+全光网络的模式,满足大带宽、广覆盖、高可靠的网络诉求;在教育云数据中心方面,依托领先的服务器、模块化数据中心基础设施,打造绿色节能的数据中心。华为在各教育细分领域充分发挥联接与云计算等技术的优势,推进教育公平,加速我国教育信息化进程。截至 2023 年底,华为已与全球 2700 多所高校合作建立了 ICT 学院,覆盖 100 多个国家和地区,构建了广泛的 ICT 人才生态网络。华为推出了 ICT 学院 3.0 版本,采用新型教育手段,以实战化方式培养跨界、复合型人才。ICT 学院聚焦 22 个技术领域,精心打造了 85 门实战导向的精品课程。例如,与大连理工大学合作,共同开发了《系统分析与设计》等国家一流课程,通过华为云平台和真实项目案例,实现理论与实践的深度融合。华为还通过产学合作、教师训练营等多种形式,提升教师的实战能力。截至目前,全球已有超过 11000 名华为认证教师,成为培养实战型人才的中坚力量。

促进脆弱环境保护。华为与世界自然保护联盟(IUCN)于 2020 年共同发起了 Tech4Nature 项目,旨在利用创新技术和解决方案,实现区域自然保护的有效性和公平性。该项目通过数字技术在试点项目的应用,为全球 300 个保护地开发基于技术的自然保护解决方案,提升自然保护的效率。近几年,保护区运用互联网、大数据、物联网、遥感、雷达、无人机等信息技术,建设了"天空地一体化"监测网络。在保护区内的生态监测中心内,大屏幕上显示着各种各样的数据,这是华为 TECH4ALL 数字包容团队为保护区打造的生物多样性智慧监测试点。基于保护区已有的终端采集设备及部分新增设备,以及当地运营商建设的覆盖良好的 5G 网络,开展数据采集和数据传输,数据通过 5G 回传到云端,AI 将实时识别标注的结果呈现在监测平台上,同时开展各类数据分析,助力保护区进行物种智能识别、数据统计、智慧分析、实时监控,有效地提升了保护区的保护管理及智能决策效率,为科研、监测、保护等方面提供了创新的思路和方法。此外,华为还提出"比特管理瓦特"理念,推动 ICT 与能源技术融合,提升能效。例如,华为智能光伏解决方案已在全球范围内推广,助力清洁能源产业发展。

促进健康福祉增进。为解决老龄群体面临的"数字困境",北京老年开放大学开展了"百千万智慧助老"公益行动,2021 年华为也结合自身在 ICT 领域的优势加入其中,双方联合开发"鹤颜学堂",利用"线上+线下"的教学模式,由北京智能生活馆资深学堂讲师给老年人讲解智能手机的基础功能,并传递生活服务、反诈等简洁实用的知识。"鹤颜学堂"中的基础课程主要介绍了如何调节字体大小、连接 Wi-Fi 和蓝牙、设置纯净模式等功能;实用场景内容则包括查询健康码、线上缴纳水电费、购物买菜,叫车出行等日常高频功能,帮助老年人顺利适应疫情下的新生活。"鹤颜学堂"中还有针对老年群体的反诈技巧,教老年人如何安全地下载、安装 App,正确区分合法合规内容和诈骗信息、诱导性广告等。对乐于探索的老年人,"鹤颜学堂"则提供不少"进阶"知识,比如手机摄影、视频剪辑的技巧,以及畅连通话、手机投屏等,让老年人体验到更加丰富多彩的数字生活。目前,"鹤颜学堂"已在北京老年开放大学的十多所分校和北京市几十所街道社区陆续开展,直接服务于老龄群体,帮助他们跨过学习的难关,转化成他们迈入数字世界的行动力和意志力。2023 年 10 月,华为携手国家老年大学在北京海淀区魏公村校区举办了"我教长辈用手机:鹤颜学堂"专场活动。此次活动旨在帮助老年朋友解决在使用智能手机过程中遇到的问题,提升他们的数字生活体验。

促进推动均衡发展。华为以千兆光网助农,推动均衡发展。广西遍布以农业为主的小乡村,劳作辛苦,收入有限,年轻人不愿意从事农业工作。机械化、智能化是农业发展的出路,而这些,都离不开高速的宽带网络。2017 年,广西隆安金福农场引进智慧农业云平台,在火龙果基地采用华为 FTTR 解决方案,建立起了无处不在的千兆光网,基于其大带宽、低时延、高可靠的联接,实现了农业生产的全面数字化转型。2020 年火龙果基地年产量 2 万多吨,年产值约 1.3 亿元。帮助当地村集体创收近2000 万元,累计惠及 4 万多低收入人群。华为全面助力中国电信千兆光网建设。2021 年 9 月,中国电信广西公司在所有通达光纤的广西城乡区域开通千兆宽带服务,实现千兆光网的全覆盖。立足于华为 ICT 基础设施与智能终端的产品、服务,围绕华为在技术、应用和技能的三个能力点,联合全球范围内的组织和个人,着力用科技赋能的方式,解决环境、教育、健康、发展领域的问题,不让任何一个人在数字世界中掉队。从经济发展的产业结构转型,到创新驱动的关键技术,至人民衣食住行众多生活场景,再到社会可持续发展目标,F5G 千兆光网在其中承担起助推社会走向智能化新征程的重任,让社会各领域释放潜力价值空间。

总之,华为围绕数字包容、安全可信、绿色环保、和谐生态等方面推动可持续发展,用技术、应用和技能助力联合国可持续发展目标,体现了科技企业对科技社会价值的深入认识。在"技术普惠，接力致远"理念引导下，华为广泛合作开展项目，利用数字技术助力世界更平等、可持续地发展，也为市场提供了社会责任发展的价值导向。

二、以科技推动安全可信

华为把网络安全和隐私保护作为公司最高纲领，坚持投入，开放透明，全面提升软件工程能力与实践，构筑网络韧性，打造可信的高质量产品，保障网络稳定运行。2023年，全年获得57张网络安全证书，为客户提供国际认可的安全保障；及时有效地处理超过29000次数据主体请求，保障了个人信息主体的权利；在全球开展60多次基于业界优秀实践的认证和审计，确保公司隐私保护政策得到有效实施；对全球300多起突发灾害及重大事件进行紧急响应和及时保障。

推动网络安全和隐私保护。华为致力于构筑安全可信的数字化产品与服务，不断优化端到端保障体系，赋能各领域的网络安全和隐私保护。2022年3月，华为CloudEngine 16800、8800和6800系列数据中心交换机正式通过了独立认证机构欧洲SGS Brightsight实验室的安全评估，获得第三方认证机构TÜV莱茵签发的CC（通用准则）认证EAL4+级证书，成为全球首个在满足NDcPP（网络设备协作保护轮廓）的安全功能要求下通过该级别认证的交换机产品。EAL4+级是目前CC认证中网络设备类别的最高安全认证等级。CC认证及评估保证级别EAL，主要用于评估信息技术产品或解决方案的安全性、可靠性以及对信息隐私的保护，是目前公认的全球认可度和权威性最高的IT产品安全认证，可作为企业信息技术解决方案建设时产品安全性评估的重要依据。随着数字化的深入发展，作为数字经济的底座，新型ICT基础设施逐步发展为以数据中心为中心的架构。其中,数据中心网络的安全性和可靠性也面临更严峻的挑战,一方面亟需强化自身的安全防护体系,另一方面需要应对日益多样化的攻击手段。华为 CloudEngine 数据中心交换机通过架构安全、环境安全、发布与部署安全,层层管理,确保产品安全可信。一是架构安全,围绕接入安全和运行安全的安全框架,在可能的攻击路径上构建交换机产品逐层防御能力。二是环境安全,通过网络隔离、安全认证、权限最小化等确保产品开发环境安全。三是发布与部署安全,以防篡改、可追溯、源可信、防恶意下载为目标,实现交付端到端完整性保护。同时,华为拥有独立安全测试平台对产品进行安全性测试,确保产品安全可信的统一性。展望未来,华为数据中心网络将持续创新,筑牢数据中心基础设施联接基石,打造安全可信的下一代数据中心。

随着互联网技术的发展,企业办公逐渐由过去的集中办公模式转变为远程办公、异地办公甚至是云办公。技术进步不断驱动工作模式的转变,但跨空间、移动化带来企业安全边界的扩大,面临的威胁变大,网络攻击、数据泄密事件高发。因此,安全成为数字化办公首先要解决的问题。为了给企业数据安全保驾护航,华为云 WeLink 从软硬件方面同时发力,提供全链路安全解决方案:安全围栏满足企业设备接入强管控要求,安全隧道保障数据传输和应用访问的安全性,完善的消息和文件传输管控保证数据在企业安全流转,数据密盾保证企业数据无法流出应用边界,安全截屏防范截屏数据外泄,保密通讯实现仅通信双方能安全获取通讯内容。通过上述业界领先的安全技术,达到"进不来、拿不走、看不懂、搞不坏、赖不掉"的效果。

推动建立 5G 安全生态。移动宽带将渗透到未来社会的各个领域,人们对全联接美好蓝图的期待越来越迫切。面对日益增长的新体验与新应用诉求,5G 场景需要增强和扩展。华为提出 5.5G 产业愿景,在对 5G 三个标准场景增强的基础上,定义了三大新场景,从支撑万物互联到使能万物智联,为社会发展和行业升级创造新的价值。华为呼吁全行业共同努力,共担责任、统一标准,制定清晰的监管措施,建立利益相关方普遍认可的安全可靠、开放透明、合作共赢的 5G 安全生态。2021 年 11 月华为发布的 5G 安全白皮书主要围绕 5G 技术的安全性展开,该白皮书指出,5G 的安全性不仅依赖于行业组织和标准组织制定的安全协议和保障机制,还依赖于华为在设备安全、网络安全韧性以及运营商部署和运营建议方面的努力。此外,白皮书呼吁全行业共同努力,通过统一的安全标准和监管措施,建立一个开放、透明且合作共赢的 5G 安全生态系统。同时,白皮书强调了持续提升 5G 安全水平的重要性,建议各利益相关方从自身角色出发,共同应对未来挑战。

参与全球应急保障通信畅通。华为以其数字技术深度参与全球应急,保障全球 30 多亿人的通信畅通。2023 年 2 月 6 日,土耳其东南部省份卡赫拉曼马拉什发生 7.8 级强震,地震还大范围破坏了当地的通讯网络,造成 3000 多个站点故障、1300 万人通信受到影响,通信网络的瘫痪也威胁到抢险救灾的"生命线"。华为团队背负着抢修"生命线"的重任,在地震的第一时间奔赴灾区,与运营商伙伴联合对通信业务进行应急恢复。在黄金 72 小时内快速恢复 1900 多个站点,1 周内恢复 2500 多个站点,4 周内恢复超过 3000 个站点,并开通 100 多个应急共享站点,协助运营商恢复了 94%的通讯覆盖,保障了灾区救援工作的顺利开展。华为及时帮助受灾群众恢复通讯,保障了灾区救援的关键网络服务,获得土耳其通讯部和三大运营商客户的高度赞许。

2023 年 7 月 27 日,15 级超强台风"杜苏芮"登陆中国福建晋江,对泉州等地造成了严重影响。华为快速启动汛期应急保障预案,从台风生成起就开始跟踪台风走向,福建代表处保障团队提前组织和部署了网络保障工作。在台风登陆前,华为工程师便到达了运营商网管中心;台风登陆后,福建和北方各代表处先后对接当地运营商保障组织,和运营商并肩战斗,调集抢修资源,打通绿色货物通道,确保物资及时送达灾区。现场工程师紧急运送油机,抢修光缆,启用无人机基站,恢复断站,最大程度快速恢复通信。长达 20 多天的连续抢修,华为累计投入 600 多人,协助当地紧急修复了上万个受损站点,最大程度减少了通信中断对人民群众生活的影响,支撑了政府指挥救援体系的有效运行。

三、以科技推动绿色环保

华为把环保法规遵从、能源资源效率、自然环境效益等要求作为标准,融入研发、运营、采购、制造、供应链等各个环节,不断探索低碳、循环的"最优解",以创新使能产业链绿色发展。2025 年初,华为官网显示,华为数字能源已助力客户累计实现绿色发电 9979 亿度、节约用电 461 亿度,华为主力产品平均能效提升为 2019 年(基准年)的 2.6 倍,累计 78 万台终端设备通过以旧换新延长了生命周期,ICT 业务电子废弃物填埋率 0.5%,智能终端业务电子废弃物零填埋。华为不断从管理和技术等层面,进行节能减排的创新和实践;努力联合上下游合作伙伴实现节能减排,全方位构建绿色供应链;利用创新 ICT 技术,助力千行万业减少碳排放。

建设绿色低碳供应链。自 2011 年起,华为持续参与公众环境研究中心(IPE)发起的"绿色选择"倡议,鼓励供应商自我管理,并要求存在问题的供应商限期整改,确保供应商符合绿色环保要求。2023 年 6 月,华为举办了第三次供应商碳减排大会,主题为"绿色低碳、协同共赢",共同探讨绿色低碳发展的实施计划。

与国企合作建设绿色产业园。华为国网盐城微碳慧能科创产业园项目成为 2023 年 Energy Globe World Award 全球大奖获得者。该项目凭借其清洁能源占比高达 85%、电能占终端能源消费比重 100%、每年节约电能 300 万度、每年减少碳排放约 5600 吨的杰出表现,继荣获 2022 年 ITU和联合国举办的信息社会世界峰会(WSIS)冠军奖后再度斩获大奖。在园区 2018 年建设之初,微碳慧能科创产业园就提出了"多能互联互补、智能智慧低碳"的建设目标。明确将通过能源转型支撑清洁能源的高比例应用,实现能源精细化管理,提高能源效率;通过零碳转型,实现对园区的碳资产全寿命周期管理,指导园区减排少碳;通过数字化转型实现碳生产全要素的采集与分析,园区管理"可视、可控、可管"。华为致力于成为全球行业数字化转型的有力促进者,其在发输变配用等场景的解决方案及成功实践经验正助力全球能源电力企业实现安全、高效、绿色、创新的转型升级,通过数字技术与能源技术的深度融合,为全球能源转型及碳中和目标实现铺设一条数字之路。

四、以科技共建商业生态

华为遵循诚信合规经营理念,对全球供应链开展可持续发展尽责管理,以 ICT 基础设施和智能终端提供,培养发展中国家科技人才,推动建立开源社区,积极为运营所在社区做出贡献,与产业链各方共建和谐健康的商业生态。2025 年初官网数据显示,华为"未来种子 2.0"计划已经覆盖全球 150 多个国家和地区,累计受益人数超过 340 万;在全球开展 300多项公益活动,积极履行社区责任。

提供 ICT 基础设施和智能终端。作为全球领先的 ICT 基础设施和智能终端提供商,华为在通信网络、IT、智能终端和云服务等领域为客户提供有竞争力、安全可信赖的产品、解决方案与服务,与生态伙伴开放合作,持续为客户创造价值,释放个人潜能,丰富家庭生活,激发组织创新。聚焦信息传输与处理,ICT 基础设施服务广大运营商和政企客户。华为 ICT(Information and Communications Technology,信息与通信技术)基础设施业务以坚实的技术实力聚焦客户需求,结合数字化和低碳化趋势,推动全球数字经济发展。从市场角度看,ICT 基础设施业务覆盖运营商、政府和企业市场,通过产品与解决方案的创新,不断为客户提供服务。从产业角度看,ICT 基础设施业务包括联接产业和计算产业,前者致力于打造智能联接,后者聚焦于计算产业生态的构建。作为 ICT 基础设施业务发展的两大驱动力,数字化与低碳化推动了公司的应用创新。数字技术与产业知识的有机结合,推动各行各业数字化转型;低碳化作为绿色发展的核心,是行业甚至国家可持续发展的核心,数字技术创新将助力社会实现低碳发展。

发起"未来种子"项目。数字经济时代,ICT 人才将是助力数字化转型、释放数字生产力的关键。从 2008 年开始,华为发起"未来种子"项目。2021 年 7 月,华为对公司各类人才教育项目进行了整合,正式发布"未来种子 2.0(SEEDS)"计划。该项目包含基础数字技能培训、人才领导力、政府间人才合作、科技竞赛,以及通过职业技能认证推动就业等一系列数字人才相关的项目,致力于帮助业务所在国培养 ICT 人才,激发其运用新技术、新平台的创新创造能力,推动人类科技发展,助力全球数字包容。2023 年,华为云学堂和 ICT 学院活动相较上一年更加丰富,包括开发者在内的从业者也从中受益。截至 2023 年 12 月,SEEDS 计划已经覆盖全球 150 多个国家和地区，累计受益人数超过 340 万。

发起于 2021 年的未来种子"科技向善"全球挑战赛，鼓励参赛者就可持续发展课题提出商业价值与社会价值并举的创新数字化解决方案。来自阿尔及利亚、意大利和爱尔兰的 2022 年大赛获胜队伍在 2023 中国创业冲刺营期间，实地考察数字技术在行业的商用案例，获得初创企业家、技术专家对其项目的指导。最终阿尔及利亚队的"农害预警监测系统"项目通过创业投资委员会评估，赢得 10 万美元创业扶持资金，为团队项目创意落地、实现商业成功创造可能。2023 年，华为举办首届全球未来种子大使选举，通过公开投票选出 10 位校友担任大使。他们参与了世界移动通信大会、联合国气候变化大会等活动，展示青年风采，推动数字化发展。

建设开源社区。作为开源的坚定支持者和重要贡献者，华为提倡包容、公平、开放、团结和可持续的理念，通过持续贡献，携手伙伴，共建世界级开源社区，加速软件创新和共享生态繁荣。首先，积极参与主流开源产业组织和项目。华为积极拥抱开源软件开发，目前是 Apache 基金会、Linux 基金会、Eclipse 基金会、开放原子开源基金会、OIF 基金会、CNCF 基金会、PyTorch 基金会等 20 多个国际开源基金会的顶级成员或创始成员，并担任数十个董事席位以及数百个 TSC、PMC、PTL、Maintainer、Core Committer 等核心席位，在全球 200 多个开源社区中积极贡献力量。其次，聚焦基础软件领域，发起十多个重量级开源项目，夯实数字基础设施生态底座。华为先后开源了 KubeEdge、MindSpore、Volcano、openEuler、openGauss、OpenHarmony、Karmada、openGemini、Kuasar 等多个平台级基础软件开源项目，获得众多厂商、开发者、研究机构和高校投入，被全球开发者广泛接受。其中 openEuler、OpenHarmony 开源项目已贡献给开放原子开源基金会,KubeEdge、Volcano、Karmada、Kuasar 开源项目已贡献给 CNCF 基金会,以更加开放的模式汇聚全球参与者的贡献,进一步推动行业数字化发展。再次,携手产业伙伴共同构建基础软件生态。在开放原子开源基金会的组织指导下,OpenHarmony 社区已有 6700 多位共建者, 70 多家共建单位,累计贡献 1 亿多行代码。openEuler 社区已吸引 1300 多家头部企业、研究机构和高校加入,汇聚 16800 多名开源贡献者,版本下载量超过 200 万次,覆盖 130 多个国家,合作伙伴推出 20 多个商业发行版本,累计商用超过 610 万套。最后,积极建设可持续发展的可信开源社区。为应对日益严重的安全挑战,华为积极联合软件安全领域产业力量,同筑开源生态系统的安全。同时深度参与 OpenChain、SPDX 等全球主流软件供应链安全标准与规范的制定、推广,为构建全球可信的开源生态,积极承担社会责任,创造社会价值。①

五、小结

从华为可持续发展战略的探索实践可以发现,其主要运用科技促进数字包容、安全可信、绿色环保、和谐生态,探索社会价值的创造。华为在公平优质教育、保护脆弱环境、促进健康福祉、推进均衡发展四个领域,用技术、应用和技能助力联合国可持续发展目标的实现。同时,华为把网络安全和隐私保护作为公司最高纲领,坚持投入,开放透明,全面提升软件工程能力与实践,构筑网络韧性,打造可信的高质量产品,保障网络稳定运行;把环保法规遵从、能源资源效率、自然环境效益等要求作为标准融入研发、运营、采购、制造、供应链等各个环节,以创新使能产业链绿色发

---

① 《开放合作共赢》,华为网站,https://www.huawei.com/cn/corporate - information/openness-collaboration-and-shared-success。

展;以 ICT 基础设施和智能终端提供,培养发展中国家科技人才,推动建立开源社区,积极为运营所在社区做出贡献,与产业链各方共建和谐健康的商业生态。

在华为发布的《2022 年可持续发展报告》中,明确提出追求"社会价值和商业价值的和谐统一,为科技创新共建良好的商业生态"①。认为企业只有在商业活动中创造社会价值,并在实现社会价值的过程中获得新的商业机会,才能在全球化的商业秩序中迈向基业长青。这种价值取向彰显了华为的社会责任意识超越了一般企业的境界。特别是华为以制造和科技为杠杆撬动社会价值实现,凭借在数字技术和电力电子技术两大领域的优势,以云数据中心、分支网点等绿色智简的基础设施为支撑,以智慧化业务为引擎,实现 AI 客服、直播、智慧网点等情景化的数字交互,为多种应用场景提供全联接和全智能的服务。搭建数字技术平台,以科技的力量让更广泛的社会群体共享美好数字生活。探索将数字技术应用于公益场景的可行路径,让技术创新成果通过科技普惠的形式,成为助力解决社会痛点问题、传递温暖善意的最佳途径。数字经济时代,技术创新正不断促进更广泛的联接,消除数字鸿沟、满足人们的联接需求,让人人享有普遍的、无差异的数字服务,为经济发展、社会进步做出了实质性贡献。

作为具有代表性的制造企业,华为在发展数字生产力、构建数智底座的同时,以可持续发展的战略迭代和实践探索,不断创造着社会价值和商业价值。然而,改变必然会带来阵痛、付出代价,甚至会牺牲一定的商业价值,增加新的商业成本,以及面临从未遭遇的挑战。在这方面华为也无

---

① 《华为 2022 年可持续发展报告》,https://www-file.huawei.com/-/media/corp2020/pdf/sustainability/sustainability-report-2022-cn.pdf。

可避免,比如人才需求、地缘阻碍、外在舆论等都会对华为创造社会价值带来一定影响,但是华为以可持续发展创造的社会价值和商业价值,会在未来逐渐体现。企业的存在除了要创造商业价值也需要有企业愿景,当可持续发展成为整个行业乃至世界的趋势和课题,企业在每一个转变的节点都应该借鉴和考虑到社会价值以及与之相关的可持续发展的责任。这也是企业走向成功,迈向基业常青绕不过去的一个关键性问题。中国的企业,特别是制造业想要在未来创造社会价值和商业价值、构建全球化的高质量竞争力,或许可以参考华为的历程,在商业活动中创造社会价值,并在实现社会价值过程中获得新的商业机会,形成良性循环,使企业和社会价值创造实现可持续发展。①

第三节　比亚迪公司的实践探索

比亚迪股份有限公司(以下简称"比迪亚")成立于 1994 年 11 月 18日,总部位于广东省深圳市,是在香港和深圳两地上市的世界 500 强企业,业务横跨汽车、电子、新能源、轨道交通四大产业,从能源的获取、存储,再到应用,致力于构建零排放的新能源整体解决方案,用技术创新,满足人们对美好生活的向往,助力"为地球降温 1℃"。② 比亚迪最初以生产二次充电电池起步,1998 年在欧洲设立子公司,2000 年成为摩托罗拉在中国的锂离子电池供应商。2003 年,比亚迪收购西安秦川汽车有限责任公司,正式进军汽车产业。比亚迪已在全球六大洲设立 30 多个工业园,业务覆盖 78 个国家和地区。比亚迪在新能源汽车领域取得了显著成

---

① 《华为:科技助力可持续发展》(转载自《哈佛商业评论》),华为网站。
② 比亚迪官网,www.byd.com。

就,2024 年 11 月 18 日成为全球首家完成第 1000 万辆新能源汽车下线的企业,从而成为全球新能源行业首个突破"千万里程碑"的车企。也是 2024 年,我国新能源汽车下线 1300 万辆,中国成为全球首个新能源汽车年产超 1000 万辆的国家。"两个 1000 万辆"数字意味着中国新能源车的规模和保有量水平都达到世界超强水平,而比亚迪作为中国最早发展新能源汽车的车企之一,在市场竞争中逐渐形成优势地位,有力拉动了中国新能源车的发展。2024 年,比亚迪新能源汽车销量突破 427 万辆,蝉联全球新能源汽车销量冠军。

比亚迪以"三大绿色梦想"推动可持续发展、社会责任承担和社会价值创造。2008 年,其创始人王传福在 2008 年提出"三大绿色梦想",旨在通过技术创新推动全球可持续发展,具体内容包括:太阳能电站,利用太阳能作为清洁能源的来源,通过大规模的太阳能电站捕捉太阳能,为社会提供绿色能源;储能电站,开发高效的储能技术,将太阳能等可再生能源储存起来,解决能源供应的间歇性和不稳定性问题;电动汽车,推广电动汽车的使用,减少对传统化石燃料的依赖,降低碳排放,实现绿色出行。这三个梦想共同构成了一个零排放的新能源生态闭环,从能源获取、存储到应用,全面打通绿色能源的产业链。比亚迪以"用技术创新,满足人们对美好生活的向往"为使命,推动三大梦想的实现。自 2010 年起,比亚迪连续 14 年发布社会责任报告,并在全球范围内推动绿色出行和能源转型,国际影响力不断提升。在社会价值创造中,比亚迪主要是基于新能源及汽车制造的核心能力,发挥企业富有社会责任的技术和管理优势,进行偏远地区家用能源系统改造、新能源技术的绿色环保、促进教育慈善和人才培养。

一、以新能源技术促进绿色环保

比亚迪以技术创新为核心,致力于推动绿色交通和能源转型。作为全球首家停产燃油车的车企,比亚迪推进纯电动和插电式混合动力汽车的研发与生产,通过领先的绿色技术和产品,助力全球实现"碳达峰、碳中和"目标,体现了商业价值与社会价值的统一。

比亚迪致力于生态创新,以领先的绿色方案和实际行动践行气候承诺,倡导"为地球降温1℃"。2021年,比亚迪充分发挥自身在新能源领域的独特优势,在深圳全球总部打造了中国汽车品牌第一个"零碳园区"。该项目位于比亚迪坪山汽车总部工业园,始建于2006年9月,位于深圳市坪山区,是比亚迪的心脏,分两期建设,总占地面积约230万平方米,员工约5万人。比亚迪以"零碳园区"建设为落实"双碳"工作的重要抓手,积极展开"零碳园区"的探索与建设,从园区能源结构、产业结构、绿色交通、绿色采购、绿色生产、绿色运营等各方面强化碳减排行动,同时通过绿色的技术、产品和解决方案,实现企业节能减排。在园区内,比亚迪充分利用光伏、储能、新能源汽车和云巴等绿色解决方案,实现了能源的高效利用和碳排放的大幅降低。2022年,比亚迪做出了一个具有里程碑意义的决定,即宣布停产燃油车,专注于纯电动和插电式混合动力汽车业务,成为全球首个正式宣布停产燃油汽车的车企。

新能源汽车是比亚迪多元产业从取能、储能到用能完整闭环中关键的组成部分,更是比亚迪为社会提供的"治污"解决方案。比亚迪致力于插电混合动力汽车的技术发展,引领插电混动技术路线的全面提升,持续追求汽车低碳化发展。2021年,比亚迪发布DM-i超级混动系统,NEDC馈电油耗仅3.51L/100km,远低于传统燃油车平均油耗5.0L/100km的目标,助力国家"双碳"战略。在此基础上,2024年5月,比亚迪发布第五代DM技术,在核心"三大架构"上实现技术突破,NEDC馈电油耗低至2.9L/100km,进入油耗"2"时代。动力架构方面,采用高滚流气道设计、智能燃烧系统等技术对发动机进行优化,DM5.0下的1.5L混动专用发动机最大功率74KW,峰值扭矩126N·m,实现16:1的超高压缩比,并实现46.06%的超高热效率。

比亚迪在全球首创了12V磷酸铁锂启动电池,并在比亚迪全系插混车上使用。与传统铅酸电池相比,它具备更可靠、更高效、更轻便、更环保等优势。磷酸铁锂启动电池的无铅化为人类健康与地球环境实现长远的环保效益,截止到2024年5月,比亚迪已累计减少了2.8万吨的铅使用,避免了20余万亩土地的污染。

在储能方面,2023年比亚迪面向全球推出首款搭载刀片电池的储能系统"比亚迪魔方",完美继承了刀片电池的性能优势,具有极致安全、高能效、长寿命等优势。比亚迪魔方经过火烧、地震、翻滚、泡水等335项极限测试验证,通过UL9540A国际认证,可有效解决当前行业面临的安全、成本、寿命和效率等痛点。满足电源侧、电网侧、用户侧储能全场景应用,适用"沙戈荒丘滩海"、严寒、高海拔等各种应用环境,实现全场景覆盖和全环境适应。

在太阳能产品上,2023年,比亚迪太阳能遵循光伏行业发展趋势,推出了经过长期打磨的AURO N高效组件。组件运用先进的N型TOPCon电池技术,兼具高功率和高效率的双重优势,组件效率高达22.45%,功率输出高达580W,全生命周期内为客户带来更多发电量。组件叠加SMBB技术、半片技术、双面发电技术等先进技术,相较于主流产品带来更高功率输出。同时AURO N组件具有出色的低温度系数、弱光发电性能,光伏组件应用范围更加广泛,进一步拓宽了光伏应用场景,能适用于沙漠、戈壁、荒漠等复杂环境。

云轨云巴是比亚迪发挥集成创新优势,为社会提供的"治堵"解决方案,属于比亚迪"7+4+2"战略的重要组成部分。依托比亚迪研发实力和创新基因,历时 5 年研发了中运量跨座式单轨"云轨",历时 7 年研发了新型低运量轨道交通"云巴"。"云轨"和"云巴"拥有完全自主知识产权,掌握全产业链核心技术,围绕绿色低碳、智能智慧、高效节约等方面不断升级,推出智能列车、智能能源、智慧运维、智慧乘客服务、全自动运营等系列创新技术,打造全生命周期成本和少人化、无人化运营等创新管理模式,为乘客提供更加安全绿色、智能高效的出行体验,助力城市交通高质量发展。

二、开发偏远地区家用能源系统,促进教育慈善与人才培养

在实现企业经济效益的同时,比亚迪也通过科技创新,积极投身慈善公益与教育事业,回报社会对比亚迪发展壮大的支持。比亚迪将公益实现与产品特点结合,传递科技向善的公益理念。

2010 年 9 月,比亚迪向西藏免费提供千套自主研发的总价值为 2500 万元的家庭能源系统,这是为藏区的农牧民专门开发的一套适合游牧民族生活习惯的能源保障系统,以帮助游牧民摆脱"无电"状态。该系统是由主机和太阳能电池组件组成,主机内集成了比亚迪铁电池、逆变器、控制器等,主要功能是将太阳能储存在铁电池中,并通过逆变器转化为220V 交流电,供藏民的家用电器使用;太阳能电池组件包括太阳能电池板、太阳能电池支架和汇线箱,主要用于采集西藏丰富的太阳能源。整套系统使用比亚迪先进的太阳能光伏发电、铁电池储能及 LED 照明技术,

保证系统 20 年以上的寿命。此外,为了最大限度帮助藏民解决实际中遇到的问题,此系统附带了藏文、中文两种文字的《用户手册》《使用说明书》,可以看出比亚迪对此次捐赠活动的重视和周全考虑。

2024 年 12 月,比亚迪在深圳总部举行了捐资 30 亿元建立教育慈善基金启动仪式,比亚迪董事长兼总裁王传福与来自全国的 35 所高校代表及 28 所科技馆、博物馆代表共同启动捐赠仪式。这笔捐资聚焦教育慈善,用于高校奖学金及新能源技术科普,助推中国科教事业的蓬勃发展。比亚迪还向全国主要的科技馆、博物馆和部分学校,捐赠新能源车技术科普展具,推动新能源汽车技术的启蒙和普及,助力培育下一代工程师。

此外,比亚迪的慈善公益事业还涉及赈灾救济、教育资助、妇幼关爱、医疗救助等多个领域,比如:驰援四川汶川地震、青海玉树地震、甘肃积石山地震等,以及捐赠西藏光明行、资助贫困高中生和帮助脑瘫儿童等。

三、小结

新能源是可持续发展的关键钥匙,也是饱含社会价值的新兴产业,发展新能源汽车是我国从汽车大国迈向汽车强国的必由之路。比亚迪以"技术为王、创新为本"为发展理念,不断加大科研投入,推动新能源汽车等科技领域的创新发展,为国家发展汽车新质生产力蓄势赋能。比亚迪经历了从探索到领先、从国内到海外的发展历程,以战略和创新技术主动承担社会责任,创造社会价值,在可持续社会价值创新方面展现了显著的成就和积极的社会担当,其创新实践不仅推动了企业的高质量发展,也为社会的可持续发展做出了重要贡献。

即使面对国际上高强度的技术封锁,中国在 IT 产业依旧出现了华为这样的突破,在人工智能领域出现了 DeepSeek 这样的前沿技术突破,在传统汽车工业领域又出现了比亚迪这样的突破,这证明了中国不乏世界级的企业家与创新人才。作为制造企业,比亚迪工业园和业务布局体现了其在全球范围内的广泛影响力和战略布局,其业务不仅涵盖了汽车、电子、新能源和轨道交通等领域,还在全球范围内推动了新能源汽车的普及和绿色能源的发展。

在社会价值创造中,比亚迪主要是基于新能源及汽车制造的技术能力,发挥企业富有社会责任的技术和管理优势,进行基于新能源技术的绿色环保、偏远地区家用能源系统改造、促进教育慈善和人才培养。从比亚迪的发展与社会价值创造实践可以发现,新技术从研发到推广的周期长,比如比亚迪刀片电池的研发历经了 18 年,DM-i 超级混动技术打磨了 17 年,e 平台 3.0 从构想到落地也用了 11 年,“技术的攻坚这条路要保持战略的定力,才能掌握发展的主动权”。这些技术的突破,是比亚迪运用技术促进三大梦想实现的创新基础,这反映出社会价值和商业价值的显现需要长期可持续的投入和关注,这样在后期才能迸发出对于经济社会的巨大价值。

第四节　蚂蚁集团的实践探索

蚂蚁金融服务集团(以下简称“蚂蚁集团”)起步于 2004 年诞生的支付宝,经过二十年的发展,已成为世界领先的互联网开放平台。2022 年,蚂蚁集团遵循 ESG 理念,正式发布了数字普惠、科技创新、绿色低碳和开放生态“四位一体”的 ESG 可持续发展战略。其中,数字普惠金融被确立为初心所在,旨在通过数字金融与数字生活服务的拓展,使更多普通民众及小微企业受益;绿色低碳则被视为未来方向,致力于推广绿色生产与生活方式,以增进人类与自然的和谐共存;科技创新被强调为核心驱动力,坚信科技是解决社会难题、推动社会进步的关键途径;而开放合作的生态系统被视为可持续发展的基石,坚信只有共同创造,方能为世界带来一系列虽细微却意义深远的美好变革。蚂蚁集团董事长兼首席执行官井贤栋表示,"用科技创新为中小企业和普通人提供更多一点的发展机会,是蚂蚁的商业模式,也是蚂蚁存在的社会意义"。2023 年 6 月,蚂蚁集团发布了启动 ESG 可持续发展战略后的首份年度报告,展示了一年来公司通过科技创新解决社会问题、推动可持续发展所取得的成果,进一步凸显了其"科技普惠"理念。

2024 年,蚂蚁集团荣获中国企业 ESG"金责奖"——最佳环境(E)责任奖,表明其在 ESG 行动和绩效方面取得了初步成效。在腾讯 2021 年提出可持续社会价值创新之后,蚂蚁集团 2022 年积极跟进,也提出了企业可持续发展战略。作为互联网头部企业,其社会价值创造的探索具有鲜明的特点。

一、蚂蚁云客服与数字蚂力平台

蚂蚁集团自 2012 年发起成立蚂蚁云客服平台,借助技术手段,将有能力、有意愿从事客户服务工作的社会力量有机整合,满足互联网平台高通量、高弹性的服务需求。同时借助这一模式,为相关劳动者提供不受时间、地点限制的数字就业机会。截至 2022 年 9 月,已累计有 17.3 万人在蚂蚁云客服平台获得免费的技能培训认证,4.2 万人通过兼职客服获得收入,目前每月稳定提供服务的云客服超 4000 人。云客服群体平均年龄 31 岁,由小镇青年、全职妈妈、残障群体、大学生等组成,来自全国 323 个城市,1614 个区县。其中,女性群体占比高达 81%,残障云客服群体占比约 4%。针对偏远地区,2021 年以来,蚂蚁云客服还尝试推出了服务星站。通过与地方政府合作建设服务星站,为不具备电脑、宽带等工作条件的年轻人提供"家门口"的工作场地。发起至今,已在甘肃、青海、四川、陕西、河北等省份的县城建设 11 个服务星站,超 1000 人借此就业。[①] 蚂蚁云客服运用数字技术平台打破了时间和地域限制,为全职宝妈、小镇青年、残障群体等提供了灵活就业机会,促进了就业保障。

2024 年,蚂蚁云客服升级为数字蚂力平台。[②] 数字蚂力通过开放蚂蚁集团的人机融合 AI 应用实践,帮助企业升级经营管理。目前,数字蚂力已构建起 43 万人才库的分布式服务资源网络,服务于电商、3C、零售、文旅等行业的头部企业。[③] 数字蚂力推出的 AI 就业平台"蚂上就业",提供超过万多个就业机会,涵盖客服、审核、标注、研发和设计等多个领域。该平台利用 AI 技术实现人才自动匹配,为就业者提供灵活和最高性价比的岗位收入,同时为企业提供个性化服务,提升招聘效率。而对于企业运营环节,数字蚂力平台运用人工智能助力企业经营。

在以往的企业经营环节中,从客户服务、技术研发、运营管理等多个环节有大量的工作可以被 AI 提效,但企业通常无法即开即用 AI 工具,企业需要与之匹配的行业解决方案和端到端的服务交付,最终获得 AI 技术带来的业务升级。蚂蚁集团注意到了企业经营在 AI 技术方面的市场和社会需求,基于自身 AI 应用的核心能力进行创新,从而进行社会价值的创造。蚂蚁集团在过去服务自身业务中,沉淀了一系列成熟的人机融合

的 AI 应用实践经验和成熟的方案体系,蚂蚁集团将 AI 技术与行业知识流程和人才深度融合,开发数字蚂力平台,把所积累的实践经验与方案进行开放,帮助企业更便捷地用 AI 技术升级经营管理。

数字蚂力通过 AI 原生的分布式服务平台能力,以人机融合的模式为企业经营提供"端到端"的服务,从而帮助企业实现降本增效。对于就业者而言,平台在客服岗位基础上,增加了标注、主播、审核、云值守岗位,UI 设计师、品牌视觉设计师、营销视觉设计师、插画设计师、动画设计师等设计类岗位,以及 Java 研发、质量测试、前端研发等开发类岗位,岗位数量超万个。对企业而言,平台则可帮助企业提供个性化服务,比如,通过应聘人员的不同身份数字标签进行岗位自动筛选,通过 AI 数字人进行面试并为其生成人才报告等,可提升企业招聘效率。[①]

具体来说,数字蚂力为企业智能化经营提供三类服务:一是提供智能客服与营销服务,通过客服领域大模型为客户提供"AI 云客服"及智能营销、智能培训质检等各类服务,帮助企业降低经营成本提升经营效率;二是提供智能运营服务,为企业提供包括在法律、合规等环节的智能服务方案;三是智能技术服务,通过大模型帮助企业实现智能研发,降低技术研发的门槛,提升技术的可用性。

以智能客户服务为例,在过往的实践经验中,数字蚂力的 AI 人机融合解决方案能够帮助企业实现万人招聘周期从 100 天缩短至 0.5 天,客户服务弹性调度 10 分钟内达超过 15%,时段峰值弹性最高可达 400%,相比传统客服成本,企业实现降本的同时,提升服务的质效。在智能技术服务方面,企业普遍面临着项目复杂度高、交付周期短、关联方多等诸多挑

---

① 《数字蚂力上线"蚂上就业"平台可体验"工作找人"》,网易,2024 年 12 月 27 日,https://www.163.com/dy/article/JKEJNKR5055284JB.html。

战,有别于传统 SaaS 和技术外包服务,数字蚂力针对企业经营系统升级转型的需求,以 AI 结合人的形式提供方案规划、产品设计、系统研发、部署运维等全领域服务,从而大大提高企业研发效率。随着生成式 AI 和深度学习算法的不断优化,使得人工智能能够处理更复杂的问题,AI 正在成为驱动企业服务新模式的重要工具。如何让企业在经营流程中便捷使用 AI,正是数字蚂力要解决的行业需求和痛点。① 围绕这一行业需求和痛点,数字蚂力的尝试正在以自身人工智能技术优势和蚂蚁云客服的实践经验为基础,逐步创造社会价值。

二、数字民生服务

蚂蚁集团旗下的支付宝数字民生板块致力于打造一站式民生服务平台,涵盖生活缴费、医疗健康、就业服务等多方面。2008 年,蚂蚁集团企业注意到了用户们网上办事的需求愈发强烈的这一社会需求。在有技术、有需求、互联网环境日趋成熟的基础上,支付宝生活缴费项目组(如今的支付宝数字政企事业部)设立。水电煤缴费,是支付宝探索自身服务公共民生功能的第一步,支付宝如今也从最初的支付工具演进成了数字生活服务平台。② 此后,蚂蚁集团逐步拓展数字民生服务领域,涉及政务、医疗、出行、文旅、社区、就业等多个方面。截至 2024 年,在数字政务服务方面,支付宝已经服务城市超 300 座,服务种类超 14000 种,年服务用户达 7 亿;在数字就业服务方面,支付宝累计提供岗位数 8000 万个,链

---

① 《蚂蚁集团成立"数字蚂力"新公司:发力 AI to B 方向 布局企业服务市场》,央广网,2024 年 8 月 14 日,https://tech.cnr.cn/techph/20240814/t20240814_526852104.shtml。

② 《蚂蚁集团王丽娟:发挥平台桥梁作用 提升公共民生服务便捷度》,新华网客户端,2023 年 11 月 3 日,https://app.xinhuanet.com/news/article.html? articleId = 2cedb9011ba3189314c519190d4c7c85。

接合作服务商 300 家、年服务就业人数 1 亿；在数字民生服务方面，支付宝累计服务 16 年，合作伙伴超 10000 个，年服务用户达 7 亿。① 蚂蚁集团用数字民生服务促进"用手机办事"，改变人们的生活方式，培育了数字习惯，成为数字民生最直接的价值体现。目前，超过一半的中国家庭通过手机完成办事缴费，其中，有 2000 多万用户的水电煤缴费账户里绑定了长辈；手机挂号服务上线以来，平均给每个人累计减少 180 次排队；8000 多种公共服务都搬到了线上，全国 31 个省份的"一网通办"小程序都在支付宝上线；1300 个城市（含县级市）乘车都能通过支付宝进行付费等。蚂蚁集团的数字民生服务从住房、医疗、交通、公共服务等方面着手，以商业活动为基础，在人们数字生产生活方式的重塑中为社会经济发展提供便捷化的服务，社会价值也在其中同步实现，从而达到了双价值创造的效果。

蚂蚁集团的支付宝业务在"蓝马甲行动"中发挥了重要的技术支持和服务功能。2020 年 9 月，在国家反诈中心、中国老龄协会、工信部反诈中心的指导下，蚂蚁集团、蚂蚁公益基金会联合各地政府部门、志愿者组织，发起并启动了"蓝马甲行动"。其中，支付宝推出了"长辈版"界面，简化操作流程，方便老年人使用；开通了"暖洋洋热线"，为 65 岁以上老年人提供优先人工服务；支付宝的"AI 叫醒热线"能够及时提醒老年人谨防诈骗。截至 2024 年 10 月，"蓝马甲行动"已经走进全国 149 个城市，开展了 5.5 万场活动，有超 4.5 万名志愿者线下服务老人超 156 万人次。"蓝马甲行动"项目通过"技术+服务"的模式，帮助老年人解决智能手机"不

---

① 《蚂蚁集团彭韵：通过 AI 的力量将数字民生服务从传统货架式搜索升级至边聊边办主动服务》，东方财富网，2024 年 9 月 5 日，https://finance.eastmoney.com/a/202409053176749386. html。

敢用、不会用"的难题,弥合数字鸿沟,普及反诈知识,防范老年群体支付风险。

2024 年,蚂蚁集团发布了全新 AI 生活管家 App"支小宝",这是基于蚂蚁百灵大模型推出的、国内首个服务型的 AI 独立 App。在整个民生场景里,支小宝拥有两大智能体,分别是专家智能体和服务智能体。专家智能体是在某一个领域和区域里与用户进行专业互动问答,服务智能体是针对用户在某一个办事领域的诉求能够实现完结和办成。专家智能体首先开放五大类应用场景和七大类核心功能。服务智能体方面已经覆盖政务、运营商、就业、缴费、天气等五大类高频场景。基于数字技术的不断变革,蚂蚁集团的数字民生服务从原来的传统货架式搜索升级到'支小宝'能提供的边聊边办主动服务。通过对用户意图和服务的理解,"支小宝"上的服务分发和匹配效率相比之前的传统运营模式提升 50%。

坚持从社会问题、社会价值中寻求创新机会,以社会价值和商业价值一体创造为出发点推动可持续发展,是蚂蚁集团创造社会价值和商业价值的理念。[①] 蚂蚁集团的数字民生服务板块从数字政务服务、数字就业服务、数字民生服务入手,为数字社会的建设和服务型政府的建设提供了市场化的产品与服务支持,其技术和模式对于社会生活的有效嵌入对于便利人们的生产生活、降低社会行动的成本具有商业价值和社会价值。经过长期持续的实践,数字公共民生服务更加普惠便捷,这种商业价值和社会价值正在越来越紧密地同步实现。

三、蚂蚁森林

蚂蚁森林是支付宝公益板块于 2016 年 8 月正式推出的一项公益行

---

① 《蚂蚁集团可持续发展报告(2023)》,蚂蚁集团官网,https://www.antgroup.com。

动,作为"碳账户"项目的首期设计。用户通过步行、乘坐地铁、在线缴纳水电煤气费、缴纳交通罚款、网络挂号、在线购票等低碳行为,可减少相应的碳排放量,用于在支付宝中培养一棵虚拟树。这棵虚拟树成长后,蚂蚁森林的生态伙伴——公益组织或环保企业等,可"认购"用户的树,并在现实中对应区域种下一棵实体树或保护一定面积的生态区域,旨在倡导和激励用户践行低碳环保生活方式。① 这项公益活动实现了将环境保护、公益事业、共创模式以及可持续发展等社会价值有机结合。

2018 年 10 月 23 日,蚂蚁金服旗下支付宝宣布,全国绿化委员会办公室、中国绿化基金会已与蚂蚁金服集团正式签署"互联网+全民义务植树"战略合作协议。这标志着蚂蚁森林的种树模式正式纳入国家义务植树体系。2019 年 1 月,蚂蚁森林推出由全国绿化委员会办公室和中国绿化基金会联合颁发的"全民义务植树尽责证书",进一步推动公众参与绿色公益。同年 2 月,盒马鲜生接入蚂蚁森林,用户在盒马门店购物时选择不使用塑料袋即可获得绿色能量。据盒马估算,该举措全年可减少约1277 万只塑料袋的使用量,并通过累积的绿色能量种植约 1.5 万棵梭梭树。2019 年 4 月 22 日,支付宝宣布蚂蚁森林用户规模突破 5 亿,这 5 亿用户已在荒漠化地区共同种植了 1 亿棵真树,种植面积累计近 140 万亩,为改善生态环境作出了重要贡献。2024 年 12 月 25 日,河北省林业和草原局与蚂蚁集团签署合作建设框架协议,蚂蚁集团将在 2024 至 2027年三年内,通过蚂蚁森林项目,向河北省捐赠资金不低于 1 亿元人民币,助力京津冀生态屏障建设②。据蚂蚁集团公布,生态公益项目蚂蚁森林

---

① 《蚂蚁森林话题》,知乎,https://www.zhihu.com/topic/20078730/intro。
② 《蚂蚁集团再捐 1 亿元为生态添绿 创新公益模式 8 年种树 5.48 亿棵》,新浪财经,2025 年 1 月 3 日,https://finance.sina.cn/2025-01-03/detail-inecryra9061491.d.html。

自 2016 年 8 月上线支付宝,8 年来已在全国各地捐资种下 5.48 亿棵树,其中九成以上种在"三北"工程三大标志性战役地区。截至 2024 年 8 月 27 日,蚂蚁集团为该项目已累计协议捐资 41.8 亿元(随着各地生态项目的实施进度,已实际支出 27 亿元),其中有 6.3 亿元成为各地种植养护者的劳动收入。除了植树种林,生态保护和守护生物多样性以外,蚂蚁集团持续创新公益模式,投入绿色低碳、女性发展、乡村振兴等方向,助力公益慈善事业发展。

四、"数字木兰"女性公益项目

2023 年 6 月,在中华全国妇女联合会指导下,中国妇女发展基金会携手浙江蚂蚁公益基金会,共同签署了战略合作协议,并联合启动了名为"数字木兰"项目。该项目旨在运用数字化技术,通过提供基础生活保障、创新创业扶持以及就业援助等多种方式,计划在 5 年内覆盖全球 5000 万女性,通过数字化的手段,提升女性在数字经济领域的参与度和竞争力,尤其是为欠发达地区的女性及处于困境中的家庭带来发展机会,助力其改善生活状况。"数字木兰"计划涵盖三大类别,共计 11 项具体措施,旨在全方位赋能女性群体。数字木兰计划包括支持女性小微创业者实现梦想、助力女性提升数字化技能以适应时代需求,以及确保贫困女性能够获得更多平等的发展机会,从而缩小性别差距,促进社会的整体进步与和谐。

"数字木兰"项目计划实施以来,在 2023 至 2024 年期间,已为 140 万人次的乡村困难女性提供了坚实的教育和健康保障。从 2023 年至 2025 年,计划将为 6000 名女性提供就业方面的支持,并助力 150 家女性创办的中小微企业成长,预计这些企业将间接带动 7500 名女性实现就业。此外,还将资助并赋能一系列专注于困境家庭和儿童服务的公益项目,使它们能够为 10000 名困境家庭和儿童提供紧急援助、陪伴关怀等重要的社会公益服务。

女性是蚂蚁集团、蚂蚁公益基金会系列公益行动关注的重点群体之一,以数字技术助力女性发展则是蚂蚁集团发挥自身优势,帮助困难妇女儿童发展的重要途径。由中国妇女发展基金会与蚂蚁公益基金联合发起的"加油木兰"女性公益保险项目自成立以来已为乡村困难女性送出了 375 万份公益保险,探索出一条应用互联网公益保险为困难女性增加保障的创新实践路径,并于 2021 年获得"中华慈善奖"殊荣。

"数字木兰"系列计划旨在充分利用数字技术和平台优势,从基础保障强化、就业机会创造、多元发展促进等多个维度出发,致力于增强女性的安全感、成就感及幸福感。在已有战略合作框架下,"数字木兰"计划提供包括资金支持与数字能力提升在内的全面助力,为系列项目注入强劲动力。该计划旨在 5 年内覆盖全球 5000 万女性,通过数字化的手段,提升女性在数字经济领域的参与度和竞争力。每年,该计划将至少为女性创业者提供 1 万亿的贷款资金支持,并特别设立 100 亿元的免息贷款项目,以减轻她们的财务负担。同时,该计划还将建立女性经营者社区,推出 100 个数字经营课程,旨在提升女性创业者的商业运营能力和数字技能,预计这将惠及 4000 万女性创业者,为她们拓宽事业发展的道路。此外,该计划将致力于在中国培养 100 万名女性数字化管理师,通过数字化管理技能的提升,助力中国女性在职场上获得更强的竞争力。针对贫困地区的女性,该计划将提供 100 个创业致富项目,并创造 10 万人次的就业岗位,为她们提供改变命运的机会。

"数字木兰"计划还囊括了阿里巴巴经济体内正在实施的多项女性

公益项目。其中,"加油木兰"公益保险项目已覆盖全国 14 省的 28 个县,惠及 127.8 万贫困女性,为她们提供教育与健康方面的保障,至今已有 43824 位女性因此获得了总计 4870 万元的教育健康金支持。另一项名为"AI 豆计划"的公益行动,由支付宝公益基金会携手阿里巴巴人工智能实验室和中国妇女发展基金会共同发起,旨在通过人工智能产业的快速发展所带来的就业机会,开创"AI 扶贫"的新模式。该计划的首个试点落户于贵州省铜仁市万山区,通过提供免费的专业技能培训,帮助相对贫困人群,尤其是女性,成为"人工智能培育师",在家乡就能找到工作,实现致富。

五、小结

蚂蚁集团的核心优势在于金融科技领域,提供支付、贷款、保险、投资等金融服务。作为我国互联网科技的头部企业之一,蚂蚁集团以蚂蚁云客服与数字蚂力平台为技术支撑,通过蚂蚁森林创新"数字普惠""科技创新""绿色低碳"和"开放生态"四位一体的 ESG 可持续发展战略,通过"数字木兰"女性公益项目和数字民生服务项目,在绿色发展、女性赋能、农业支持、民生服务改善及就业促进等多个领域进行科技普惠实践,在实现自身商业价值的同时,通过技术赋能也实现了社会价值的创造,具有一定的启发意义。

在社会价值的创造中,蚂蚁公益基金会利用自身的优势,通过自己的公益品牌建设,在推进绿色生态、女性发展、助老助残等公益方面做出了独具创意的重要贡献,展现了其在慈善公益领域的积极影响力。社会价值创造和商业价值创造不是割裂的,而是双价值一体创造的。蚂蚁集团以"以普惠为心,以技术为能,以开放为合"的 ESG 战略指导其业务发展和公益活动,依托其科技能力与平台能力,通过数字技术和平台能力动员公众参与,实现自身项目品牌化、行动生态化和治理系统化,逐步形成服务特定受益人群的战略聚焦,推动生态伙伴共同发展,在创造商业价值的同时也实现了社会价值。

互联网科技企业如何践行"科技向善""商业向善",是中国特色社会主义企业的历史责任。蚂蚁集团的蚂蚁云客服与数字蚂力平台、蚂蚁森林、数字木兰和数字民生服务项目,与其支付宝产品的政务民生服务功能一起使得对我国企业的社会价值创造和政务民生服务具有普惠性和便利性。在环境责任上,蚂蚁集团连续三年实现运营排放碳中和,并首次全面盘查"范围三"①碳排放,为价值链碳减排提供了科学依据。具有企业可持续社会价值创新第二重境界的基本特征,在不断创造商业价值的过程中兼及了社会价值的创造。未来蚂蚁集团还应当投入更多的资源与精力,奋力实现商业价值与社会价值的有机统一,展示新时代社会主义民营企业应有的责任与担当。

第五节 京东集团的实践探索

京东集团股份有限公司(以下简称"京东集团")是 1998 年 6 月在中关村创立的一家自营式民营电商企业,定位为"以供应链为基础的技术与服务企业",其业务涉及电商、金融及物流三大板块和零售、科技、物流、健康、保险等领域,并持续推进"链网融合",实现了货网、仓网、云网的"三网通"。其旗下设有京东商城、京东金融、拍拍网、京东智能、O2O

---

① "范围三"指价值链上下游的碳排放。

及海外事业部等。① 自成立以来,京东集团积极履行企业社会责任,首先体现在对其具有特殊工作性质的员工——快递小哥的社会责任担当上。2024 年,京东集团为 1200 多名退休快递小哥一次性发放 10 万元公积金和平均每月 5350 元退休养老金,并对一线员工"五险一金"全覆盖,在员工责任中体现了企业创造社会价值②。同时,在助力实体经济高质量发展、促进高质量就业、带动高质量消费、推动乡村振兴、提升社会效率、推动供给侧结构性改革等方面不断为社会作出贡献,在商业发展中创造社会价值。疫情期间,京东坚持不间断地运营,持续保障民生供应和医疗物资运输;2016 年起,京东全面推进落实电商精准扶贫工作,通过品牌打造、自营直采、地方特产、众筹扶贫等模式,在全国各地贫困地区开展扶贫工作,上线贫困地区商品超过 300 万种;京东积极投身乡村振兴,全面启动"奔富计划",实现"三年带动农村一万亿产值成长"的目标,同时在全国打造多个"奔富村",帮助数百万农户大幅增收等。在京东集团运用供应链和科技平台的核心能力进行社会价值创造的过程中,京东物流与京东健康板块体现出了责任担当。

一、京东物流,以绿色环保创造社会价值

京东集团 2007 年开始自建物流,2017 年 4 月 25 日正式成立京东物流集团。作为中国领先的技术驱动的供应链解决方案及物流服务商,京东物流以"技术驱动,引领全球高效流通和可持续发展"为使命,致力于成为全球最值得信赖的供应链基础设施服务商。京东物流"与责任同

---

① 京东官网,https://about.jd.com/company/。

② 《刘强东朋友圈发声,京东回应:属实》,证券时报网,2025 年 3 月 21 日,http://www.stcn.com/article/detail/1599905.html。

行,与价值共生"的理念,意为企业经济绩效与环境绩效、社会绩效应当融合统一、相得益彰,这体现了社会价值和商业价值统一的内涵。①

2017年6月5日,京东物流与世界环保基金会WWF签署了《中国纸制品可持续发展倡议书》,联合9家500强企业启动绿色供应链行动"青流计划",推动供应链端到端(B2B2C)的绿色化、环保化,在行业内率先推进绿色包装,以助力解决当时十分突出的快递包装污染问题。"青流计划"从"环境(Planet)""人文社会(People)""经济(Profits)"三个方面,协同行业和社会力量共同关注可持续发展。2018年5月25日,京东集团全面升级青流计划,聚焦人类可持续发展的环境、人文社会和经济。经过近7年的推进,青流计划已发展为涵盖绿色仓储、绿色运配、绿色包装、绿色循环等实践样板。2020年7月6日,京东物流宣布再升级青流计划,推出物流行业首个环保日,进一步推动和落实全供应链的环保理念与实践。②

在绿色运输层面,京东物流大力推进绿色低碳运输方式,通过碳目标导向选取碳排放较低的交通工具,在全国范围内规模化投放使用新能源车,积极推进氢能源重卡、无人车等实践应用,不断扩大多式联运规模,优先选择碳排放较低的运输方式,持续强化燃油使用及其排放管理,不断构建更加绿色的运输网络。同时,京东物流联合商业伙伴,在全国建设及引入充电终端数量1600多个,保障京东物流及合作伙伴新能源物流车辆的充电服务。

在绿色仓储方面,京东物流持续建设绿色仓储,提升园区的碳效率,

---

① 《京东物流2023环境、社会及治理报告》,京东物流网站,https://www.jdl.com/esg。
② 《京东物流"青流计划"宣布升级 聚焦末端回收再利用》,环球网,2020年7月6日,https://tech.huanqiu.com/article/3ywaksHehDK。

在 2017 年,京东物流就率先在上海"亚洲一号"智能物流园区布局屋顶分布式光伏发电系统,并在 2018 年正式并网发电。光伏发电已覆盖其园区内包括仓内照明、自动分拣、自动打包、自动拣货等多场景作业的用电需求,同时率先进行分布式光伏电站与汽车行业资源整合,探索"汽车+车棚+充电桩+光伏"项目试点,为光伏发电在物流领域的广泛推广应用打造了新样板。随后,京东物流积极打造绿色低碳仓储物流园区,以绿色基础设施建设和减碳技术创新为基础,积极推进绿色化建设和运营。京东物流作为国内首家建设分布式光伏能源体系的企业,截至 2023 年末,在建成国内首个"碳中和"物流园区基础上,京东物流已在 17 个京东物流亚洲一号智能产业园、2 个分拣中心、2 个大件仓、1 个物流园铺装屋顶光伏,总装机量达 114.48 兆瓦。2023 年,全年共计采购光伏绿电47344.4 兆瓦时,实现减少碳排放 27000 吨,为我国"双碳"目标的实现做出了积极贡献。

在绿色科技方面,作为技术驱动的供应链解决方案及物流服务商,京东物流长期以来坚持技术投入,基于 5G、人工智能、大数据、云计算及物联网等底层技术,不断扩大软件、硬件和系统集成的"三位一体"的供应链技术优势,包括自动搬运机器人、分拣机器人、智能快递车等智能产品,以及自主研发的仓储、运输及订单管理等系统,并将智能软件、硬件产品覆盖到包括园区、仓储、分拣、运输和配送等供应链的主要流程和关键环节,并将绿色、低耗能的设计理念融入整个规划及研发过程中。

在绿色包装方面,京东物流顺应绿色包装发展趋势,不断加强绿色包装材料的技术创新、变革与应用,并持续探索循环包装精细化运营,促进绿色包装发展。京东物流致力于推动包装的标准化、减量化。常态化使用京东青流箱,取消 BOPP 封箱胶带,采用一次性可降解封签,食品级环保材料,使箱体轻便可折叠,承重性能强,破损后可回收再造,配合自行研发的循环包装管理系统,借助唯一码和 RFID 管理技术,实现循环包装全流程监控。为了培养消费者绿色环保意识,京东增加循环包装可选功能,消费者可自行选择支持绿色环保。① 为推动绿色包装转型,2017 年京东物流在行业内首次提出原发包装概念并推广,原厂直发包装简称原发包装(DWOP),指电商商品包装与快递包装采用一体化结构,减少电商商品在寄递环节二次包装的包装形式。至 2022 年,京东物流再次发布行业内首个原厂直发包装认证标准,在包装标准上提出原发包装应同时满足安全性、空隙率和环保性三个方面要求:首先,原发包装需通过京东物流运输标准测试要求,保障订单可安全交付;其次,包装空隙率不超过 20%,减少材料浪费,避免出现过度包装;再次,包装应选用环保可回收的包装材料,不得使用聚苯乙烯 EPS,以及重金属和有害物质残留超标的包装材料。此外,还建议优先选用原色纸箱,减少印刷油墨的使用。在认证流程上,品牌商家需将包装件样品送至资质齐全的三方包装检测机构,由检测机构根据京东物流所发布的原发包装认证标准进行检测,并出具检测认证合格报告。京东物流将可持续发展理念融入企业管理的全过程,制定包装碳排放体系规划,围绕减量、复用、回收再利用、降解四大方向推进绿色包装实践,通过包装减碳手段,截至 2023 年末已实现碳减排约69515 吨。

除了率先使用绿色包装,京东也致力于绿色物流包装产品的研发和使用,用技术助推绿色物流发展。2016 年,京东与东港股份联合打造了"京东包装实验室",该实验室是国内首家基于电商物流包装领域的实验

---

① 《京东新目标"青流计划"循环经济实现全球供应链绿色环保》,https://www.50yc.com/information/redian/14281。

研发机构。2018 年 4 月,包装实验室升级为"电商物流联合包装创新中心",京东物流与灰度环保等行业上下游伙伴共同研发绿色包装应用技术,从消费需求及供应链革新的角度切入,探索绿色包装生态。2019 年初,京东物流启用全链路智能包装系统——"精卫",主要包括磁悬浮打包机、气泡膜打包机、枕式打包机、对折膜打包机等 18 种智能设备,实现了针对气泡膜、对折膜、纸箱等各种包装材料的统筹规划和合理使用,形成了软硬件一体化的智能打包系统的解决方案。据介绍,通过"精卫推荐"进行的耗材推荐准确率在 96.5% 以上,显著实现了包装材料的降本增效。

京东公司不断延伸场景触角,通过技术创新助力前端链接的生产厂商低碳生产、引导后端的消费者绿色消费,助推绿色物流发展,打造可持续社会价值创新的生态圈、生态链,开创企业服务社会的新模式。京东自身核心业务积极探索社会价值创造路径,在绿色包装、绿色运输、绿色仓储等方面进行了有益实践,达到了在实现商业价值的过程中兼顾社会价值,在商业价值实现过程中融入了基础的社会责任意识,未来还应当通过更多类似实践活动,达到企业商业价值与社会价值的有机融合。

二、京东健康,以"国民首席健康管家"创造社会价值

京东健康是京东集团旗下专注于医疗健康业务的子集团,成立于 2019 年 5 月,基于"以医药及健康产品供应链为核心、医疗服务为抓手、数字驱动的用户全生命周期全场景的健康管理企业"的战略定位,已经成为中国领先的医疗健康商品、服务、解决方案提供商,产品及服务可覆盖医药健康全产业链、医疗全流程、健康全场景、用户全生命周期。

作为业内领先的新型医疗健康服务企业,京东健康的业务范围涉及

了健康商品营销与销售、医疗健康服务、企业健康解决方案、智慧医疗解决方案等领域,同时与产业链上中下游各环节的企业、机构进行合作,以打造更加完整的大健康生态体系。①

健康商品营销与销售。作为医药健康领域生产企业重要的全渠道合作伙伴,京东健康基于强大的 B2C 电商业务,已具备全品类供应能力、全渠道流通能力和全生命周期营销能力,为生产企业提供最全面和有效的商品营销和销售服务。

医疗健康服务。京东健康能向用户提供专业权威、可信赖的线上线下一体化医疗健康服务,让用户随时随地"能看病"。京东健康互联网医院通过连接三甲医院名医专家在内的全国医生资源,以及全职医生团队,实现全科室医生 24 小时在线、平均 30 秒接诊;"京东家医"能够提供连续、及时的主动式医疗健康服务,帮助用户做好个人和家庭的全面健康照护,实现"不生病、少生病、不从小病变大病"的目标;京东健康还连接了医疗健康服务机构,通过上门和到店两种模式,为用户提供体检、疫苗、齿科、医美等丰富的消费医疗服务。

企业健康解决方案。致力于为企业客户提供健康管理一站式解决方案。为企业员工提供定制化、数字化的健康管理服务,帮助企业提升员工及其用户的健康获得感和体验;为合作者提供全场景的健康能力、医用物资支持方案。

智慧医疗解决方案。针对政府类客户和医疗机构,提供数智化的区域卫生信息化以及智慧医院、智慧养老、智慧医保等平台建设及运营的解决方案。通过基于互联网用户体验的产品、系统、解决方案的创新应用,

---

① 《京东健康 2023 环境、社会与管治报告》,京东健康网站,https://www.jdh.com。

以提升医疗行业效率、改善患者及民众就医体验为目标，助力医疗体系高质量发展。

京东健康还致力于运用科技为患者、医院和医生提供数字产品和服务，创造社会价值。2025 年 1 月 11 日，京东健康全新发布了业内首个医院全场景应用大模型产品京东卓医（JOY DOC）。面向患者就医、医生诊疗、医院管理全场景，京东健康依托"京医千询"医疗大模型技术底座，通过构建京东卓医"个人就医管家"（AiP-Ai for Patient）、京东卓医"医生数字分身"（AiD-Ai for Doctor）、京东卓医"未来数字医院"（AiH-Ai for Hospital），致力于让患者看病更舒心、医生临床科研更高效、医院整体运营更轻松。京东健康将经过自身长期试验和反复打磨验证的技术、能力与平台对外开放，赋能更大范围的群体，体现了京东运用自身技术和全链条服务能力促进医疗资源配置优化、提升医患体验、推动智慧医疗发展的商业价值和社会价值。①

在积极拓宽传统医疗体系能力边界、推动医疗行业和区域医疗数智化转型的同时，京东健康致力于将自身在医疗健康领域的实践成果和能力资源，服务于民之所急、民之所需，切实践行企业社会责任，创造社会价值。针对突发公共事件，沉淀快速应急响应与常态化援助机制，全力保障特殊情况下药品、医疗用品等物资供应与医疗健康服务支持；创新公益运营机制，致力于提高罕见病群体、乡村居民等更多社会群体的用药和诊疗的可及性、可支付性。这些行动推动了医疗健康事业的创新发展，助力普惠医疗的加速实现，帮助人们享受更有品质的健康美好生活。

---

① 《京东健康全新发布"京东卓医"为医院、医生、患者提供卓越的智能化体验》，雪球网，2025 年 1 月 13 日，https://xueqiu.com/1817480865/320346623。

三、小结

京东集团将科技创新与实体产业深度融合,以其供应链的核心优势,不断实现对互联网技术的突破创新、对实体经济的服务和价值创造,创造了现代商贸物流企业追求商业价值与社会价值融合发展的典范。

物流行业不仅承担着保障经济循环畅通的重要职能,在"双碳"目标驱动下,还成为引领供应链绿色转型的重要抓手。[①] 我国物流业碳排放占全国碳排放总量的9%左右,随着全球应对气候变化和我国"双碳"目标的落地,物流行业、供应链领域绿色低碳发展潜力和市场空间巨大。2021年9月22日印发的《中共中央 国务院关于完整准确全面贯彻新发展理念做好碳达峰碳中和工作的意见》中指出,要"加快推进低碳交通运输体系建设""加快物流绿色化转型"等。一体化供应链物流服务是京东物流的核心赛道,以青流计划推进绿色物流发展是京东物流的创新实践。京东物流以供应链服务持续性地为实体经济蓬勃发展和更广泛的社会群体创造价值,充分发挥一体化供应链能力,承担新型实体企业责任,积极响应国家碳达峰碳中和的"双碳"目标和降低全社会物流成本的号召,携手各相关方共创可持续社会价值。京东物流板块,以供应链经验融入、数字技术的嵌入、大模型场景的应用,推动降本增效社会价值目标的实现。京东物流以其高时效性和稳定性服务,为居民的生产生活和城市的各行各业赋能,进而为居民的幸福生活和城市的数字化发展提供了有力支持。在此过程中,涵盖绿色仓储、绿色运配、绿色包装、绿色循环的青流计划实践样板,聚焦可持续发展的环境、人文社会和经济,取得了良好的社会收益。

---

① 《减碳、循环包装……细数我国绿色物流的发展用了哪几招》,央视新闻,2024年12月6日,https://news.cctv.com/2024/12/06/ARTIsMbK7Yqm5mQY2MjHE3vO241206.shtml。

互联网医疗行业是互联网技术在医疗行业的新应用,涵盖了在线健康教育、医疗信息查询、电子健康档案、在线疾病咨询、电子处方、远程会诊和远程治疗等多种形式的健康医疗服务。互联网技术打破了传统医疗服务的时空限制,提高了医疗服务的效率和便捷性。近年来,在国家政策支持和互联网技术广泛应用下,中国互联网医疗行业市场规模不断扩大。根据中研普华产业研究院报告显示,2023 年我国互联网医疗市场规模达到 3102 亿元,同比增长率约 39%。① 京东健康板块,基于供应链与科技的支撑,健康商品营销与销售服务、医疗健康服务板块、数字健康解决方案、智慧医疗解决方案等项目能够生产和送达全面、高效、个性的互联网医疗服务。京东健康通过技术运用和技术创新,为城市居民提供便捷的医疗健康服务,进一步推动了城市数字化服务的普惠共享,服务于民之所急、民之所需,践行企业社会责任,探索社会价值的实现。

京东物流和京东健康在社会价值创造中已经取得了显著成效,但在绿色物流的可持续性、供应链优化、技术创新、医疗资源分配、数据安全与隐私保护等方面仍面临挑战。

第六节　饿了么公司的实践探索

饿了么公司(以下简称"饿了么")成立于 2008 年,是总部在上海的中国领先的本地生活平台。发展至今已成为集餐饮、快消、百货、医药等交易品类及履约服务于一体的("万物到家")即时电商平台,致力于为用户提供"放心点、准时达"的即时电商服务,通过城市服务和商业设计的

---

① 《2025 年互联网医疗行业发展趋势及产业链结构》,中研网,2024 年 12 月 5 日,https://www.chinairn.com/hyzx/20241205/155709397.shtml。

创新,不断提升消费者的生活服务保障和即时电商消费体验。促科技创新、与生态共进是饿了么的使命愿景。饿了么在 2022 年确定的"放心点、准时达"战略下,提出"放心消费、开心体验、暖心相助,三心创造美好生活"的 ESG 理念。① 饿了么持续将智能技术与业务场景深度融合,促进消费和供给的良性循环,实现了从订单处理、骑手配送到用户反馈的全链路智能化升级,持续为商家、骑手、消费者提供数字化服务的能力,推动服务行业数字化创新升级。随着外卖等即时配送市场规模持续扩大,从业人员数量也在不断增加。2025 年 1 月,全国外卖骑手已超 1000 万人,其中饿了么的年活跃骑手超过 400 万人。② 饿了么在全国已与数百家城市经营伙伴建立起深度合作关系,在全国超 2000 个区县内为用户提供包含外卖、零售在内的即时电商服务,共同服务商家 130 万家,用户量达 2.6 亿,共同管理骑手超过 20 万名。③ 作为中国领先的本地生活品牌,饿了么将其即时配送能力和生态合作能力作为基础,以助力民生服务的实践探索社会价值的创造,具有代表性。特别是在人口老龄化背景下,饿了么围绕养老送餐,近年来进行了诸多探索和实践,其"助老 e 餐"从多维度满足社区老人的生活需求,利用数字化的基座和能力,建设有温度、有价值的服务体系,实属时代需要的社会价值创新。

一、"助老 e 餐"的多方合作模式

随着老年人口规模急剧扩大,发展老年助餐服务作为一项支持居家

---

① 、《2024 阿里巴巴环境、社会和治理(ESG)报告》,阿里巴巴网站,https://ali - home. alibaba.com/esg。

② 《外卖观察丨超 1000 万!飞奔的外卖骑手》,央视网,2025 年 1 月 16 日,https://news. cctv.com/2025/01/16/ARTIpXTaWK3uPAavQfziBEGk250116. shtml。

③ 《饿了么城市经营伙伴业务中心经营治理委员会成立:与平台发展共治共进》,快科技网,2024 年 5 月 31 日,https://news.mydrivers.com/1/983/983194. htm。

养老、增进老年人福祉的具体举措，是实施积极应对人口老龄化国家战略的重要内容和重要民生工程，也是各级政府回应人民关切的公共政策行动。然而，如何解决居家老年人的用餐问题并不容易，因为一些地方的实践中，因需要用餐的老年人数不足而难以为继，或者因社区供应质量不高而不受欢迎，因此，这一利民之举措在各地的实施效果并不理想。

2023年9月，饿了么与上海市松江区新桥镇合作，打造上海首个打通政府补贴与外卖平台的社区助餐项目，为解决上述难题提供了新的有效方案。随后，该项目在浙江、江苏、广东等地区不断实践，形成了各具特色的项目模式，提供了送餐、送药、助餐补贴、急难救助等多种养老服务。

在实践中，饿了么"助老e餐"项目涌现了多元主体参与模式。在各地的实践中，饿了么、乐扬公益、社区、爱德基金会、各地政府部门共同参与，形成了"公益搭平台、政府提需求、企业做市场、慈善来助力"的助餐运作模式，并成为打造老年智慧助餐产业的核心环节，集四方合力，推动与银发经济相适应的老年助餐服务生态的蓬勃发展。不仅如此，还形成了"个人出一点、企业让一点、政府补一点、集体添一点、社会捐一点"的合力，呈现出了多方共创公益的局面。在饿了么"助老e餐"项目中，老年人主要在饮食丰富度、送餐送药的服务送达、急难救助和陪伴沟通方面有所获益。为了给社区老人提供更加有安全感的贴心服务，饿了么"助老e餐"项目定制了"熟人配送"的模式，即优选党员、退伍军人等优秀骑手组成专送队，与老人成为熟人，送餐之外还能陪老人聊天，起到关怀、照看的作用。① 2023年11月，饿了么与社区食堂一同为老人研发了无糖套餐与低脂套餐。除了为高血糖、高血脂的老人提供适配的饮食方案外，特

---

① 《提供送餐补贴、联合商家供餐，饿了么的老年助餐服务春节不打烊》，中国网科技，2025年1月23日，https://mp.weixin.qq.com/s/yTNU6YjdEXkr9QuZZKdHnQ。

别设计了每份套餐中的营养均衡度,每餐的食材种类均超过十种,充分满足老年人的膳食摄入需求。这个"平台+街道+专业机构"的尝试,为未来更为广泛的老年营养餐供给打下了基础。如今,饿了么已将"助老 e 餐"从原先的定制化社区专送服务,升级为老年助餐服务送餐上门场景下的全链路数字化解决方案。其中包括基于"一点取、多点送"以及"熟人配送"、兼顾效率与温度的为老配送解决方案;针对不同需求老人提供"助老专送、食堂专营、敬老专享"等助餐服务多元化供给解决方案,以及通过数字化对接各地民政部门/企业助餐平台,打通政府补贴与公益支持的多元化筹资解决方案。

二、"助老 e 餐"数字基座

针对老年人的订餐服务、补贴核销、餐食配送等全过程合作,饿了么基于数字基座,能够进行数字化的系统对接。在点餐方面,数字化障碍是老年人融入新时代的"拦路虎"。在助老服务中,饿了么也在尝试打开助老"触网"新方向,弥合数字鸿沟,提高社区老年群体的数字化点餐技能,增强其助餐服务的可及性。截至 2023 年 3 月 31 日,阿里巴巴旗下饿了么等主要 APP 均已完成无障碍和适老化升级改造。饿了么等 APP 被评为中国信息通信研究院的首批互联网应用适老化及无障碍改造优秀案例。[①] 与此同时,饿了么还参与了无障碍和适老升级改造相关专利的免费开放,推动信息无障碍和适老技术的分享,以数字技术普惠促进价值实现。

在送餐服务中,为方便骑手送餐,解决"进门难"等问题,饿了么联合

---

① 《2023 阿里巴巴环境、社会和治理(ESG)报告》,阿里巴巴网站,https://ali-home.alibaba.com/esg。

支付宝、绿城服务推出"碰一下开门"新体验,共建友好社区。蓝骑士进小区送餐,通过支付宝"碰一下"出现"一个通行码",可最快3秒完成登记—开门—入园,比传统线下登记效率提升10倍以上。截至2024年底,全国超3000个小区实现了这项便捷服务,还在全国更多城市、物业小区推广中。在优惠活动中,街道与饿了么平台进行数据对接,老人在饿了么使用相应手机号注册并绑定支持补贴扣款的银行卡或敬老卡后,能够自动识别身份并享受相关优惠。基于数字对接,饿了么平台红包与区级老年人助餐补贴就能够自动叠加。

构建数字基座,能够为助老服务引入生态力量,不仅织密了老年群体的就餐服务网络,还实现了老年助餐服务内生动力与支撑保障的同步强化。以上海市普陀区为例,构建数字基座,为助老服务引入生态力量,普陀的方式不仅构建了密集的老人就餐服务网络,还实现了老年助餐服务内生动力与支撑保障的同步强化。为实现全区社区食堂及助餐点的高效统筹,普陀区建设了智慧养老助餐服务管理平台,除了为老人打造社区智慧助餐场景,在全区"一卡通吃"享受精准补贴外,还为针对供餐质量打造"区—街镇—门店"的三级数字监管体系,实现区内助餐服务全数据监管。普陀区以数字化为基座建立的智慧养老助餐管理系统,让老人们实现了全区"一卡通吃",就餐选择更加多样化,也让更多助餐点实现多渠道获客,拓宽销路,同时这种方式更有利于动态实行三方监管,有效激励市场活力,让在竞争中脱颖而出的助餐点自然形成了良好口碑,商业发展和社会服务提供得到了同步实现。

三、蓝骑士"社区侠"激励体系

2023年,饿了么蓝骑士"社区侠"项目在全国正式上线。该项目旨在通过平台的力量和对骑手公益激励体系建构,鼓励外卖骑手和用户参与社区公益活动,通过这一项目,饿了么进一步将企业社会责任与社区服务结合,推动了社会公益的创新实践。2024 年 12 月 17 日,在浙江杭州举办的第七届蓝骑士节上,饿了么宣布启动"五个一"服务:围绕"一个站、一张床、一顿饭、一个码、一点碳"等,继续做好骑手休息、住宿、就餐、出行、用电关键小事;同时宣布推出蓝骑士"社区侠"公益账户。饿了么助老 e 餐的"社区公益侠",为老人提供服务的同时也在守护社区老人的安全。蓝骑士关于社区助老、见义勇为、随手拍等公益行为,上传后都将有对应公益时,获得包括荣誉激励、物质激励和发展激励的配套权益。在第七届蓝骑士节,因为爱岗敬业、热心公益、扶危济困、见义勇为,98 位"社区侠"获年度表彰。据统计,目前蓝骑士公益行为超过 60 多万人次,饿了么每年投入上千万元进行激励,让"社区侠"们的行为被看见、被记录、被重奖,形成正向循环的社区服务生态。通过建立"社区侠"公益激励体系,鼓励骑手更多参与社区服务,①饿了么结合自身的数字化平台、智慧化服务、科学化激励,在解决社区老年人吃饭、买药等为老服务问题上探索出了一套相对成熟的模式。

四、小结

随着我国社会老龄化程度越来越高,养老已成为社会关注的热点话题,养老产业也在加速兴起。加强老年服务供给,是众多老年人的诉求,而解决老年人用餐难构成了其中的基础性需求。近年来为解决居家老年人用餐难题,全国各地持续推进老年助餐服务行动。饿了么以支持老年

---

① 中国社会工作:《新春走基层丨谢谢"助老 e 餐"的骑手们》,2025 年 1 月 27 日,https://mp.weixin.qq.com/s/H8tV56pXuOWAf74NoZ2n9Q。

群体追求美好生活为服务方向,围绕数字化养老助老服务,依托数字平台、推进"数实融合",打造多方参与、线上线下联动的城乡养老现代服务体系。饿了么积极响应政府主管部门发布的《积极发展老年助餐行动方案》《促进数字技术适老化高质量发展工作方案》,与中国信通院共同开展"助餐数字适老社区行"行动,在全国范围内1000个社区开展数字化助餐解决方案分享、数字助老培训、数字银龄课堂等活动。饿了么充分利用平台线上线下为老助餐服务模式,方便老年人便捷用餐、健康用餐,为老年人的居家社区养老贡献力量,也为政府助老公共政策落地做出了贡献,从而可以称为可持续社会价值创新的典型案例。

近年来各地积极发展老年助餐服务,建设养老助餐点等满足老年用餐需求。不过,老年助餐服务目前多集中在堂食,互联网平台在助餐配送方面的探索还有很大空间。随着新科技的广泛应用,我国智慧健康养老发展迅速,数字化的手段为解决老年助餐服务问题提供了科技支撑。饿了么在政企协同的基础上,利用已有的数字化公益架构,通过引入公益机构,赋能老年助餐,为助老服务提供更多"新解法"。饿了么一直在探索养老助餐,一方面通过尝试与街道、社区合作,试点为老助餐配送服务;另一方面,养老服务需求已不局限于简单的托底保障,这就需要精细分类、精准施策,与街道、社区共同解决老年群体的新需求。饿了么"助老 e 餐"的点餐送餐模式,从早期组织骑手送餐服务队,到之后将社区食堂上线 App,老人可以直接在平台领取补贴红包后点餐。除了社区食堂,更多社会餐饮企业,也加入到老年助餐供给中,老年用户也可以像年轻人一样自由点外卖。饿了么"助老 e 餐"使得老年群体的餐饮需求得到有效满足,居家养老的安全感、幸福感不断提升。

作为中国领先的本地生活品牌,饿了么所具有的即时配送能力和生态合作能力,能够为其实现餐饮行业的民生服务提供核心能力支撑。2024年,饿了么"助老e餐"入选数字经济创新案例。作为一家致力于成为城市美好生活建设者和守护者的平台企业,饿了么以现代化的数字工具和商业服务,不断适配新增的社区场景,线上与线下不再二元对立,而是有机结合。从这个角度看,享受助老送餐的老人,并不是在享受一项公益帮助,而是在享受现代商业和智慧技术支撑的智慧养老服务。饿了么正开启一种全新的服务模式,即以"有温度的数字化"来服务身边的社区,这一模式不仅提升了用户体验,更为商业逻辑和社会责任的结合提供了新的范式。饿了么正在以行动证明,即时电商平台可以为社会问题提供切实可行的解决方案,这不仅是商业行为,更是一种社会责任感、社会价值追求的体现。未来,饿了么、美团等企业将在服务居民生活、促进商业创新、推进数字化社区高质量发展等方面,更好地发挥数字平台的基础性和创新性作用,带动更多利益相关者与社会资源参与,丰富社区服务的供给和履约体系,培育数字化社区建设新质生产力,更好地实现商业价值和社会价值。

从目前各地实践来看,老年助餐点虽已广泛设立,但供需矛盾依旧突出,能够收支平衡、略有盈余并可持续发展的助餐点相对较少。此外,有些老年助餐点还存在资源利用不充分、规范化服务不够、服务对象不精准等情况。随着老龄化和高龄化继续发展,老年助餐服务的发展不仅需要政府层面的引导和支持,更需要经营者增强市场化竞争意识,并制定长期运营规划。①

---

① 《老人用餐的"最后一米"难题上海普陀出手》,中国新闻网,2024年6月26日,https://mp.weixin.qq.com/s/Nva38LglW2Pv72dB-blFuA。

第七节　简要评析

从前述典型企业开展可持续社会价值创新的实践探索可以发现，中国企业不仅依循捐赠公益慈善的传统路径创造社会价值，而且利用自身核心能力参与解决公共议题并为国家战略、民生诉求服务，正在形塑以创造社会价值超越西方企业履行社会责任的新境界。

随着以全体人民共同富裕为目标的中国式现代化的全面推进和我国三次分配制度体系的构建，在中国特色社会主义企业文化塑造、中国特色社会主义市场经济的政策引导和企业可持续商业生态营造目标导向下，我国许多先进企业基于国家发展需求和社会民生诉求，结合自身发展需要，在实现自身商业价值的同时创造社会价值，这已经成为许多企业的自觉行动，从而体现了企业承担社会责任从为实现商业价值兼及社会价值、基于社会视角来承担社会责任向为促进社会公平正义和可持续发展而创新社会价值新境界的努力追求。

在企业可持续生态中，存在着不同社会主体互益、共益和公益行为的社会基础。互益是在相近的社会生态中，社会主体在共同活动中形成的合作收益行为，互益行为并非单向的施赠，而是双方或多方在相互合作、相互支持的过程中，实现资源的共享和风险的共担，进而实现共同发展、共同进步的目标。共益是在更加紧密的社会生态中，社会主体在紧密联系和活动中形成的合作收益行为，共益行为往往通过合作主体的合作共识、合作共建达到合作收益。公益是在更广泛的社会活动中，是社会主体基于对公共价值、公共利益的理解而产生的合作收益行为，通过公益行为，不同社会主体能够积极参与社会事务，关心困难群体，推动社会公平正义。因此,从互益到共益、再到公益,体现了社会的进步和文明程度的不断提高。企业创造社会价值的过程也体现了这一进步和文明的演化过程。无论是以商业价值兼及社会价值,还是基于社会视角来承担社会责任,都体现了中国企业承担社会责任的社会担当,但只有基于促进社会公平正义和可持续发展而创新社会价值来承担社会责任的境界,才是中国特色社会主义企业的历史使命。

在创造社会价值中实现企业的商业价值,在企业可持续生态中做到科技向善、商业向善,是中国特色社会主义企业可持续发展的必然逻辑。企业的社会价值之根越深,其商业价值的枝叶就更加茂盛。互联网科技企业的生态决定了其只有融入社会领域,在社会关系中寻求企业的生产关系,在社会性生产关系中,培养、孕育其客户资源,并以其自身的科技专长和优势,在创造社会价值的同时,实现企业自身的商业价值。创造社会价值,营造企业可持续商业生态,是企业社会价值和商业价值融合、社会利益和经济利益双赢的基本途径。只有持续不断地创造社会价值的企业才会有源源不断的商业价值实现。

前述典型企业创造社会价值的实践,彰显了中国企业的社会责任担当,具有一定的启示和时代意义:

(1)企业发展战略与国家发展战略紧密联系、企业发展与社会关切密切相关,实现企业与国家、与社会的共生共荣,是企业创造社会价值的基础。国家战略需要、民生发展需求、企业社会责任要求,都会为企业创造良好的可持续生态,促进企业可持续发展,而企业的可持续发展,也需要企业在实现自身商业价值的基础上关注社会利益,创造社会价值。

(2)企业自身的技术优势、平台优势和市场优势的发挥,是企业创造社会价值的关键。我国不同企业在长期经营中初步形成了各自的独特竞争优势,这些竞争优势不仅是企业发展的独特资源和能力,也是企业社会价值创造的重要基础。每个企业的独有优势和专有能力都可以转换为企业社会价值创造的动力,并为企业商业价值的可持续实现提供可持续生态。

(3)对公共价值、公共利益的坚守与维护和对社会责任的担当,是企业创造社会价值的重要条件。任何企业在社会生态中的可持续发展,必然要认同公共价值、维护公共利益、履行社会责任,只有这样,企业的商业价值才会获得可持续发展的机会,才会在对公共价值、公共利益的坚守与维护和对社会责任的担当中进一步创造社会价值。在企业中对于社会价值创造的共识,将进一步促进越来越多的企业参与、持续进行社会价值的创造,也将产生更大的社会经济效益。

(4)与其他社会主体的共创、共益,是企业创造社会价值的重要保障。无论传统企业还是现代互联网科技企业,只有利用自身的技术优势,与其他社会主体多方合作,既能够进一步拓展自身的业务范围、扩大企业的客户群体,也能够得到更多的社会支持,在创造社会价值中进一步实现企业的商业价值。

(5)中国式现代化为企业创造社会价值提供了历史机遇。只有更多企业,甚至是全部企业参与到社会价值创造、可持续社会价值创新的时代大局之中,才会有效应对企业在发展中可能出现的各类问题及挑战、实现企业的可持续发展、实现企业与社会的和谐共生、实现企业与国家的共建共荣,才会体现中国特色社会主义企业创新的新企业制度文明。

从先行企业的实践可以发现,无论是传统企业还是现代科技企业,无论是从事第一产业、第二产业还是从事现代科技服务业,企业创造社会价值项目的选择,在结合自身行业优势、市场优势和技术优势的同时,增强项目选择的透明性、资源分配的合理性和项目实施的可持续性,是企业创造社会价值面临的主要挑战。企业只有积极回应这些挑战,才能在可持续的商业价值创造中实现社会价值创造的可持续性。

第八章　面向未来的可持续社会价值创新

太阳每天照常升起,历史的车轮却总是向前行进的。人类现代化源自西方 18 世纪的工业革命,经历 200 余年的发展历程,促使资本主义从野蛮生长进化到现代文明社会,企业制度也从血腥榨取剩余价值(利润)走向履行社会责任,西方现代化国家积累的历史经验与教训都是值得高度重视并学习借鉴的。但中国式现代化创造的是人类文明新形态,中国现代企业制度建设也必定要走出与之相适应的发展新路。如果说过去主要是中国企业向西方发达国家学习现代企业制度,在履行社会责任方面也对其多有借鉴,现在则到了中国企业应当且可以通过自身实践创造新经验、提供新方案的时候了。因为中国的现代化之路是有别于西方国家现代化的新路,中国的成功实践证明了这条新路具有超越既有现代化国家的先进性、文明性。

在世界百年大变局趋势日益明朗、中国式现代化建设全面提速的大时代背景下,中国企业是固守追随西方企业制度的思维定式还是通过创新实现弯道超车,是跟随西方企业履行社会责任的步伐还是植根中国实践走出更加文明进步的创造可持续社会价值新路,答案应当是不难确定的。就像蛇年春节期间一家 2023 年新创的中国企业——深度求索公司

（DeepSeek）掀起的世界性 AI 巨澜，它以开源研究与开源代码击溃西方发达国家的出口管制，以低成本、高性能、潜力无限实现对美国主导的 AI 技术弯道超车，这种在技术领域显具超越性象征意义的 DeepSeek 式企业在中国大地上越来越多，正在改变当今世界的 AI 格局并发挥着引领作用，类似的企业开源性探索也可以且应当在社会领域通过实验获得成功。因此，本书在第一章即提出，如何从仿效西方企业社会责任进入创造可持续社会价值境界，已经是摆在中国企业面前的一道重要选择题，企业需要理性地做出自己的回应。

面向未来，讨论企业可持续社会价值创新的前景，离不开把握国家发展全局与大局，离不开企业争创一流的发展理念升华与目标追求，离不开正确选择值得努力的主攻方向，最终目的是要让可持续社会价值创新转化成为中国企业的成功实践和独特优势，真正打造出有力支撑中国式现代化和全体人民共同富裕的中国特色、世界一流企业集群，并为人类企业制度文明的创新发展提供中国智慧与中国方案。中国企业追求的应当是企业具有内生动力的社会价值创造而不是西方企业迫于外部压力并基于收益与责任平衡逻辑的社会责任概念。果能如此，中国企业发挥的将是对人类企业制度文明向前发展的引领作用。

第一节　中国式现代化为可持续社会价值创新提供了广阔空间

从国家维度出发，企业可持续社会价值创新的发展，首先需要把握中国式现代化建设和走向全体人民共同富裕，并以此为总的导向，以创造与之相适应的中国特色现代企业制度文明为追求目标，立足于企业履行社会责任现实图景,以超越传统资本精神、充满理想主义与集体善意的实践行动,走出一条超越西方企业社会责任范式的新路。

2022 年 10 月,党的二十大报告中首次全面、深刻地阐述了中国式现代化的本质要求、基本特征及推进时间表、路线图,并对到 2035 年基本实现现代化做出了整体部署。2024 年 7 月,党的二十届三中全会做出了《中共中央关于进一步全面深化改革、推进中国式现代化的决定》,强调要"以经济体制改革为牵引,以促进社会公平正义、增进人民福祉为出发点和落脚点",要"完善中国特色现代企业制度,弘扬企业家精神,支持和引导各类企业提高资源要素利用效率和经营管理水平、履行社会责任,加快建设更多世界一流企业"①。这两份决定中国式现代化建设的重要会议及其通过的纲领性文献,不仅为中国企业发展提供了清晰的时代背景与环境条件,而且指明了中国企业制度建设的方向。因此,企业开展可持续社会价值创新,是对中国式现代化建设和扎实推进全民共同富裕需要的积极呼应,同时也是在中国式现代化进程中实现自身可持续发展目标的具体行动。

党的二十大报告明确指出,中国式现代化的本质要求是:坚持中国共产党领导,坚持中国特色社会主义,实现高质量发展,发展全过程人民民主,丰富人民精神世界,实现全体人民共同富裕,促进人与自然和谐共生,推动构建人类命运共同体,创造人类文明新形态。同时指出,中国式现代化既有各国现代化的共同特征,更有基于自己国情的中国特色。② 这决

---

① 《中共中央关于进一步全面深化改革、推进中国式现代化的决定(二〇二四年七月十八日中国共产党第二十届中央委员会第三次全体会议通过)》,《人民日报》2024 年 7 月 22 日。

② 习近平:《高举中国特色社会主义伟大旗帜　为全面建设社会主义现代化国家而团结奋斗——在中国共产党第二十次全国代表大会上的报告(2022 年 10 月 16 日)》,《人民日报》2022 年 10 月 26 日。

定了在中国式现代化进程中,既不能以规律为由脱离国情,也不能以国情为由扭曲规律,而是应当坚持"两个尊重",在尊重现代化客观规律和尊重中国国情的条件下推动中国式现代化建设全面发展。

党的二十大报告概括了中国式现代化的五个基本特征:一是人口规模巨大的现代化。一个拥有 14 亿人口的大国要整体迈入现代化,其规模超过现有发达国家人口的总和,将彻底改写世界现代化版图,其艰巨性和复杂性是既有现代化国家根本不能相比的,发展途径和推进方式也必然具有自己的特点。二是全体人民共同富裕的现代化。这是由中国特色社会主义制度的本质决定的,中国式现代化就是要让全体人民都过上物质丰裕、精神富足的好日子,都有机会凭自己的能力参与现代化进程,共建共享国家发展的成果。为此,必须坚持把实现人民对美好生活的向往作为现代化建设的出发点和落脚点,着力维护和促进社会公平正义,着力促进全体人民共同富裕,坚决防止两极分化。这是中国式现代化不同于西方国家的本质特征。三是物质文明和精神文明相协调的现代化。这是为了避免以往一些国家的现代化滋生物质主义过度膨胀的重大弊端,走出更加文明的现代化之路,为此,不仅需要持续厚植现代化和人民幸福的物质基础,还要大力发展社会主义先进文化,弘扬社会主义核心价值观,促进物的全面丰富和人的全面发展。四是人与自然和谐共生的现代化。纵观世界现代化史,工业化、城市化过程中对生态环境的破坏是一个无法避免的通病,中国之前也走过一些弯路,党的十八大后通过大规模的攻坚战,坚决遏制住了生态环境破坏的势头,生态环境保护发生历史性、转折性、全局性的变化,这表明中国式现代化可以走出人与自然和谐共生的新路。为此,必须长期坚持保护生态环境,坚持可持续发展。五是走和平发展道路的现代化。坚持和平、发展、合作、共赢,在坚定维护世界和平与发展中谋求自身发展,又以自身发展更好地维护世界和平与发展,是中国式现代化的重要特征,更是较一些国家通过战争、殖民、掠夺等方式实现现代化的老路更加文明的现代化之路,这是中国特色社会主义制度决定的,也是中华文化决定的。上述特征决定了中国式现代化是人类迄今为止最艰巨、最复杂的现代化,没有企业的全面参与并充分发挥其作用,将无法完成异常艰巨的现代化建设任务。因此,国家需要坚持"两个毫不动摇",创造有利于企业(包括国有企业与民营企业)持续发展的公平竞争环境,并明确引导、支持企业开展可持续社会价值创新。中国式现代化以14亿人口的巨大规模和整体进入现代化的宏伟图景,为发展新的企业制度文明和创造可持续社会价值提供了异常广阔的空间,几乎涵盖中国式现代化建设与全体人民共同富裕的各个方面,并向构建人类命运共同体延展。因此,在推动企业获得可持续商业价值、厚植国民经济基础的同时,还需要充分发挥企业的创新活力、技术优势,推动其创造可持续的社会价值,这是中国式现代化建设和推动共同富裕的内在要求,也是中国企业步入更高文明境界的必由之路。

同时,中国的企业植根中国,既在中国创造着物质财富,又利用着中国广阔的市场,已经身处全局中。作为中国式现代化建设的主体力量,只要追求文明进步,就需要真正融入中国式现代化建设的进程,并在全局中找准自己的定位,成为全局的参与者、贡献者而不是旁观者,更不是损害者。因此,作为最具活力的社会主体,企业不仅需要创造、积累社会财富,还应当利用自身优势创造社会价值,并以社会价值牵引商业价值,实现"双重价值"可持续发展,进而成为扎实推动共同富裕的重要力量。

中国式现代化开辟的是后发国家走向现代化的崭新道路,创造的是人类文明新形态,中国的企业也应当且可以超越既有的企业文明形态,创造出新的企业文明形态。而可持续社会价值创新这种全新境界的企业战略,将创新性地参与解决社会问题、普惠性地推动公共政策落地,以及促进社会公平正义内化于企业发展全过程,这是真正融入国家发展全局和大局并在其中全面发挥作用的具体体现。伴随中国式现代化建设的全面推进,企业可持续社会价值创新实践也将具有更大发展空间和更多机会,进而营造出更加有利于企业持续发展的环境条件,这应当是中国式现代化开辟的新境界。

第二节 可持续社会价值创新形塑中国企业新特质

一、可持续社会价值创新超越了资本主义企业发展逻辑

在资本主义社会,企业普遍遵循资本逐利的商业逻辑,只要不突破法律规制的底线,以利润最大化为追求目标被视为企业合理且正常的选择。虽然现在兴起企业通过践行社会责任实现社会价值,最终达成 EPS(Earnings Per Share,即每股收益)与 ESG(Environmental,Social,and Governance,即环境、社会与治理)平衡的目标,但总归是社会价值服从商业价值,社会责任服务于市场份额,这就是资本主义企业的根本特质。

回顾西方企业承担社会责任的历史进程,可以发现,企业承担超越商业利益的责任几乎都是外生变量影响的结果。如有关劳动与社会保险的法律规制,强制资方为劳工承担法定权益保障责任,如严格规制企业为劳动者提供劳动保护,为劳动者参加养老保险、医疗保险等各项社会保障制度缴费,等等,可视为社会文明进步促使企业履责的具体体现;有关市场

经济的法律规制,要求企业守法合规,如法律规制不得污染环境,不得损害消费者权益等,同样是社会发展进步对企业的要求,实质上是对资本所有者行为的强制性约束。这些均为资本主义企业的发展提供了不能突破的底线,而道德约束在资本主义世界难以发挥应有作用。

与资本主义企业的特质相比,可持续社会价值创新强调的是社会价值与商业价值融合统一,内化于企业发展的全过程,这显然超越了资本主义企业的社会责任范畴,更与资本主义企业强调股东利益至上、在守住底线的条件下追求利润最大化的目标取向存在冲突。因此,可持续社会价值创新作为蕴含中国式现代化价值观并助力全体人民共同富裕的中国概念,显然超越了资本主义社会的企业逻辑与特质。

二、可持续社会价值创新符合社会主义企业逻辑

企业可持续社会价值创新之所以具有中国性与时代性,全在于它超越了服务于商业价值的传统束缚,也不是服从商业价值的创造,而是与商业价值融为一体,这显然不是传统企业的特性,较之西方现代企业履行社会责任前进了一大步,从而是一种符合社会主义本质要求、更加文明进步的企业文明形态。这种企业文明形态不可能出现在资本主义社会,也不可能独自形塑并自成体系发展,而是需要有利的生长土壤与环境条件。中国特色社会主义制度及其创造的环境条件,应当是这种企业文明形态生长、发展、壮大的合适土壤。

国有企业包括中央政府投资或参与控制的企业(简称央企)、地方政府投资参与控制的企业,具有全民所有制企业性质,是社会主义生产关系的一种主要形式。这种性质决定了国有企业同时兼具营利法人和公益法人的特点,即既追求国有资产的保值和增值,也追求调节经济、服务社会

的公益性目标。在计划经济时期,通常表现为政府管理经济,企业承担着办社会的责任,几乎没有自己的商业利益,而是完全听命于政府的指令性计划。这种模式在特定时期确实有利于集中力量建设工业体系,迅速根治新中国成立时"一穷二白"的病根,并事实上为共和国的全面快速成长奠定了牢靠的基石,但也因企业承担社会责任过宽过泛过重,导致其无法按照企业运行规律发展,结果使企业的经济效率低下,商业价值创造陷入困境,社会价值创造也不可持续发展。改革开放后,国有企业的数量占比大幅度下降,经过劳动合同制改革、社会保障改革、离退休人员社会化管理改革、推进社会事务社会办等,计划经济时期由企业承担的绝大部分社会事务从企业剥离,国有企业原来承担的繁重社会责任直接被大幅减轻了,企业由此逐步适应市场经济体制并追求商业价值。发展至今,国有企业在社会主义市场经济中的主导作用和战略支撑作用并未改变,还依然承担着战略安全、产业引领、国计民生和公共服务的功能。因此,无论如何改革,国有企业天然具备商业价值与社会价值融合统一的特质不会改变。例如,在幅员辽阔、地形复杂、发展很不平衡的条件下,四通八达但总体经济效益不良的高速公路与铁路网并不符合资本逐利的逻辑,却带给亿万人民特别是偏远、落后地区人民群众便捷的交通福利;无处不至的互联网基站及其广泛应用所呈现的是数字社会主义,它缩小了网络资本的赢利空间,带给人民群众的则是普惠性的数字与信息福利;凡有人居住的地方,无论付出多高的成本,都能实现通电,这同样不符合产业资本投资营利的本性,更不是资本主义私有制经济能够做到的;这些都是国有企业带给中国人民的现实福利。① 可见,中国的国有企业在中国式现代化建

---

① 郑功成:《中国社会保障制度论纲》,《社会保障评论》2024 年第 1 期。

设和走向共同富裕的历史进程中是一支十分重要的力量,发挥着十分重要的作用,其具有社会主义企业同时追求商业价值与社会价值融合统一的特质。

然而,从国有企业的实践来看,制度变革的探索性和原有体制的路径依赖相交织,无论是代表政府履行出资人职责的国有资产监督管理委员会(简称国资委),还是国有企业,都还尚未形成将商业价值与社会价值有机统一的成熟机制。国务院国资委设有社会责任局,其职责是研究提出推动国有企业履行社会责任的政策建议,指导所监管企业履行社会责任,督促指导所监管企业安全生产和应急管理、质量管理和品牌建设、能源节约和生态环境保护工作、乡村振兴和援疆援藏援青工作,指导推动所监管企业碳达峰、碳中和等工作,这种布局体现了国家对国有企业社会责任的相应要求,但并未具体要求其如何实现社会价值与商业价值融合统一。而国有企业因行业分布广、专业优势不一,在履行社会责任方面也不尽一致,处理不好时,同样容易陷入商业价值与社会价值失衡或冲突状态。因此,在进一步全面深化改革中,党中央一再强调要加快建立中国现代企业制度,推动世界一流企业发展,而如何将创造社会价值的天然使命更好地融入商业价值创造中,并保障商业价值与社会价值创造均可持续发展,已经构成国有企业建成中国式现代企业面临的新挑战。

民营企业是指民间私人投资的法人经济实体,亦可将非公有制企业统称为民营企业。换言之,只要没有国有资本,均可划归民营企业或私有企业(本书从习惯用法,使用民营企业)。改革开放以来,民营经济几乎从零起步,经过近40多年来的持续快速发展,已经成为国民经济的重要组成部分和最为活跃的经济增长点,在国民经济和社会发展中的作用持续提升,成为推进中国式现代化的生力军。从现实情况看,民营企业已经形成相当的规模、占有很重的分量。数量上,民营企业数量从 2012 年的 1085.7 万户增长到 2025 年 1 月底的 5670.7 万户。质量上,国家高新技术企业中,民营企业从 2012 年的 2.8 万家增长至如今的 42 万多家,占比由 62.4% 提升至 92% 以上,已成为中国科技发展和技术创新的重要力量。[①] 从发展预期看,在制度红利不断释放、宏观经济持续向好、社会生产力不断跃升、产业体系和基础设施体系配套完善、新兴技术竞相涌现并广泛应用,再加上 14 亿多人口的超大规模市场潜力巨大,中国的民营企业具有潜力无限的发展空间。不过,从企业的属性来看,民营企业显然不会天然具备创造社会价值以及将社会价值与商业价值融合统一的特质,其具有的只能是与私人企业相通的追逐商业利益的属性。但在中国特色社会主义制度下,民营企业要在中国生根、开花、结果,不可避免地会受到中国特色社会主义制度及其核心价值观、主流意识形态的深刻影响,进而自觉承担社会责任并为国家发展全局、大局贡献力量,这既是政府的期望,也是企业的主流取向。因此,无论是国有企业还是民营企业,都应当是促进共同富裕的重要力量,都必须担负起促进全体人民共同富裕的社会责任。部分先行民营企业践行社会责任,推进可持续社会价值创新,正是将企业发展同国家繁荣、民族兴盛、人民幸福紧密结合在一起,主动为国担当、为国分忧、为民造福的具体体现。

鉴于企业可持续社会价值创新突出强调将商业价值与社会价值融合统一,内化于企业战略与行动中,使企业在追求可持续商业价值过程中具有创造社会价值的内生动力,并自觉服从于中国式现代化建设、服务于扎实推进共同富裕(与国家战略与社会需要相衔接),这显然和西方资本主

---

① 国家市场监督管理总局提供,2025 年 3 月 6 日。

义社会的企业社会责任有别,而与兼具营利法人、公益法人双重角色并同时创造商业价值与社会价值的国有企业具有相通性,从而可以将其认定为完全符合社会主义的企业逻辑,是中国特色社会主义企业或中国特色现代企业(包括国有企业与民营企业)的新特质。在国有企业社会责任履行方式与机制尚未成熟定型的条件下,民营企业在可持续社会价值创新方面的探索,也可以为国有企业提供有益的借鉴。因此,可持续社会价值创新作为企业文明形态的升华,应当是中国国有企业与民营企业共同努力的方向。

需要指出的是,在推动民营企业将创造可持续社会价值融入企业战略的同时,还应当为其发展创造更加优良的政策环境和社会氛围,促使民营企业获得更大、更好的发展。只有确保企业创造可持续商业价值,其可持续社会价值创造才有依托;同样,只有开展可持续社会价值创新,才能为商业价值的持续创造营造更加优良的环境与氛围。因此,国家与企业均不能顾此失彼,或者因政策与行动偏差而导致不良后果。为促进民营企业更好发展,国家正在采取一系列措施。如 2023 年 7 月,中共中央、国务院发布《关于促进民营经济发展壮大的意见》,对民营经济的发展做出了新的顶层设计;同年 10 月,最高人民法院发布《关于优化法治环境　促进民营经济发展壮大的指导意见》,旨在更好地保护民营企业与民营企业家的合法权益;同年 11 月,国家发改委正式设置民营经济发展局,承担的具体职责包括:跟踪分析促进民营经济发展情况,组织实施评估督导;编制中长期规划和工作计划,开展政策措施预评估;建立监测指标体系,定期发布民营经济发展形势报告;与民营企业常态化沟通交流,制订促进民间投资发展政策措施;推动民营经济提升国际竞争力,指导协调服务参与国际交流合作。2025 年 4 月,第十四届全国人大常委会第十五次会议的《中华人民共和国民营经济促进法》，重申"两个毫不动摇"，明确民营经济是社会主义市场经济的重要组成部分，是推进中国式现代化的生力军。同时，也要求民营企业履行社会责任，保障劳动者合法权益，维护国家利益和社会公共利益并接受政府和社会监督。还明确鼓励有条件的民营企业建立完善中国特色现代企业制度，要探索建立民营企业的社会责任评价体系和激励机制。① 可以预料，中国特色社会主义制度具有多方面显著优势，社会主义市场经济体制、社会主义法治体系不断健全和完善，将会为民营企业的发展提供更为坚强的组织保障与法治保障，民营企业面临的政策环境、社会环境、市场环境会变得更好。

三、理性推进企业可持续社会价值创新

肯定可持续社会价值创新是中国特色社会主义企业或中国特色现代企业的新特质，意味着其对中国企业应当具有普适性。然而，在一个开放的市场环境和激烈的市场竞争中，如果不考虑可持续的商业价值而盲目地将可持续社会价值创新作为企业的目的性价值，或者在缺乏政策支持下采取突变性的行动，可能导致企业陷入"卓越陷阱"。因为没有可持续的商业价值，企业也不可能创造可持续的社会价值。因此，企业不仅需要升华自己的价值理性，还要善于发掘自身解决社会问题、创造社会价值的能力与优势，理性地选择开展可持续社会价值创新的行动方案。

---

① 2024年12月8日，国务院向第十四届全国人大常委会第十三次会议提出《中华人民共和国民营经济促进法（草案）》议案，经首次审议后向社会公开征求意见。2025年2月24日，全国人大常委会第十四次会议对该法进行第二次审议，二审稿进一步强化了对民营经济组织的法治保障。这是继在国家发展改革委员会设置民营经济发展局和出台支持民营经济发展的重要政策性文件后，正式启动立法程序，以便为民营经济的发展提供相应的法治保障。2025年4月30日，该法经三审后获得通过。

基于先行企业的实践经验,在推进可持续社会价值创新时应当保持理性,企业需要充分注意以下几点:一是需要明白自身的核心能力是什么? 在哪些或哪个社会领域具有专业优势? 换言之,企业需要具有专业优势并能够利用这种优势服务社会、助力解决社会问题,最终实现商业价值与社会价值相得益彰地持续发展。否则,盲目开展可持续社会价值创新可能成为企业发展的负担,这显然不是企业需要的结果,也不应当是国家与社会鼓励的取向。二是需要深入了解、深刻理解中国式现代化的发展战略与宏观政策取向,避免迷失目标与方向。特别是要将促进社会公平正义、推动共享发展、实现可持续发展等因素融入企业的战略目标中,确保企业可持续社会价值创新和国家战略与宏观政策相衔接,与促进共同富裕、实现共享发展相结合,这是融入全局、服务大局并能够获得政府和社会各界认同与支持的前提条件。三是需要深入调查、深刻理解社会需求与问题。通过社会调查发现真问题,特别是那些与民生福祉、生态环境、经济发展相关的问题及其堵点、难点、痛点,然后才能精准施策,以此确保可持续社会价值创新是利益相关者和社区、社会、国家所需要的,通过提升产品与服务项目及社会价值创新相关行动的针对性、精准性来增强服务社会的能力与效率,实现可持续发展。四是需要创新商业模式与运行机制。企业可持续社会价值创新包括了公益慈善,但主要的还是要内化于企业发展全过程,从而需要开发能够创造长期社会价值的商业模式与运行机制,促使经济利益与社会效益相结合,形成双赢、多赢局面。五是需要依托自身优势、利用技术推动变革。在这方面,互联网、人工智能、大数据、可再生能源技术等在推动社会价值创新方面具有明显优势,这使得科技企业特别是互联网企业具有先天优势,从而也应当负有先行先试的示范责任。当然,这并不意味其他企业不可行。如新希望集团作为服务农业的企业,饿了么公司作为劳动密集型企业,都做出了有益的尝试,证明只要发挥自身优势,不同企业均可以在社会价值创新方面取得成效。六是需要促进跨部门合作。通过政府、企业、社会组织和社区的跨部门合作,整合不同领域的资源和力量,协力解决复杂的社会问题,并确保创新方案的可行性和广泛性。在这方面,特别需要与政府相关部门加强沟通与合作。此外,还应当建立企业创造社会价值的评价指标与衡量体系,对创新的社会影响进行定期评估,以确保其社会价值的最大化,且不会导致企业商业价值的巨大损失。

需要指出的是,肯定社会价值与商业价值融合统一是企业进入更高文明境界的先进取向,并不等于要求企业的一切行为都应当两者均衡地融合在一起,因为任何事物在理念与具体行动之间存在距离都是正常的。换言之,社会价值与商业价值融合统一是体现在企业战略层级的取向,是在不同业务板块中价值理念的融合统一,但具体行动还需要根据不同的目标取向而有所差异。它应当包含三个方面:一是在企业产品开发与服务提供方面,一开始就将社会价值元素尽可能融入其中,努力让产品与服务产生具有社会价值的正外部效应。二是仍然需要通过款物捐赠公益慈善事业或技术要素无偿投入等创造社会价值,这种方式可以借鉴商业模式的有效做法,但传统路径仍可适用。三是将款物捐赠、技术要素投入与相关产品或服务融合在一起,产生社会价值与商业价值的放大效应。在此,强调的不是要模糊甚至消除企业主业与面向社会的社会价值创造的边界,更不是让传统的公益慈善捐赠消失,而是理念的统一、行动的交融,以及承认目标指向不同的具体要素组合的差异性。例如,腾讯在推进可持续社会价值创新行动中,其公益平台与公益慈善基金会仍然保持独立性就是必要的,因为整个社会已经认同这是企业履行社会责任和创造社会价值的重要且具体的方式,企业界也通常采取这种方式来彰显自己履行社会责任的能力,腾讯当然也不宜例外。腾讯的创新实践,表现在其公益平台与慈善基金会的捐赠和企业技术要素等有序组合上,它促使社会价值创新更可持续,这是值得肯定的尝试,达到的也是不同类型的社会价值创造能够相得益彰地发展的目标。

总之,新时代提升企业社会责任意识是必要的,但推动可持续社会价值创新应当是一个在守住底线基础上迭代升级的渐进过程,政府宜采取引导性措施而不是"一刀切"式地要求所有企业并进,更不能要求所有企业全部达到第三重境界。可以从现代科技企业开始,发挥头部企业的示范效应,一般企业特别是传统企业宜循序渐进,先做好自己的主业,做到善待员工、守法合规,再根据自身能力与优势在力所能及的范围内参与解决社会问题,创造社会价值,进而形成群体效应。如此,可持续社会价值创新便会在实践探索中逐步走向成熟,最终成为中国特色社会主义企业或中国特色现代企业普遍具备的新特质。

第三节　选择值得努力的主攻方向

国家维度的需要,决定了企业可持续社会价值创新具有十分广阔的空间;企业维度的发展,决定了可持续社会价值创新将会成为中国特色社会主义企业或中国特色现代企业普遍具备的新特质;而要将这种新特质变成企业的成功实践和中国企业的独特优势,还有赖于理性选择值得努力的主攻方向。

总体而言,国家战略需求、民生保障诉求、社会发展需要无疑是三大主攻方向。需要指出的是,每个企业主业不同,自身优势也会不同,所关注的领域亦会不尽相同,其推进可持续社会价值创新还应当基于自身优势与能力选择明确的主攻方向。

一、国家战略需求

作为最具活力的社会主体和中国式现代化建设的基本力量,企业开展可持续社会价值创新应当积极主动地与国家战略需求对接,以便在服务国家战略发展的同时实现自身的发展战略。根据党的二十大报告和党的二十届三中全会作出的决定,中国式现代化进程中的国家发展战略需求主要包括且不限于以下几类:

一是科技创新与技术普惠。要实现全体人民共同富裕的社会主义理想,需要创造较资本主义更高的生产力水平,因此,发展新质生产力是中国式现代化的内在要求。中国必须通过自身不懈努力来实现科技创新与飞跃。为此,国家强调要坚持面向世界科技前沿、面向经济主战场、面向国家重大需求、面向人民生命健康的科技发展方针,统筹强化关键核心技术攻关,推动科技创新和产业创新融合发展;强调要加强基础研究,突出原创,鼓励自由探索,明确要求强化基础研究领域、交叉前沿领域、重点领域前瞻性、引领性布局,提高科技支出用于基础研究比重,完善竞争性支持和稳定支持相结合的基础研究投入机制,鼓励有条件的地方、企业、社会组织、个人支持基础研究,支持基础研究选题多样化,鼓励开展高风险、高价值基础研究;强调要加强企业主导的产学研深度融合,强化目标导向,提高科技成果转化和产业化水平,同时营造有利于科技型中小微企业成长的良好环境,推动创新链产业链资金链人才链深度融合,并促进科技普惠成为时尚。例如,如果数字技术广泛应用于社会生活、社会建设和基层社会治理等领域,就一定能够显示出科技普惠的力量。所有这些,均为企业在科技领域推进可持续社会价值创新指明了方向。

二是乡村振兴与区域协调发展。一方面,全面建设社会主义现代化国家,最艰巨最繁重的任务仍然在农村;全体人民走向共同富裕,最大的短板仍然是农民。因此,在坚持城乡融合发展的条件下,如何畅通城乡要素流动,扎实推动乡村产业、人才、文化、生态、组织振兴,发展乡村特色产业与新型农村集体经济,多渠道增加农民收入,建设宜居宜业和美乡村,促进乡村生活、乡村治理现代化,等等,都是乡村振兴的重要抓手。另一方面,基于区域发展不平衡的现实,促进区域协调发展,特别是加快促进欠发达地区或低资源地区的发展,构成了中国式现代化建设十分艰巨但必须完成的战略任务。为此,围绕实施区域协调发展战略、区域重大战略、主体功能区战略、新型城镇化战略,推动西部大开发、推动东北全面振兴、促进中部地区加快崛起、支持"老、少、边、穷"地区加快发展等,都关乎中国式现代化建设和全体人民共同富裕,除了政府发力,还特别需要充分调动市场主体参与的积极性,并以可持续商业价值与社会价值融合统一的方式加以推进。如腾讯可持续社会价值事业部为村实验室在广东、重庆、广西等省份的共富乡村实践,就充分发挥了腾讯具有的微信及数字技术工具优势,有效地联结了农村地区的优质产品和城镇地区的强劲消费能力,满足了城镇消费者在体验、支付等环节的消费习惯,进而提升消费舒适度,还可以联结同一片区不同村镇的优势产业,从而形成合理分工、有机联动的产业集群,有效助力了乡村振兴。

三是环境保护与可持续发展。大自然是人类赖以生存发展的基本条件,保护环境、促进可持续发展是人类的永恒主题,中国式现代化更是聚焦建设美丽中国,突出强调要推动绿色发展,促进人与自然和谐共生。在这方面,如何健全生态环境治理体系,加快发展方式绿色转型,在统筹产业结构调整、污染治理、生态保护、应对气候变化,协同推进降碳、减污、扩绿、增长,推进生态优先、节约集约、绿色低碳发展等方面持续有效作为,同时实施全面节约战略,广泛形成绿色生产生活方式,深入推进环境污染防治,有计划分步骤实施碳达峰行动,积极参与应对气候变化全球治理等,都是国家发展战略重大需求。而企业作为生态环境的重大影响主体,也有责任保护生态环境,其应当走过了为了商业价值而成为生态环境损害者的历史阶段,成为保护生态环境的建设者。近年来,一些企业在环境领域推进可持续社会价值创新的实践表明,市场主体通过包含社会价值的商业模式和由社会价值主导的共创共益模式,完全能够发挥重要促进作用。

四是其他战略性需求。在党的二十大报告中,还明确提出到 2035 年要建成教育强国、人才强国、文化强国、体育强国、健康中国、平安中国,还有实施积极应对人口老龄化、促进人口高质量发展国家战略,以及实现基本公共服务均等化等一系列重要目标任务,这些领域均是国家层级战略需求,也反映了老百姓个体的发展需求,均需要引入充满活力的市场主体参与共建。如通过实施国家文化数字化战略,健全现代公共文化服务体系,创新实施文化惠民工程,将是促进全民共享国家文化发展成果并不断提升精神富裕的重要途径,企业特别是数字企业可以发挥重要的不可替代的作用。健全共建共治共享的社会治理机制是国家治理现代化的根基所在,而要提升社会治理效能,就需要建设人人有责、人人尽责、人人享有的社会治理共同体,企业参与进来同样会发挥助力作用,等等。

中国企业创造可持续社会价值还可以惠及世界,因为中国式现代化走的是和平发展道路,首倡构建人类命运共同体,这种理念正在转化为行动。而企业开展可持续社会价值创新,通过合适的路径、采取合适的方式是可以惠及其他国家的,这也是国家战略需求。如非洲发展中国家也普遍面临着乡村和农业转型的挑战,腾讯 SSV"为村"实验室与中国农业大学合作推动乡村 CEO 培养计划,基于非洲国家的需求,于 2024 年 8 月在坦桑尼亚与乌干达启动了"非洲青年兴乡计划",开始为非洲培养乡村创业人才,旨在支持他们在绿色农业和乡村旅游等领域开展创新创业,促进乡村经济多样化与可持续发展,首期吸收了来自乌干达和坦桑尼亚的 20 名非洲青年学员。① 在以打造利益共同体、命运共同体和责任共同体的"一带一路"国际合作发展进程中,许多企业也以产业援助、技术援助与公益慈善捐助等多种方式为发展中国家创造着社会价值,为中国企业赢得了声誉。

由上可见,在中国式现代化进程中,国家战略需求巨大,都关乎全局与大局,企业在推进可持续社会价值创新实践中,可根据自身能力与优势,选择与上述国家战略需求中的某一方面进行共创共益,进而达到普惠共享的社会目标。

二、民生发展诉求

治国有常,利民为本。中国式现代化,民生为大。因为民生好坏决定民心向背,民心向背决定国运兴衰,这是一条历史公理。在中国式现代化进程中,以人民为中心的发展思想,共享发展的理念,共同富裕的目标追求,最终都要落脚到民生发展水平与公正社会建构上。因此,民生保障与民生发展诉求,反映了人民对美好生活的需要,体现了全体人民走向共同富裕进程中需要着力解决的现实社会问题,进而决定了国家政策的基本

---

① 《非洲青年来华学习乡村创业》,农民日报客户端,2024 年 11 月 13 日。

取向,从而应当成为企业可持续社会价值创新的重点关注领域。

新时代新征程,中国人民对生活有了更全面的、更高层次的新追求,并集中表现在追求社会公平正义、合理分享财富、稳定安全预期、提升生活质量等方面。目前,民生保障还存在不少薄弱环节,人民群众在就业、教育、医疗、托育、养老、住房等方面面临不少难题,解除城乡居民生活后顾之忧、增进民生福祉、提高人民生活品质的任务还非常繁重。因此,在发展中保障和改善民生不仅需要政府持续发力,而且需要企业高度关注,并在融入国家全局与大局中寻求长远发展之道,通过可持续社会价值创新做出自己的贡献,进而在人民群众接受与认同中实现社会价值与商业价值可持续。

当前,民生领域还有不少短板,发展不平衡、不充分是现实写照。社会上存在的养老焦虑症、疾病医疗焦虑症、育儿焦虑症、孤独抑郁症等现象,表明民生领域有着诸多需要解决的社会问题,这些问题既是一家一户之大事,也是中国式现代化进程中迫切需要解决的现实问题,它可以成为企业开展可持续社会价值创新的重要方向。

一是养老问题。人人都会老,家家有老人,养老自古以来就是家之大事。然而,中国现阶段的人口老龄化是规模超大、速度超快并伴随断崖式的少子化、快速的高龄化以及家庭保障功能持续弱化的老龄化,由此显见中国的老龄化具有超常规性。如果没有超常规的应对举措,老龄化带来的挑战将是十分严峻的,其不仅会影响到亿万家庭的幸福,而且必然传导到整个社会经济乃至政治文化领域,由家之大事转化成为国之大事。党中央正是基于此,将积极应对人口老龄化上升为国家战略,并开始采取多种措施加以应对。然而,面对数以亿计老年人的养老需求,要想按照先行国家的一般逻辑(无论是资本逻辑、商业逻辑还是社会逻辑、公益逻辑)

按部就班地推进养老服务业的发展,均不可能解决超常规的老龄化问题,最终出现的将是家庭危机与社会危机。因此,在应对超常规的人口老龄化过程中,特别需要在政府主导下充分调动市场主体、社会力量和个人及家庭的积极性,通过多方参与、共创共益的方式来寻求中国式解决方案。其中,企业如果通过可持续社会价值创新的方式参与老龄化问题的应对,无疑是一条能够相得益彰、共同发展的可行之路。如数字技术的广泛应用,就能够为积极应对人口老龄化提供很多新的有效支撑。一些企业用手环等可穿戴设备及其形成的健康数据监测老年人的健康状况并进行安全预警,用整合型养老服务信息平台有效联结居家老人与社区周边的养老服务供应商以提高居家养老服务的质量,支持和引导老人将数字化工具作为社会参与并以维持精神健康的新媒介,以及通过智慧养老、智能养老等方案提升养老服务质量与效率,通过外卖平台满足失能、空巢高龄老人的饮食需要等,都取得了积极成效。这预示着养老领域可以成为企业可持续社会价值创新实践的重要方向。

二是健康问题。健康是人民福祉的重要内容,也是人民群众美好生活需要的重要组成部分,人民健康更是民族昌盛和国家强盛的重要标志。在全面建设社会主义现代化国家的新起点上,疾病特别是重大疾病仍然是城乡居民面临的最大生活后顾之忧,而追求健康则成了最具普遍意义的民生诉求。因此,党和政府把保障人民健康放在优先发展的战略位置,通过完善人民健康促进政策,全方位推进健康中国建设。然而,如何促进医保、医疗、医药协同发展和治理,如何解决农村和社区医疗能力不足问题,如何让公共卫生政策在欠发达地区或低资源地区真正落地,如何解决日益受到关注的心理健康和精神卫生问题,如何加强重大疫情防控救治体系和应急能力建设,如何有效遏制重大传染性疾病传播,以及深入开展健康中国行动和爱国卫生运动、倡导文明健康生活方式,等等,都需要各方参与共创,企业可以且应当有所作为。目前,区域之间的医疗健康公共服务均等化程度还很不平衡,而数字化可以在医疗诊断、全生命周期健康服务、为"三医"联动提供信息化支撑等方面发挥重要作用。例如,基于数字技术的远程医疗服务正在有效缩小城乡间和地区间的医疗服务差距。再如,腾讯可持续社会价值事业部健康普惠实验室在宁夏、贵州、四川等省区与卫生健康部门、有关慈善机构、医疗机构等紧密合作,通过数字化赋能,打造"筛诊治"一张网,为医疗服务资源相对匮乏地区的健康普惠体系建设进行了有益的探索,促使国家公共卫生政策真正落地,这种积极的效果表明,企业通过可持续社会价值创新能够成为政府解决人民健康问题的有力助手。因此,健康问题的解决乃至健康中国建设,在很多方面都需要市场主体参与并发挥其独特的社会价值功能。

三是育儿问题。2016 年以来,中国人口出生率断崖式下降,年出生人口从 1786 万人下降到 2023 年的 902 万人,2024 年虽有所回升,但人口负增长之势不可逆转,育儿焦虑症在蔓延。在这种局面下,国家高度重视优化人口发展战略,通过建立系统化的生育支持政策体系,降低生育、养育、教育成本,追求人口高质量发展。然而,人口出生率的回升不仅仅是降低"三育"成本问题,还有儿童的心智健康、医疗保障、教育等诸多问题,这些领域需要政府发力,但又不是政府能够包办的,它同样需要包括市场主体在内的各方力量参与。在这种情形下,企业参与其中,如果只论商业价值将不会受到欢迎,而通过将社会价值融入自己的产品与服务中,以可持续社会价值创新的方式参与进来,必定产生良好的社会效果。

四是其他民生问题。包括防灾减灾、急难救助、残障康复、弱者扶持、就业促进、社会参与等,都是需要有妥善解决方案的现实民生问题,也都是政府无法单方面包办的事务。这既为公益慈善组织提供了可以作为的空间,也是企业可持续社会价值创新的用武之地。例如,在公共突发事件中,人民群众的健康、安全、收入等都可能面临短期的冲击,而企业可以利用数字化技术有效建立起信息的发布和资源的联结机制,让爱心资源能够高效而又精准地递送到受灾地区。不仅如此,数字化技术还可以直接帮助遭遇突发疾病的个体,如腾讯开发的有关个人紧急医疗救助的小程序,就可以在个人遭遇突发疾病时,将信息准确递送给周围具有急救技能的人,从而在最短时间内为患者提供紧急救治。

三、社会发展需要

中国式现代化是全方位的现代化,而社会建设在一定程度上滞后于经济发展,这决定了面向未来必须高度重视促进社会发展,真正实现社会经济协调发展。政府与社会部门应当在社会建设与社会发展方面发挥主导作用,体现出有为政府的有效作为,而企业是最具活力与创新能力的主体,同样需要发挥独特作用。因此,除前述国家战略需求与民生发展诉求中已经包含的社会发展需要,事实上社会领域还存在着需要市场主体积极参与解决的诸多社会问题。例如,我们已经进入了数字化时代,这个时代最显著的特征就是人们的生产、生活都离不开数字技术及其应用工具,而在当前的数字化技术应用过程中,就出现了一些"数字排斥"的现象,在以数字化工具为平台的资源分配过程中,老年人、残疾人、农村欠发达地区人群等数字化能力不足或使用数字化工具存在障碍的群体,更加容易遭遇数字化排斥并导致在资源分配中的劣势地位。针对这种情况,就需要采取提高数字化使用能力和降低数字化使用门槛"双管齐下"的策略,不断提升数字化技术应用的可及性和普惠性,这显然不只是企业创造商业价值的事情。在基层治理中,社会结构日益原子化,数字化工具就成为有效联结社区居民并推动其参与社区公共事务,进而实现社区有效治理的新渠道。例如,腾讯为村实验室在贵州黔东南州黎平县推行的数字化工具,就克服了当地的地域阻隔,让在外地务工的居民及时了解本村本社区的重要公共事务并远程参与村民会议,实现了乡村治理的创新。

第四节　结　语

可持续社会价值创新理念的提出,是中国科技企业的一个重要理论贡献,它因超越西方企业社会责任范式而具有了中国性与时代性,可以视为中国式企业社会责任话语体系,亦为中国建构新的企业制度文明形态提供了基本理论依据。而包括腾讯在内的一些企业的实践探索,则为这种理念转化成为中国企业的成功实践提供了先行示范。尽管实践中还存在着社会共识不足、政府主动性和企业自觉性有待增强、企业辨识能力和运用自身核心能力服务社会功能有待提升、主体各方特别是目标群体的内生动力有待进一步激发、各种资源难以达到高效配置、运行机制与行动方案需要不断完善等诸多问题,以及社会问题复杂性日增、环境条件特别是国际环境不确定性升高以及数字化时代的深刻影响等挑战,但已有实践及其积极效应表明,这是值得政府高度重视、各界高度关注、企业共同努力的进步方向。我们期望,腾讯等先行企业在创造可持续社会价值的新路上继续前行,以更成熟的机制和运行模式成就自身的卓越,进而引领企业界走出商业价值与社会价值双轮驱动、双可持续的中国企业发展之路。

总之,中国式现代化建设与全体人民共同富裕的目标追求,不仅对企业可持续社会价值创新提出了要求,而且为其发展提供了无限空间和机会。下一步,政府宜逐步减少对企业商业价值创造的直接干预,强化对企业可持续社会价值创新的引导,而企业则宜主动融入中国式现代化建设和推动全体人民共同富裕进程和行动之中,依照循序渐进逻辑,进行企业社会责任迭代升级,以自己的核心能力实现创造可持续社会价值的升华,而找到适合自己的主攻方向并与可持续商业价值相得益彰、融合发展无疑是正确之路,最终目的是使之成为中国特色社会主义企业或中国特色现代企业的新特质,进而变成中国企业的独特优势,为人类发展贡献出新的企业制度文明形态。

主要参考文献

1．马克思:《资本论》第 1 卷,人民出版社 2004 年版。

2．《马克思恩格斯选集》第 3 卷,人民出版社 1995 年版。

3．恩格斯:《英国工人阶级状况》,见《马克思恩格斯全集》第 2 卷,人民出版社 1963 年版。

4．习近平:《扎实推动共同富裕》,《求是》2021 年第 20 期。

5．习近平:《高举中国特色社会主义伟大旗帜　为全面建设社会主义现代化国家而团结奋斗——在中国共产党第二十次全国代表大会上的报告(2022 年 10 月 16 日)》,《人民日报》2022 年 10 月 25 日。

6．习近平:《坚持把解决好"三农"问题作为全党工作重中之重　举全党全社会之力推动乡村振兴》,《求是》2022 年第 7 期。

7．《习近平在民营企业座谈会上强调:民营经济发展前景广阔大有可为　民营企业和民营企业家大显身手正当其时》,《人民日报》2025 年 2 月 18 日。

8．《中共中央关于进一步全面深化改革　推进中国式现代化的决定(二〇二四年七月十八日中国共产党第二十届中央委员会第三次全体会议通过)》,《人民日报》2024 年 7 月 22 日。

9．[英]斯密:《国富论》,华夏出版社 2004 年版。

10．[英]克拉潘:《现代英国经济史》(上卷第一分册),商务印书馆 1997 年版。

11．[美]约翰·斯坦纳、乔治·斯坦纳:《企业、政府与社会》,人民邮电出版社 2015 年版。

12．[美]曼纽尔·卡斯特:《网络星河:对互联网、商业和社会的反思》,社会科学文献出版社 2007 年版。

13．[苏]山大洛夫：《帝国主义争夺原料产地的斗争》，世界知识出版社 1958 年版。

14．冯苏京：《企业 1000 年——企业形态的历史演变》，知识产权出版社 2010 年版。

15．曹凤岐：《股份制与现代企业制度》，企业管理出版社 1998 年版。

16．于文霞：《国际工人运动史》，辽宁人民出版社 1987 年版。

17．郑功成：《灾害经济学》，商务印书馆 2010 年版。

18．郑功成：《社会保障学——理念、制度、实践与思辨》，商务印书馆 2000 年版。

19．陈融等：《法律文明史（第 15 卷）社会法》，商务印书馆 2020 年版。

20．关怀、林嘉：《劳动法（第五版）》，中国人民大学出版社 2016 年版。

21．辛杰：《企业社会责任研究——一个新的理论框架与实证分析》，经济科学出版社 2010 年版。

22．刘俊海：《公司的社会责任》，法律出版社 1999 年版。

23．周国银、张少标：《社会责任国际标准实施指南》，海天出版社 2002 年版。

24．黎友焕：《中国企业社会责任研究》，中山大学出版社 2015 年版。

25．黄晓鹏：《企业社会责任：理论与中国实践》，社会科学文献出版社 2010 年版。

26．马伊里、杨团：《公司与社会公益》，华夏出版社 2022 年版。

27．郑功成：《让世界充满公平正义》，《光明日报》2022 年 7 月 15 日。

28．郑功成：《中国社会保障制度论纲》，《社会保障评论》2024 年第 1 期。

29．郑功成：《共同富裕与社会保障的逻辑关系及福利中国建设实践》，《社会保障评论》2022 年第 1 期。

30．《全国人大代表郑功成：激发企业积极投身可持续社会价值创新》，《新京报》2023 年 3 月 10 日。

31．《全国人大代表郑功成：倡导企业进行可持续社会价值创新》，央视网，https://news.cctv.com/2022/03/11/ARTIH07jjMw04DBdxAv6ij19220311.shtml。

32．《专家学者共议民营企业高质量发展与共同富裕——共同富裕大家谈第三期在京举行》，2023—06—14，https://www.gmw.cn/xueshu/2023－06/14/content_36629564.htm。

33．苗婷婷：《论处于生命周期不同阶段的企业社会责任》，《时代金融》2008 年第 7 期。

34．杨瑞龙、胡琴：《企业存在原因的重新思考》，《江苏社会科学》2000 年第 1 期。

35．刘元春：《企业的起源——两种理论解说的比较分析》，《当代经济研究》1995

年第 4 期。

36．钱颖一：《企业理论》，《经济社会体制比较》1994 年第 4 期。

37．鲁全：《数字技术赋能乡村全面振兴的作用机制探析——基于对重庆市 Y 县的调研》，《国家治理》2024 年第 8 期。

38．张志强、王春香：《西方企业社会责任的演化及其体系》，《宏观经济研究》2005 年第 9 期。

39．肖红军：《关于 ESG 争议的研究进展》，《经济学动态》2024 年第 3 期。

40．朱金瑞：《当代中国企业社会责任的历史演进分析》，《道德与文明》2011 年第 4 期。

41．黄群慧等：《中国 100 强企业社会责任发展状况评价》，《中国工业经济》2009 年第 10 期。

42．胡靖春：《论企业财富的社会性质与企业社会责任——基于马克思经济理论的启示》，《宁夏大学学报（人文社会科学版）》2010 年第 6 期。

43．张维迎：《西方企业理论的演进与最新发展》，《经济研究》1994 年第 11 期。

44．张曙光：《企业理论的进展和创新》，《经济研究》2007 年第 8 期。

45．万君宝、秦施洁：《美国企业慈善的历史演进与长效机制研究》，《经济管理》2015 年第 1 期。

46．章空尽：《美国企业慈善的发展及对中国的启示》，中国人民大学硕士论文，2007 年。

47．黄家瑶：《比较视野下的中西方慈善文化》，《科学·经济·社会》2008 年第 3 期。

48．赵如：《企业慈善行为动机历史演进研究》，《社会科学研究》2012 年第 4 期。

49．张志强、王春香：《西方企业社会责任的演化及其体系》，《宏观经济研究》2005 年第 9 期。

50．郑若娟：《西方企业社会责任理论研究进展——基于概念演进的视角》，《国外社会科学》2006 年第 2 期。

51．李伟阳、肖红军：《企业社会责任的逻辑》，《中国工业经济》2011 年第 10 期。

52．李淑英：《企业社会责任：概念界定、范围及特质》，《哲学动态》2007 年第 4 期。

53．魏杰：《慈善捐赠不是企业的社会责任》，《光彩》2006 年第 1 期。

54．段文、晁罡、刘善仕：《国外企业社会责任研究述评》，《华南理工大学学报（社会科学版）》2007 年第 3 期。

55．常凯:《经济全球化与企业社会责任运动》,《工会理论与实践》2003 年第 4 期。

56．《腾讯可持续社会价值报告》。

57．《阿里巴巴环境、社会和治理(ESG)报告》。

58．《蚂蚁集团 2022 年可持续发展报告》。

责任编辑：洪　琼

图书在版编目（CIP）数据

企业可持续社会价值创新 ：理论与实践 ／ 郑功成，席恒，鲁全著. -- 北京 ：人民出版社，2025. 6. -- ISBN 978－7－01－027261－0

Ⅰ．F272－05

中国国家版本馆 CIP 数据核字第 20254HN162 号

企业可持续社会价值创新

QIYE KECHIXU SHEHUI JIAZHI CHUANGXIN

——理论与实践

郑功成　席　恒　鲁　全　著

人民出版社 出版发行

（100706　北京市东城区隆福寺街 99 号）

北京华联印刷有限公司印刷　新华书店经销

2025 年 6 月第 1 版　2025 年 6 月北京第 1 次印刷

开本：710 毫米×1000 毫米 1/16　印张：23.75

字数：380 千字

ISBN 978－7－01－027261－0　定价：118.00 元

邮购地址 100706　北京市东城区隆福寺街 99 号

人民东方图书销售中心　电话（010）65250042　65289539